Артур
МИЛЛЕР

Человек, которому так везло

Драма в трех действиях

ДЕЙСТВУЮЩИЕ ЛИЦА

Дэйвид Бивз.
Шори.
Джей Би Феллер.
Эндрю Фолк.
Пэтерсон Бивз.
Эймос Бивз.
Эстер Фолк.
Дэн Диббл.
Густав Эберсон.
Оги Белфаст.
Тетя Белл.

Время — не так давно.
Действие первое. Картина первая. Внутри сарая, который используется как ремонтная мастерская. Картина вторая. Сарай перед рассветом. Действие второе. Картина первая. Июнь примерно три года спустя. Гостиная Фолков — теперь дом Дэйвида. Картина вторая. Назавтра. Гостиная. Действие третье. Картина первая. Февраль следующего года. Гостиная. Картина вторая. Месяц спустя. Гостиная вечером.

Артур МИЛЛЕР

Человек, которому так везло
Все мои сыновья
Смерть коммивояжера

ИЗДАТЕЛЬСТВО
Астрель
МОСКВА

УДК 821.111(73)
ББК 84 (7Сое)
М60

Серия «Книга на все времена»

Arthur Miller

THE MAN, WHO HAD ALL THE LUCK
ALL MY SONS
DEATH OF SALESMAN

Перевод с английского В. Денисова, Д. Вознякевича,
Е. Голышевой, Б. Изакова

Серийное оформление А. Кудрявцева

Компьютерный дизайн Г. Смирновой

Печатается с разрешения Arthur Miller 2004 Literary and Dramatic
Property Trust и литературного агентства The Wylie Agency (UK) Ltd.

Подписано в печать 23.08.11. Формат 84x108 $^1/_{32}$.
Усл. печ. л. 16,8. Тираж 2000 экз. Заказ № 1775

Миллер, А.

М60   Человек, которому так везло. Все мои сыновья. Смерть
коммивояжера : [пьесы; пер. с англ.] / Артур Миллер. — М.:
АСТ: Астрель, 2011. — 316, [4] с. — (Книга на все времена).

ISBN 978-5-17-074866-2 (ООО «Издательство АСТ»)
ISBN 978-5-271-38056-3 (ООО «Издательство Астрель»)

Три великие пьесы Артура Миллера.
Пьесы, вошедшие в золотой фонд драматургии XX века.
«Все мои сыновья», «Человек, которому так везло» и легендарная
«Смерть коммивояжера», принесшая Миллеру Пулитцеровскую премию
и премию «Тони» и ставшая основой знаменитого фильма с Дастином
Хоффманом и Джоном Малковичем в главных ролях. Эти пьесы относятся к разным периодам творчества писателя, однако все они посвящены
одной теме — неизбывному одиночеству человека в мире, где все прода-
ется, где не в чести искренние чувства и эмоции, любовь путают с сексом,
а ум — с циничной деловой хваткой...

УДК 821.111(73)
ББК 84 (7Сое)

ДЕЙСТВИЕ ПЕРВОЕ

КАРТИНА ПЕРВАЯ

Сарай в маленьком городе где-то на Среднем Западе, зритель видит его под углом. Задник раскачивается туда-сюда, на нем большие входные двери. Вдоль правой стены верстак, на котором лежат инструменты, а также запасные части, тряпки и прочий хлам, необходимый для ремонта автомобилей. На полке над верстаком — гаечные ключи, отвертки и другие инструменты. В левой стене дверь обычных размеров, она ведет в лавку Шори и амбар для зерна — сарай часть его. Высокий скат ведет с порога этой двери в сарай. Дальше, левее, ведущее за кулисы пространство вдоль стены — это склад пакетов с цементом. Перед ними несколько бочек с удобрениями. На авансцене, в центре, маленькая деревянная печь, светящаяся красным. Над верстаком электрическая лампочка, на полу — большой домкрат и несколько старых бочек, служащих стульями — две из них рядом с печкой. Справа, на авансцене, огромный чан со спиртным, около него разбросано несколько жестянок. Это старый сарай, который частично используют под склад, но в основном как авторемонтную мастерскую. Неокрашенные дубовые опоры придают ему теплоту; цвет дерева и должен быть основным в этой картине; к нему следует добавить серость пакетов с цементом. До поднятия занавеса недолго звучат нетерпеливые сигналы автомобилей, один — старомодный, вроде «гу-га», какие некогда издавал старый «форд».

Занавес поднимается.

Д э й в и д Б и в з наполняет банку из чана со спиртным. Ему двадцать два, у него вид серьезного молодого горожанина-бизнесмена, но только до тех пор, пока он его делает; однако часто делать забывает, и тогда он становится самим собой — чудным, забавным, наивным и всегда чего-то ищущим. Он одет в ветровку. В сарай справа входит Д ж е й Б и Ф е л л е р. Это по-зимнему одетый толстяк лет пятидесяти, на широком лице которого есть следы некоторой утонченности. Несмотря на габариты, походка легкая.

Д ж е й Б и. Дэйвид, а я смотрю, ты греешь руки на этом алкоголе! (*Ходит на цыпочках.*) При таком морозе лучше всего ходить именно так.

Д э й в и д. Я думаю, они все у нас сегодня соберутся. Апрель! Ну и комедия!

Д ж е й Б и (*на авансцене, кивает*). А у меня так холодно, что пришлось даже закрыть детский отдел. На следующую зиму сделаю себе вращающуюся дверь. (*Садится.*) Ты чего набриолинился?

Д э й в и д (*стоя на одном колене, следит за банкой, которая медленно наполняется*). Скоро встречаюсь с Эстер.

Д ж е й Б и (*обеспокоенно*). Наедине?

Д э й в и д. Сейчас она сюда приедет, а потом пойдем к ней домой и... надеюсь наконец официально попросить ее руки. Если он собирается стать моим тестем, пора с ним покалякать.

Д ж е й Б и (*тем же тоном*). Только будь с ним поосторожней, выверяй каждый шаг.

Д э й в и д (*закрывает кран, поднимает банку и встает*). Не верю, что он действительно пойдет на меня войной. Думаешь, пойдет?

Д ж е й Б и. Этот старый Фолк своенравен, Дэйв.

Справа слышатся гудки.

Д э й в и д (*идет с банкой направо*). Кто там опять? (*Выходит.*)

В сарай по скату в инвалидном кресле въезжает Ш о р и. Он чем-то сильно недоволен. Ему тридцать восемь, но из-за полного отсутствия волос — он лыс, нет ни бровей, ни бороды — его возраст определить невозможно. Шори может громко смеяться и ехидно улыбаться. Его руки закрыты темно-зеленым одеялом. Кресло останавливается. Шори трясет кулаком. Начинает говорить — гудки стихают.

Ш о р и. Да прекратят они когда-нибудь гудеть — нельзя минуту не выть!

Д ж е й Б и. Тихо, это же его клиенты!

Ш о р и (*поворачиваясь к Джею Би*). А ты что здесь делаешь? Живешь?

Д ж е й Б и. А ты против? (*Идет к печке и греет ладони.*) Господи, как же он может работать на такой холодрыге? Морозильная камера, да и только!

Ш о р и. Такой жирный, и все ему холодно.

Д ж е й Б и. Почему-то считается, что толстым всегда тепло. Будто у них нервов нет.

Ш о р и. Пошли в лавку, там теплее. Сыграем в бейзик. (*Едет по скату обратно.*)

Д ж е й Б и. Сегодня Дэйв встречается с Фолком.

Ш о р и (*останавливаясь*). Сегодня Дэйв не встречается с Фолком.

Д ж е й Б и. Сейчас только сам мне сказал.

Ш о р и (*вновь поворачиваясь*). Послушай меня, с того самого дня, когда он сюда явился и попросил у меня работу, он все время собирается с ним встретиться и поговорить об Эстер. Семь лет откладывает и сегодня тоже ничего не сделает. А тебе-то что? Ты его сваха или кто? Или тебя снова жена из дома выгнала?

Д ж е й Б и. Нет, больше не пью. Помногу не пью, правда. (*Садится на бочку.*) Просто думаю об этих двух детках, ведь такое редко бывает, чтобы два человека любили друг друга с самого детства. Это далеко не пустяки.

Ш о р и. Так все-таки что там у тебя с женой?

Д ж е й Б и. Ничего... мы просто договорились, что... никаких детей.

Ш о р и (*сочувственно*). А чего так, доктор?

Д ж е й Б и. Слишком поздно. У нас большой красивый магазин — тридцать один отдел. Прекрасный дом, но без детей. Понимаешь, о чем я? Ты умираешь, а они тут же закрашивают твою фамилию на дверной табличке. Вот такие пироги. (*Небольшая пауза. С облегчением, меняя тему.*) По-моему, я все-таки смогу найти для Дэйва что-нибудь стоящее.

Ш о р и. Ты чего, крышу снесло, или комплекс Деда Мороза?

Д ж е й Б и. Нет, просто он мне кого-то напоминает. Меня самого, например. Но меня в его годы всего прямо разрывало. А он? Лежит себе как кусок линолеума. Не знаю почему, но иногда я к нему прихожу — и такое ощущение, будто смотришь один из старых добрых фильмов, в котором, ты знаешь, все кончится хорошо... (*Вдруг шлепает Шори по спине.*) Наверное, потому, что он такой молодой, а я... я катастрофически старею.

Ш о р и. Ну и к кому ты его хочешь пристроить?

Д ж е й Б и. К моему шурину в Берли; ну, знаешь Дэна Диббла, у которого ранчо и он разводит там норок?

Ш о р и. О, не надо его сейчас туда, сейчас...

Д ж е й Б и. Дело в том, что у него постоянно барахлит машина и он мечтает о хорошем механике.

Ш о р и. Да этот прохвост и гроша не потратит, если это ему...

С улицы доносится шум мотора. Входит Д э й в и д, у которого из кармана торчит маленький гаечный ключ. Он входит — машины отъезжают. Дэйвид подходит к канистре с бензином и моет руки.

Д э й в и д. А всего-то надо было подтянуть приводной ремень. Который час, Джон?

Ш о р и. Ты куда собрался? К Фолку домой тебе нельзя.

Из лавки выходит т е т я Б е л л. Она несет завернутую в бумагу рубашку и сумку. Эта женщина словно никогда не была молодой: тощая, похожая на птицу, она постоянно хнычет и с носовым платком, кажется, не расстается никогда.

Б е л л (*Удивлён*). Я думала, ты в лавке. Эстер просила поторопиться.

Д э й в и д (*подходя к ней*). О, спасибо, Белл. (*Разворачивая рубашку.*) Это разве новая?

Б е л л (*с ужасом*). А ты хотел новую?

Д э й в и д (*глядя на рубашку*). О Белл, ну когда ты будешь что-нибудь помнить? Эстер сказала тебе принести мне новую рубашку.

Б е л л (*вынимая из сумки галоши*). Зато... зато, смотри, что я принесла.

Д э й в и д. Да и я не ношу я галоши! А рубашка не та, Белл, ты иногда...

Белл в слезы.

Ладно, ладно, забудем.

Б е л л. Я хотела как лучше. Я, между прочим, не твоя мать...

Д э й в и д (*успокаивая её*). Извини, тётя Белл, спасибо и — или.

Б е л л (*всё ещё всхлипывая*). Когда твой отец увидел, что твой брат Зимос бегает по дороге...

Д э й в и д. Да, хорошо... спасибо.

Б е л л (*с платком у носа*). ...он заставил его надеть галоши. Почему он не заставил тебя...

Д э й в и д (*гладя её руку*). Скажи Эстер, что я приду чуть позже.

Ш о р и. А знаешь, Белл, почему ты никогда ничего не помнишь? Потому что слишком часто сморкаешься. А нос связан с мозгами — вот все их и выдула.

Д э й в и д. Кончай, Шори!

Продолжая всхлипывать, Белл выходит.

С тех пор как умерла мать, она обращается со мной как с ребёнком — будто мне семь лет! (*Берёт рубашку.*)

Ш о р и (*встревоженно*). Послушай, да старик же тебя убьет! (*Хватает рубашку и садится на неё.*)

Д э й в и д (*смущенно и в то же время решительно улыбаясь, пытается вернуть себе рубашку*). Дай-ка сюда. Я решил с ним повидаться — и повидаюсь.

С улицы входят П э т и З й м о с. Пэт — маленький нервный мужчина, ему около сорока пяти. Джимсу двадцать четыре, он растягивает слова и, когда ходит, имеет привычку шаркать.

П э т (*входя, Дэйвиду*). Чего ты у печки стоишь? Не знаешь, что высокая температура влияет на артерии?

З й м о с (*сжимая в руке резиновый мячик*). Куда ты собираешься, Дэйв?

Ш о р и (*Пэту*). Отец, научи своего сына уму-разуму.

П э т. Сейчас научу. (*Поворачивается к Дэйвиду, слово собирается отдать приказ.*) Что ты решил?

Д э й в и д. Решил сейчас пойти к мистеру Эндрю Фолку и сказать ему, что собираюсь жениться на его дочери.

П э т. Здорово придумано.

Ш о р и. Здоровее некуда. (*Указывая на Пэта, но поворачиваясь к Джимсу.*) Скажи-ка Джимсу...

Д ж е й Б и (*разделяет отношение Шоры к Пэту, но относится к нему с большим сочувствием*). По-моему, с ним кто-то должен пойти.

П э т (*твердо, Дэйвиду*). Конечно, кто-то с ним должен пойти. Человек, которому так везло.

З й м о с (*Дэйвиду*). Позволь мне. Если что-то начнется, то я...

Д э й в и д (*всем*). Да поймите же вы, черт возьми...

П э т (*Дэйвиду*). Я запрещаю тебе ругаться. Застегни воротни, Джимс. (*Джей Би об Джимсе.*) Он только что пробежал две мили. (*Застёгивает ещё одну пуговицу на пальто Джимоса и спрашивает Джея Би.*) Как тебе нравится эта новая методика? Покажи ему, Джимс.

Э й м о с (*демонстрируя мячик*). Сжимаю резиновый мячик.

Д ж е й Б и. Это что, для пальцев?

Дэйвид внимательно смотрит на брата.

П э т. Не для пальцев, а для предплечья. Подающий может не иметь ничего, но без предплечья он ноль.

Ш о р и (*Пэту о Дэйвиде*). Так ты поможешь, или его в том доме убьют?

П э т. Кто убьет? В каком доме? (*Вспомнив.*) О да, Дэйв...

Ш о р и (*Джею Би, передразнивая*). «О да, Дэйв»! (*Пэту.*) Ты же его отец. Так ради б...

Д э й в и д. Ладно, хватит советов. Сейчас придет Эстер, мы пойдем вместе с ней, все обсудим, и если...

Ш о р и. У этого Эндрю уже давно крышу снесло, что с ним разговаривать? Он тебя не любит и сказал, что убьет, если ты вдруг к нему явишься. Подумай и реши, хочешь ли ты работать на больницу.

Пауза.

Д э й в и д. И что вы мне прикажете делать? Хотите, чтоб он отослал ее учиться и чтобы мы больше не виделись? Знаю, как это бывает.

Ш о р и. Нет, не знаешь. Два года я ждал такого парня. Дал ему работу — и зачем? Конечно, я мог бы вовсю раструбить, что я ветеран, потому так и выгляжу. Но там, за морем, я все же кое-чему научился.

Д э й в и д. И чему?

Ш о р и. Тому, что не надо нарываться. Я тебя ждал, и ты ко мне пришел, а теперь ты немножко подожди.

П э т. Пожалуй, Дэйв, я с ним согласен.

Д э й в и д. Я мечтаю жениться на Эстер с самого детства! (*Садится на бочку.*) Господи, да откуда вы знаете, когда нужно ждать, а когда собраться с силами и решиться?

Ш о р и. Поспешишь — людей насмешишь.

Д э й в и д. А что ты скажешь, Джей Би?

Д ж е й Б и. Лично я, Дэйв, против долгих ожиданий, и все же видеть, как вы сцепитесь со старым Фолком, мне бы не хотелось. Надо иметь стопроцентную уверенность и лишь после этого бросаться в глубокую воду.

П э т (*наклоняясь вперед, обращается к Дэйвиду*). Уверенность, Дэйвид, великая вещь. Возьми, например, меня. Когда я вернулся с моря...

Д э й в и д. Который час, Джон? Извини, папа.

Д ж е й Б и. Без двадцати восемь.

Д э й в и д (*Шори*). Так ты сам отдашь мне рубашку, или мне ее у тебя отнять?

П э т (*пытаясь продолжить*). Так вот, когда я вернулся с моря...

Ш о р и (*об Эймосе*). До того как ты туда пошел, одного сына уже испортил.

П э т. Я? Почему — испортил? Потому что ты считаешь, что нельзя тренироваться в подвале? Подающий должен в первую очередь... уметь рассчитывать траекторию, а если он этого не умеет...

Ш о р и. ...он ноль.

П э т. Да, пока я не забыл: это спиртное можно использовать для протирки? (*Показывает на чан.*)

Д э й в и д. Да, но только там ничего уже не осталось, какие-то капли.

Э й м о с. Так ты все сегодня продал? (*Радостно, Пэту.*) Я говорил, что он его весь продаст.

Ш о р и. Только не делай из своего брата гения, просто так вышло с погодой. Обычно в апреле солнце греет как огонь.

Э й м о с. А сегодня просто мороз.

Ш о р и. Но он не мог знать, что апрель будет таким холодным.

Д ж е й Б и. А может, и мог. Ты знал, Дэйв?

Д э й в и д. Ну я... предполагал.

П э т. Гении бывают двух видов — гении тела и гении ума. Возьмем таких бейсболистов, как Кристи Мэтьюсон. Или Уолтер Джонсон. Оба гениальны.

Ш о р и. Определил одним словом.

П э т (*начинает смущенно, но его желание защитить Эймоса и себя все возрастает*). Потому что они знают, что им в этой жизни делать. А так живут далеко не все.

Ш о р и (*указывая на Дэйвида*). И вот самый яркий пример.

П э т (*пытается себя убедить и оттого постепенно повышает голос*). Я всегда знал, что Дэйвид сконцентрироваться не может. Но возьмем Эймоса. Когда я вернулся с моря и пришел домой, что я увидел? Ребенка на руках у матери. Я потрогал его и понял, что он будет сильным. И сказал себе: уж этот-то парень не будет разбазаривать жизнь, занимаясь семнадцатью различными делами одновременно, так ни одного и не закончив... Он будет бейсболистом, сказал я себе и, одержимый этой идеей, тренировал его по семь раз в неделю в течение долгих двенадцати лет! Вот это концентрация! Вот это вера! Когда берешь жизнь в руки и лепишь ее по нужному тебе шаблону. И это дает эффект, не думайте, что вокруг этого не видят.

Ш о р и. Кто не видит?

П э т (*переходя на крик*). Вы! Мне не нравится ваше к нему отношение.

Все умолкают и смотрят на него.

Сейчас все еще зима. Где он должен играть зимой?

Ш о р и. Это ты о ком?

Д э й в и д (*отходит, ему скучно и противно*). Отец, он не говорил...

П э т. А он не должен ничего говорить. Вы, кажется, думаете, что бейсбол для него — это просто так, гоняй себе мяч по воскресеньям. А бейсбол — дело его жизни, постоянное дело, оно не хуже, чем магазин, ремонтная мастерская и так далее. Сейчас зима, матчей нет, а потому он просто сидит дома и ждет!

Д ж е й Б и. Конечно, Пэт, а что ему еще делать?

П э т. Тогда почему все смотрят на него как на... (*Подносит руку ко лбу — ему неловко и стыдно за свой взрыв. Наступает молчание.*)

Д э й в и д (*не в силах себя сдержать, подходит к Пэту*). Сядь-ка, отец. Сядь. (*Подкатывает к Пэту бочку.*)

Пэт, уставившись в одну точку, обессиленный, садится.

П э т. Нет, я все-таки не могу этого понять. Все газеты в округе называют его феноменом.

Дэйвид, чувствуя, что ему больно, отходит на несколько шагов и начинает смотреть в сторону.

Непобедимым. Он готов играть в высшей лиге. Уже три года, как готов. И почему с ним не заключают контракт, кто это может объяснить?

Д э й в и д. Отец, я об этом думал. Может, тебе снова следует связаться с «Детройт тайгерс»?

Э й м о с (*с раздражением, которое в нем долго таилось*). На самом деле он никогда с ними не связывался.

П э т. Послушай, Эймос...

Д э й в и д (*с упреком*). Отец...

Э й м о с. И никогда не свяжется. Я это знаю и хочу...

Д э й в и д. Но прошлым летом ты говорил...

П э т. Я многократно звонил им, но... хотел, чтобы это произошло естественно. Это должно произойти естественно, Дэйв.

Ш о р и. Он не хотел услышать, как они откажут.

П э т. Ну... да, допускаю. (*Дэйвиду.*) Если я сейчас позвоню и потребую ответа, может быть, им придется сказать «нет», а я не хочу, чтобы это слово ассоциировалось у них с Эймосом. Тут очень важна психология: один раз откажут — второй не сунешься.

Д э й в и д. Но, отец, может быть... может быть... они просто забыли. Забыли его посмотреть. Может, они думают, что просматривали, а никто не приезжал, и, когда ты позвонишь, они только поблагодарят тебя за напоминание. (*Всем.*) А вам я скажу вот что: давайте подождем, и пусть что будет, то и будет.

Ш о р и (*хлопая в ладоши*). Так, а теперь идем играть в бейзик. Пошли! Джон, Пэт, давайте!

Они идут к двери в лавку.

Д ж е й Б и (*глядя на часы*). Жена меня убьет.

Ш о р и. За что? Бейзик не алкоголь, запаха не оставляет.

П э т. Эймос, я хочу, чтобы ты посмотрел: бейзик в некотором смысле очень хорошо развивает мышление. Расстегни-ка пальто.

П э т следует за Ш о р и и Д ж е е м Б и в лавку. Эймос собирается было пойти за ними, а затем останавливается у двери, закрывает ее за ними и подходит к Дэйвиду.

Э й м о с. Дэйв, хочу тебя попросить. (*Смотрит на дверь, потом тихо говорит.*) Продвинь меня, а?

Дэйв смотрит на него.

Сделай для меня что-нибудь. А я пока буду тихо сидеть и никуда не пойду. Но клянусь, мне не стыдно.

Д э й в и д. Ну что ты, Эйм, почему тебе должно быть...

Э й м о с. Вовсе нет. Когда я начинал играть, все говорили (*подражая*): «Эймос пойдет далеко, Эймос пойдет далеко». Я уже пять лет как кончил школу, а все еще трачу те деньги. Хочу найти себе девушку, хочу жениться. Хочу начать дело. А ты, Дэйв, словно летаешь по земле как по площадке, ты знаешь, что делать. Продвинь меня, а?

Д э й в и д. Но я не знаю о бейсболе и половины того, что знает наш папаша: ни о тренировках, ни о...

Э й м о с. Не важно, в машинах ты тоже не разбирался, а смотри теперь, что получается.

Д э й в и д. Что получается? Ничего не получается. Я все еще о них ничего не знаю.

Э й м о с. Знаешь. Все знают, что ты знаешь.

Д э й в и д. Да они все чокнулись. Не завидуй мне, Эйм. Если какая-нибудь машина, которую я починил, завтра развалится, все скажут, что я никуда не гожусь, и неудивительно. Я начал с «форда» Шори, потом починил ему еще одну, и, прежде чем стал разбираться, меня признали механиком. Но ведь учили-то тебя, а не меня. В тебе что-то есть, Эйм (*берет его за руку с глубочайшей симпатией*)... ты должен стать великим. Потому что ты этого заслуживаешь. Ты действительно что-то умеешь. Не смотри на меня так, меня завтра выкинут на улицу, и тогда я уже не буду выглядеть таким счастливчиком. А над папашей не смейся: в тебе вся его жизнь, слышишь, Эйм? Чаще с ним будь.

Э й м о с. Ладно, Дэйв, ты всегда меня так утешаешь. (*Вдруг, подобно Пэту, впадает в эйфорию.*) Когда я буду в высшей лиге, я... я куплю тебе... куплю тебе такой обалденный гараж!

Входит Э с т е р. Это совершенно взрослая, не по годам развитая девушка. Она может быстро бегать, долго плавать и даже поднимать тяжести — не напоказ, а так, будто это ей ничего не стоит. Может громко и заразительно смеяться. Она женственна оттого, что страстно любит Дэйвида; когда же его нет, кажется, что все ее качества исчезают. Сейчас она ведет себя так, словно нет никаких проблем. Но входит она, тяжело дыша — и не потому, что бежала, а потому, что в предвкушении важных событий.

Э с т е р. О Дэйвид, ты дома! (*Подходит и берет его голову в свои ладони.*) Только что вернулся? Ну, ты готов? (*Смотрит мимо Дэйвида на Эймоса.*) Привет, Эйм, как рука?

Э й м о с. Все нормально, Эс.

Э с т е р. Ты делаешь то упражнение, которое я тебе показала?

Э й м о с. Да, понемножку ее разрабатываю.

Э с т е р. Нет ничего лучше. Ты поймешь это, когда снова выйдешь на площадку, — будешь действовать куда быстрее. Дэйвид, нам надо сейчас идти.

Э й м о с (*неопределенно*). Ну... желаю удачи. (*Идет к двери в лавку.*)

Д э й в и д. Спасибо, Эйм.

Э й м о с машет рукой, заходит в лавку и закрывает за собой дверь.

Э с т е р. Так чего ты медлишь? Неужели не пойдем?

Д э й в и д. Я боюсь, Эс. Зря тебе это говорю, но боюсь.

Э с т е р. Боишься, что он тебя побьет?

Д э й в и д. Ты же знаешь — этого я никогда не боялся.

Э с т е р. Но мы же всегда знали, что в конце концов нам придется это ему сказать.

Д э й в и д. Угу, но я всегда думал, что к тому времени чего-нибудь достигну. Ты же знаешь.

Э с т е р. Ты и достиг.

Д э й в и д. Оцени-ка ситуацию с его колокольни. Он богатый фермер, сто десять акров лучшей в округе земли. Представь, он меня спрашивает, а я отвечаю, что заработал триста девяносто четыре доллара, включая сегодняшние.

Э с т е р. Но ты всегда говорил, что, когда накопишь триста пятьдесят, мы будем его просить.

Д э й в и д. Господи, вот если б я был адвокатом, врачом или даже бухгалтером...

Э с т е р. Механик не хуже бухгалтера!

Д э й в и д. Да... но я даже не знаю, механик ли я. (*Берет ее за руку.*) Эс, послушай, через год я, может, займусь каким-то настоящим бизнесом, так чтобы он мог видеть...

Э с т е р. «Через год»! Дэйви, неужели ты...

Д э й в и д. Я хочу сказать... давай сейчас поженимся, а его спрашивать не будем.

Э с т е р. Я тебе сказала, что не могу...

Д э й в и д. Если мы уедем далеко-далеко...

Э с т е р. Куда бы мы ни уехали, я всегда буду бояться, что он к нам нагрянет, ты не знаешь, что он делает, когда сходит с ума. Он маму довел до могилы... Пусть он знает, Дэйви. Мне кажется, я знала это с того времени, когда мы были детьми. Когда я любила разговаривать с тобой через кухонное окно, когда ты возил меня на карьер в машине Шори; даже помню, как в шестом «Б» ты дал мне почитать «Последнего из могикан». Я всегда знала, что мы будем вместе жить и слушать, как он на нас рычит. Мы должны, Дэйви. (*Отступает, словно предоставляя ему возможность сделать выбор.*)

Д э й в и д (*улыбка озаряет его лицо*). А знаешь, Эс, я не только люблю тебя, ты мой лучший друг.

Эстер подбегает к нему и целует. Они только заключают друг друга в объятия, как вдруг входит какой-то человек. Это Д э н Д и б б л, маленький, иссушенный солнцем фермер; одет он солидно — макинтош, фетровая шляпа. Несколько секунд он медлит, а потом говорит.

Д и б б л. Извините, мне нужен Джей Би Феллер. Он здесь?

Д э й в и д. Джей Би? Конечно. (*Указывает на дверь в лавку.*) Он там.

Д и б б л. Премного благодарен.

Д э й в и д. Все в порядке, сэр.

Диббл приподнимает шляпу, приветствуя Эстер, проходит несколько метров по направлению к двери в лавку, а затем останавливается и оборачивается.

Д и б б л. А вы... вы не Дэйвид Бивз, механик?

Д э й в и д. Да, сэр, это я.

Диббл кивает, поворачивает голову и по скату входит в лавку, не забыв закрыть за собой дверь. Дэйвид смотрит ему вслед.

Э с т е р. Пошли, Дэйви.

Д э й в и д. Да, только пальто надену. (*Идет к вешалке, где висит его пальто, и начинает одеваться.*) Боже, надо же поменять рубашку. Шори схватил ее и, наверное, отнес к себе.

Э с т е р (*со знанием дела*). Он считает, что тебе не надо идти.

Д э й в и д. Да нет... он просто валяет дурака. Через минуту вернусь. (*Идет в лавку, подходит к двери.*)

Из лавки выходят Д ж е й Б и, Д и б б л, Э й м о с, а также выезжает Ш о р и. Видно, что Джей Би чем-то взволнован.

Д ж е й Б и. Эй, Дэйв, поди-ка сюда. (*Дэну.*) А ты, Дэн, не пожалеешь. Дэйв, познакомься с моим шурином из Берли. Это Дэн Диббл.

Д э й в и д. Да, сэр, здрасте.

Д ж е й Б и. Дэн приехал на новом «мармоне», приехал на похороны и остановился у меня.

Д э й в и д (*Джею Би, с оттенком нерешительности*). Ты сказал — на «мармоне»?

Д ж е й Б и. Да, на «мармоне». (*Уверенно.*) Ты же знаешь «мармон», Дэйв?

Д э й в и д. Более-менее. (*Дэну.*) Привезите, буду рад посмотреть. Но, к сожалению, сейчас я должен идти.

Д ж е й Б и. Дэн, подожди-ка пока в моей машине. Сейчас я ему кое-что объясню, а потом выйду, и мы поедем.

Д и б б л. Только побыстрей, а то на улице холодно. Нужно до завтра его починить. (*Джею Би.*) Знаешь, меня так трясет, что, наверное, еще раз аппендицит будет.

Д ж е й Б и (*провожая его до двери*). Ну раз тебе его вырезали, то второй раз вырастет вряд ли.

Д и б б л. А вдруг вырастет? И чтоб я такое дерьмо еще когда-нибудь купил! (*Выходит.*)

Д ж е й Б и (*возвращаясь к Дэйвиду*). Между прочим, этот идиот — один из богатейших фермеров Берли. Я тебе говорил, что на своем ранчо он разводит норок?

Д э й в и д. Послушай, а ведь в «мармонах» я ни бэ ни мэ.

Д ж е й Б и. И он тоже. У него дома два пылесоса, а он метет пол метлой. А теперь слушай внимательно. Он сказал, у него в машине что-то с переключателем. Целых две недели я уговаривал его показать ее тебе, и вот наконец... А кроме норок у него море пшеницы и пять тракторов.

Э с т е р. Пять тракторов?

Д ж е й Б и. Он идиот, но на этих норках делает деньги. И если ты починишь его «мармон», то откроешь себе дорогу на самую большую ферму штата. А за тракторы, между прочим, тоже дают большие деньги, и ты это знаешь. У него тысяча друзей, и он с ними всюду ездит. И ко мне привез тоже.

Д э й в и д. Угу, только в тракторах я вообще не разбираюсь.

Э с т е р. Так разберись же, черт побери!

Д э й в и д. Только не в его тракторах.

Э с т е р. Именно в его...

Д ж е й Б и. Да послушай же, может, это твоя самая большая удача. «Мармон» у моего дома, а по снегу он вообще боится на нем ехать. Я его пригоню, а ты поработаешь. Идет?

Д э й в и д. Но, послушай, Джон, я...

Д ж е й Б и. Встань пораньше и с утра займись. Хорошо?

Э с т е р (*с восторгом*). Дэйвид, это же здорово!

Д э й в и д (*быстро*). По-моему, нам лучше не торопиться, Эс. И месяцев через шесть, а может, чуть меньше, мне будет что ему показать.

Э с т е р. Если мы сегодня же, сейчас же туда не пойдем, через неделю я буду в Нормале.

Ш о р и. Ты его заставляешь, Эстер.

Э с т е р (*внезапно повышая голос*). А ты на него не дави! Человек не лягушка, чтобы сидеть и ждать, пока что-то не произойдет.

Ш о р и. Если ты его сейчас туда потащишь, он столкнется с твоим отцом — и тот может убить его!

Д э й в и д (*берет ее за руку, спокойно*). Хорошо, Эс, мы идем. (*Джею Би.*) Пригони машину, я скоро вернусь.

Вдруг Джей Би быстро переводит взгляд на улицу — Дэйвид и Эстер ловят его движение и тоже смотрят туда. Она на всякий случай отходит от него на несколько шагов. Входит Э н д р ю Ф о л к, высокий старик, твердый как железо, близорукий, слегка сутулый. С улицы доносится шум мотора, — очевидно, с его машиной что-то не в порядке.

Д ж е й Б и (*через несколько секунд*). Я сделаю то, что ты сказал, Дэйвид. Через пять минут.

Д э й в и д (*притворно-благодарным тоном — на самом же деле он по-прежнему беспечен*). Ладно, Джей Би, я ее починю. Благодарю, Джон!

Д ж е й Б и выходит, а Эндрю Фолк уставился на Эстер — она отводит взгляд. Дэйвид поворачивается к Фолку, безуспешно пытаясь получить от него какую-либо информацию. В это время из лавки Шори выходит П э т.

Добрый вечер, мистер Фолк! Не хотите ли пройти к Шори, а то здесь нет стульев.

Фолк поворачивается и смотрит на него тяжелым взглядом.

Вы не выключили мотор. Хотите, я его заглушу?

Ф о л к. А может, и столкнуть сможешь?

Д э й в и д. Неужто сел аккумулятор?

Ф о л к (*с ехидцей*). Я не знаток, но она не едет. (*Эстер.*) А ты давай-ка домой.

Э с т е р (*улыбаясь, подходит к нему, но не дотрагивается*). А мы, папа, как раз туда и собирались.

Ф о л к. Мы-ы?! Быстро домой, Эстер!

Д э й в и д. Мы хотели с вами поговорить, мистер Фолк. (*Показывая на лавку Шори.*) Могли бы там это сделать.

Ф о л к. Эстер, что я сказал: иди домой!

Д э й в и д (*теряя самообладание*). Я бы хотел, чтобы она осталась здесь, мистер Фолк.

Ф о л к (*даже не посмотрев на Дэйвида*). Сейчас же домой! (*Хватает ее за руку и пытается увести. Она сопротивляется.*)

Э с т е р (*чуть не плача*). Но, папа, почему? (*Глядя ему прямо в глаза, вырывается и с плачем выбегает на улицу.*)

Фолк переводит дух и медленно поворачивается к Дэйвиду.

Д э й в и д (*яростно*). Так больше не получится, мистер Фолк. Мы достаточно взрослые и...

П э т (*пытаясь их урезонить*). Послушай, Фолк, а почему бы нам не...

Ф о л к (*удостоив Пэта презрительным взглядом, Дэйвиду*). Это наш последний разговор с тобой, мальчик Бивз. Или ты...

Д э й в и д. А знаете, вы единственный, кто меня ненавидит. Все остальные...

Ф о л к. Я единственный вижу твою суть.

Ш о р и (*от двери лавки*). Ну и в чем его суть? Что ты тут выдрючиваешься...

Ф о л к (*впервые повышая голос, Шори*). Про твою суть всем давно известно, так что держи свой поганый язык за зубами. Пока я здесь.

Ш о р и (*испуганно, Дэйвиду*). Смотри, он же не в своем уме! А ты еще собирался вести с ним переговоры. Зачем его вообще трогать, раз он...

Ф о л к (*взревев, бросается к Шори*). Заткнись, ты... сраный ублюдок. Свою последнюю выгнал — это Бог тебя наказал!

Ш о р и (*с хриплой яростью*). Не пугай меня, Фолк. Ты сдох уже как двадцать лет, что ж ты себя не похоронишь?

Фолк неожиданно успокаивается, отходит, поднимает плечи — так он пытается закрыть подбородок воротником пальто. Мотор на улице перестает реветь. Фолк смотрит в окно.

Д э й в и д. Наверное, заглох. Завести вам его?

Ф о л к. Не трогай ничего моего! (*Пауза.*) Что вы делали, когда я застукал вас с ней у реки? У тебя хватит силы воли мне ответить?

Д э й в и д (*вспоминая*). Но... мы же тогда были детьми... мы просто болтали, и все тут.

Ф о л к. Не прийти и не спросить у меня разрешения! Каждый раз выползаешь, как крыса из дырки в полу.

Д э й в и д. Но... Эс всегда боялась сказать вам, и я... наверное... ее слушал.

Ф о л к. И сейчас ведь боишься? А знаешь почему, Бивз? Потому что я тебя знаю как облупленного.

Д э й в и д. Ну и кто же я такой?

Ф о л к. Ты? Ты безнадежный, погибший человек. Я ведь видел, как ты сидишь на льду и ловишь в проруби рыбу — один сидишь, один, старик с лицом ребенка! А забыл, как ты развел костер в келдонском лесу и чуть не сжег церковь?

Д э й в и д. Да что вы, когда она загорелась, меня и близко...

Ф о л к. Это мог сделать только ты, мне это ясно как божий день!

Э й м о с. Когда она загорелась, мы были в подвале.

Ф о л к (*глядя на Эймоса*). Я что, слепой? (*Снова Дэйвиду.*) Мужчина, который женится на Эстер, должен уметь делать дело. Должен быть надежным, чтобы я мог доверить ему то, чем занимаюсь всю жизнь. Он должен знать Бога, знать, откуда пришел и куда идет. Ты не тот человек. (*Отворачивается и собирается идти.*)

Д э й в и д. Я женюсь на Эстер, мистер Фолк.

Фолк останавливается и оборачивается.

Простите, но мы поженимся.

Ф о л к. Слушай, Бивз, если ты еще хоть раз ступишь ногой на мою землю, я тебя продырявлю, запомни мои слова... Я не шучу, Бивз. И чтобы больше к ней не подходил. (*Шори.*) Ни один человек, который общается с такой мразью, как ты, никогда не будет жить в доме моей дочери! (*Снова собирается уйти.*)

Д э й в и д. Я женюсь на Эстер, мистер Фолк! Мы это сделаем!

Ф о л к. Сначала пусть молоко у тебя на губах обсохнет. А я — мне достаточно лет, и я знаю, что говорю. Берегись! (*Подходит к входной двери, открывает ее и смотрит на улицу в направлении оставленной машины.*)

Дэйвид в нерешительности: он все еще хочет ему помочь.

Ш о р и (*Дэйвиду, по пути к себе*). Пусть сам заводит, не будь же рабом!

Ф о л к поспешно выходит.

П э т (*Дэйвиду*). Может, ему все-таки помочь?

Ш о р и. Не ходи, Дэйв! (*Едет и останавливается между Дэйвидом и дверью.*)

Д э й в и д (*смотря в окно*). Он не сможет, Шори, не сможет! (*Пытается выйти.*) Я ему помогу!

Ш о р и (*отталкивая его*). Назад! (*О Фолке.*) Давай, папаша, трудись! Толкай ее, толкай! Сильнее, сукин сын, тут недалеко, всего лишь полкилометра! Давай жми сильнее! (*Громко и презрительно смеется.*)

Д э й в и д (*отодвигая кресло*). Прекрати!

Ш о р и. Не разговаривай с ним! С тобой все ясно — ты набитый дурак!

Д э й в и д (*неожиданно*). Пошли, Эйм, проводим Эстер. Только это надо сделать, прежде чем он доберется. Честное слово, надо сделать!

Э й м о с (*возбужденный тем, что ему предстоит, бросает мячик через сцену*). Пошли!

П э т (*хватая Дэйва*). Нет, Дэйв!

Д э й в и д (*яростно*). Нет, я должен это сделать, отец!

П э т. Я тебе запрещаю! (*Эймосу.*) И тебе запрещаю с ним идти! (*Дэйвиду.*) Она его дочь, и это его право, Дэйвид.

Д э й в и д. Он имеет право? Но она хочет быть со мной!

П э т. Тогда пусть от него съезжает. Там не твоя епархия.

Д э й в и д. Да она же до смерти его боится! А дело касается только нас двоих. Я не понимаю, почему она не может быть моей!

Ш о р и (*с иронией*). А разве это надо объяснять?

Д э й в и д (*словно ослепленный прожектором, на мгновение останавливается*). Да, надо. Я сделал все, что полагается мужчине. Не сделал ничего плохого и...

Ш о р и. И не должен был!

Дэйвид удивленно на него смотрит.

Человек — медуза, которую приносит прилив и уносит отлив, а о том, что с ним происходит, он сам даже не догадывается. Когда же ты это поймешь?

Дэйвид продолжает на него смотреть.

П э т. Иди лучше домой, сын, и ложись спать. Сон — великий доктор, ты же знаешь.

Быстро входит Д ж е й Б и.

Д ж е й Б и. Где Дэн с его «мармоном»?

П э т. Он сюда не приходил.

Д ж е й Б и. Ну и осел! Я ж ему сказал, что сейчас пригоню, но разве Дэн Диббл позволит кому-нибудь, кроме себя, сесть за руль! Я вернулся сказать Элли о своих планах, но, когда приехал, его уже не было. (*Идет налево.*) Эта стоеросовая дубина...

Д э й в и д. Наверное, он решил вернуться к себе в Берли.

Д ж е й Б и. Нет, я уверен, что он еще здесь. Эгоист проклятый! Наверное, сейчас где-нибудь на грязной дороге... (*Неожиданно умолкает — на улице громко хлопает дверь машины. Все смотрят на выход.*)

Д э й в и д (*встревоженно*). Эстер! (*Быстро выходит.*)

В течение нескольких секунд Эймос, Пэт и Шори сидят в оцепенении. Затем Эймос выходит и тут же возвращается, поддерживая Дэна Диббла, который весь трясется и, кажется, готов сломаться.

Д и б б л (*бормочет*). Отче наш, иже еси на небеси... Господи, спаси...

Рыдая, входит Э с т е р, ее поддерживают Дэйвид и Джей Би. Дэйвид
пытается ее успокоить.

Д э й в и д. Перестань плакать и скажи, в чем дело. Эстер, перестань, что случилось? Джей Би!

Д и б б л (*произнося молитву, подходит к Эстер*). Я не мог его видеть, мисс, как я мог его видеть! У него даже фары были выключены.

Громкие рыдания Эстер его заглушают.

Д э й в и д (*Дэну*). Что случилось? Что ты сделал?

Д и б б л. Отче наш, иже еси на небеси...

Д ж е й Б и (*подходит и отрывает его руки от лица*). Дэн... прекрати! Ради всего святого, что случилось?

Д и б б л. Отец этой девушки... старик... я не мог его видеть... он толкал машину с выключенными фарами. Вообще ничего не было видно... он вышел из темноты, и я... я на него... наехал!

Рыдания Эстер стихают, и на какое-то время воцаряется тишина.
Она смотрит на Дэйвида, он — на нее, а потом Дэйвид возвращается к действительности.

Д э й в и д (*Дэну*). И где он сейчас?

Д и б б л (*показывая на задник*). Я отнес его в дом... она была там. Это случилось в нескольких метрах от его дома.

Д э й в и д (*в ужасе*). Почему вы не послали за доктором? (*Идет к входной двери.*)

Э с т е р. Нет, Дэйви... он умер!

Дэйвид останавливается как вкопанный, но через минуту быстро
поворачивается. Словно лунатик, делает к ней несколько шагов и,
уставившись на нее, останавливается.

Он умер.

Дэйвид переводит взгляд сначала на Пэта, потом на Эймоса, Шори, Дэна — а правда ли это? Потом снова смотрит на нее, идет к бочке с гвоздями и садится.

Д э й в и д (*шепотом*). Я буду проклят! (*Идет к Эстер.*) Мне так жалко!

Э с т е р. Никто не виноват, ему просто... не повезло, бедняге!

П э т (*подходя к Дэйвиду*). Иди-ка лучше домой, Дэйв.

Д э й в и д (*встает, подходит к Эстер и берет ее за руку*). Эс, мне правда очень жалко!

Эстер поднимает голову, и на ее лице вдруг появляется улыбка.

(*С благодарностью ее обнимает и всхлипывает.*) Не надо, Эс, не плачь больше. Ну, пожалуйста! Джон возьмет тебя сегодня к себе, хорошо, Джон?

Д ж е й Б и. Так я и сделаю. (*Берет Эстер за руку.*) Пошли, девочка. Я обо всем позабочусь.

Д э й в и д. Спокойной ночи, Эс. Ты будешь спать, а?

Э с т е р. Не чувствуй себя виноватым, Дэйви.

Д э й в и д. Не надо было, наверное, его заводить — вот и все. Но он сказал... (*с улыбкой в голосе*) «не трогай ничего моего».

Э с т е р. Ты не виноват, понимаешь, — никоим образом!

Д э й в и д (*нерешительно кивает*). Иди спать, пошли же.

Д ж е й Б и (*уводя ее*). Мы пойдем домой, и ты поспишь.

Д и б б л (*идет за ними до правой кулисы, а затем говорит, оборачиваясь к Дэйвиду*). Если на машине есть следы крови, вытри их, а. Пожалуйста!

Д э н выходит. Дэйвид смотрит ему вслед.

Ш о р и. Отвези меня домой, а, Дэйв?

Д э й в и д. А? Нет, чуть попозже. Надо осмотреть его машину. Проводи его, отец.

П э т (*берется за спинку кресла Шори*). Конечно. Пошли, Эймос.

Ш о р и. Ну очнись же, медуза. Сто десять акров лучшей земли в долине. Неплохо, а?

Д э й в и д (*все еще не воспринимая*). Кажется, неплохо.

Ш о р и. Другого шанса, брат, у тебя не будет. (*Почти нараспев.*) Медузы не плавают. Прилив их приносит, отлив их уносит, туда-сюда, туда-сюда. Помни об этом. (*Пэту.*) Ну пошли, папаша.

Уходят. Дэйвид по-прежнему стоит как в тумане.

Занавес.

КАРТИНА ВТОРАЯ

Сарай перед рассветом. Д э й в и д лежит под буфером «мармона», рядом стоит капот. Комнату освещает лампочка, которая находится чуть выше его головы. Дэйвид быстро завинчивает гайку. В сарае есть и другая лампочка, над верстаком, но на ней абажур. Через несколько секунд Дэйвид вылезает, встает, осматривает двигатель, вытирает руки. Собирается сесть в машину, чтобы проверить, но вдруг из-за кулис доносится звук шагов. Удивленный, он всматривается в темноту.

Д э й в и д. Кто здесь? (*Удивленно.*) Эстер...

Э с т е р (*выходит из темноты*). Ты еще не закончил?

Д э й в и д (*бегло осматривая машины*). Что ты здесь делаешь? Который час?

Э с т е р. Почти пять утра. Я звонила тебе домой — не могла уснуть. Белл сказала, что ты еще в сарае. Можно посмотреть?

Д э й в и д. Здесь довольно холодно — ты простудишься.

Э с т е р (*подходит, берет его голову в свои ладони и целует*). А ты меня даже не поцеловал.

Д э й в и д (*с растущим раздражением*). Пожалуйста, Эс, я здесь должен кое-что доделать. Я бы хотел... хотел, чтобы ты меня ненадолго оставила. Ну пожалуйста!

Э с т е р (*со смесью удивления и сочувствия*). Разве ты еще не доделал?

Д э й в и д. О, почти все, но еще не... (*Обрывает фразу.*) Эс, пожалуйста, оставь меня одного. (*Отходит и притворяется, что осматривает мотор.*)

Э с т е р. Дэйви...

Д э й в и д. Да?

Э с т е р. Ты же сможешь его починить, правда?

Д э й в и д. А ты думаешь, нет?

Э с т е р. Я знаю, что сможешь.

Д э й в и д. Тогда зачем спрашиваешь?

Э с т е р. Потому что... в гараже Берли никто починить его не может.

Д э й в и д (*выпрямляется. Небольшая пауза*). Откуда ты знаешь?

Э с т е р. От Джея Би. Он собирался тебе это утром сказать, когда ты закончишь. Не хотел тебя пугать.

Д э й в и д (*с нарастающим волнением*). Не может быть. У них там в гараже такие опытные механики...

Э с т е р. Зато... Мистер Диббл сказал, что они хотели все там развалить и потребовать у него сто пятьдесят баксов, но он им не дал, потому что...

Д э й в и д (*подходя к ней*). Почему они хотели все там развалить?

Э с т е р (*видя, что его недоумение растет*). Не знаю, Дэйви...

Д э й в и д. Что там не так? Разве ты не помнишь...

Э с т е р (*начинает всхлипывать*). Не кричи на меня, Дэйви, я же ничего в машинах не понимаю... (*Начинает плакать.*)

Д э й в и д (*с чувством вины*). О Эстер, перестань, пожалуйста, плакать. Сейчас я ее починю, только пойму, в чем дело... Пожалуйста, перестань, а. (*Боль, которую она ему причиняет, заставляет его отвернуться и почти галопом пуститься к машине. Сам он на грани истерики.*) Никогда не слышал, чтобы мотор издавал такие звуки. Я отвернул крышку, про-

верил клапаны, но не знаю, в чем дело. Не знаю, где полом-
ка. Эс, понимаешь, не знаю и не могу найти, не могу!

Э с т е р (*всхлипы прекращаются — она понимает его труд-
ности*). Все в порядке, Дэйви, все будет хорошо. Может, тебе
лучше пойти поспать? Ты выглядишь таким усталым... И не
так уж и важно...

Д э й в и д (*успокоившись*). Господи, Эс, да такой девушки,
как ты, нет на свете! (*Подходит и целует ее.*) Клянусь, никогда и не было.

Э с т е р. Если тебя это расстраивает, Дэйви, никогда не
обращай внимания на мои прихоти.

Д э й в и д (*целуя ее в щеку; быстро и решительно*). Иди
домой и ложись спать. А с «мармоном» я как-нибудь разбе-
русь. Иди.

Э с т е р. Хорошо, Дэйви, ведь Джей Би сказал мистеру
Дибблу о тебе что-то особенное, он тебе утром сам скажет.

Д э й в и д. Что?

Э с т е р. Когда закончишь, скажу.

Д э й в и д. Эс, пожалуйста, что он сказал?

Э с т е р. Нет, сначала почини. (*Пауза.*) Джей Би хочет
сам. Он мне обещал. Спокойной ночи.

Д э й в и д. Спокойной ночи, Эс.

Э с т е р (*уходит, поднимая руку, прощаясь*). И ни о чем не
волнуйся. Хорошо?

Д э й в и д. Не буду. (*Смотрит, как она уходит, затем поворачивается к машине, идет, наклоняется и в раздумье подносит руку ко лбу. Потом собирает пальцы в кулак и отбивает
ритм — все быстрее и быстрее. Шепотом.*) Черт!

Из-за кулис доносится шум шагов — кто-то медленно входит в
мастерскую. Дэйвид оборачивается и пытается рассмотреть во-
шедшего. Это Г у с т а в Э б е р с о н, сильный мужчина в хорошо отглаженном, хотя и слишком тесном, костюме. Под ним бе-
лая рубашка, а сверху простое коричневое пальто. Он тепло улыбается, словно извиняется за вторжение. Дэйвид молча за ним
наблюдает.

Г у с (*с легким немецким акцентом*). Извините, это вы мистер Бивз?

Д э й в и д. Да. (*Небольшая пауза.*)

Г у с. Моя фамилия Эберсон, Гус Эберсон... (*Словно прося прощения, кивает, а потом улыбается.*) Вы заняты? Я, конечно, могу прийти еще раз. Четыре утра не самое подходящее время для визита.

Д э й в и д. Я занят... но все же чем могу быть полезен?

Г у с. Я приехал в этот город вчера вечером и до завтра ждать не могу. Увидел у вас свет, дай, думаю, зайду и познакомлюсь.

Д э й в и д (*растроганно*). Я тоже рад. Сначала думал, что вы бандит и хотите меня убить.

Г у с. Я не хотел вас напугать. Дело в том, что я собираюсь открыть авторемонтную мастерскую на другом конце этой улицы.

Д э й в и д. Авторемонтную мастерскую? Хотите чинить машины?

Г у с (*убежденно, хотя и слегка волнуясь*). Хочу вас заверить, мистер Бивз, что если б я не был уверен, что у нас обоих пойдут здесь дела, то никогда бы сюда не пришел.

Д э й в и д (*все еще зажатый*). О да, здесь достаточно работы и для двоих. Уйма работы. И где же ваша мастерская?

Г у с. На Поплар-стрит, рядом с универмагом.

Д э й в и д. Знаю, правда, не был там тысячу лет. Говорят, там сейчас притон.

Г у с. Может быть. (*Про себя, усмехаясь.*) Оборудования у меня, правда, мало. Честно говоря... (*со счастливым видом*) и денег тоже. Поэтому, вероятно, я долго беспокоить вас не буду.

Д э й в и д (*весьма убедительно*). Но что-то же вам наверняка удастся. (*О мастерской.*) Ничего страшного. Вы издалека?

Г у с. Да. Несколько лет работал у Форда, на заводе «Ривер руж». А последний год и четыре месяца в «Хадсон мотор».

Д э й в и д (*затаив дыхание*). Ну... я полагаю, вы свою работу знаете назубок?

Г у с (*чувствуя к нему глубокое доверие*). Да что я знаю! Вы наверняка все знаете куда лучше меня.

Д э й в и д. Нет, дело не во мне, я просто хотел сказать...

Г у с. Богатым я не стал, хотя в Детройте дела шли хорошо.

Д э й в и д. Тогда зачем же вы приехали?

Г у с. Такая натура. Не могу привыкнуть — все бегаю, бегаю, работаю, работаю, все время кручусь. По правде говоря, у Форда я работал пять лет, но не нашел ни единого друга. Надеюсь, здесь будет больше возможностей. Маленький городишко и так далее. Я австриец, понимаете? Слушайте, а вы и правда не слишком недовольны моему приходу?

Д э й в и д (*в восторге*). Да нет же, я в самом деле желаю вам удачи. Нет никаких оснований быть недовольным. (*С энтузиазмом протягивает ему руку.*)

Г у с (*пожимая ее*). Дело не в основаниях. Не хочу быть нежеланным. Иначе...

Д э й в и д (*пожимая ему руку, тихо*). Нет, добро пожаловать. Вы...

Г у с. Спасибо. Спасибо. (*Тихо и благодарно смеется. Руки разъединяются. Медленно поворачивается на триста шестьдесят градусов и осматривает мастерскую. Дэйвид внимательно за ним наблюдает. Наконец австриец снова встречается с ним взглядом. Тихо.*) Сколько вам лет?

Д э й в и д. Двадцать второй.

Г у с (*о машине, мастерской — обо всем*). А откуда... откуда вы знаете, что делать? Где-то механику изучали?

Д э й в и д (*гордо, но все же с некоторой неловкостью — австриец очень вырос в его глазах*). О нет, просто поднахватался. (*Загораживает «мармон», словно хочет его спрятать.*) Но, наверное, надо еще многому учиться.

Г у с. Нет-нет, лучшие механики именно такими и бывают. Главное... как это сказать... быть в кураже. (*Пауза. Они смотрят друг на друга — минута взаимопонимания. Потом австриец медленно переводит взгляд на «мармон» и говорит Дэйвиду, который, словно сдаваясь, отходит, больше не заслоняя машину.)* Есть проблемы?

Д э й в и д (*все еще в состоянии эйфории, но все же, хоть и со смешком, вынужден признаться*). Вы как раз пришли тогда, когда они появились. Всю ночь над этим бьюсь.

Г у с (*медленно подходя к машине*). Ну, и на что он жалуется?

Д э й в и д (*на мгновение отступает; затем последний оттенок сомнения исчезает, и он признается*). Едет и как-то странно трясется... словно какое-то трение внутри.

Г у с. Может, пропуск в зажигании?

Д э й в и д. То-то и смешно: стрелка на восьмерке, а карбюратор прямо на кнопке.

Пауза. Гус осматривает мотор. Дэйвид следит за выражением его лица.

Г у с. Если вы думаете, что это так, заводите.

Д э й в и д (*продолжая смотреть на него. Пауза*). Вы... вы знаете, в чем дело?

Г у с. А вы нет? Вперед, заводите!

Дэйвид открывает дверцу машины и включает зажигание. Австриец несколько секунд стоит и слушает, потом тянет руку к ключу — выключает мотор. Снова тишина. Дэйвид медленно выходит из машины, встает рядом с австрийцем и смотрит на него.

В таких новых машинах это редко бывает. Но с «мармонами» случается.

Д э й в и д (*тихо*). Что именно?

Г у с (*повернувшись прямо к нему*). Коленчатый вал.

Д э й в и д (*долго смотрит в лицо австрийца*). Как вы могли... на слух?

Г у с. Здесь то же, что и с поршнем. (*Пауза.*) Сейчас хотите поработать?

Д э й в и д (*глядя на машину*). Угу. (*Быстро идет к бамперу, достает гаечный ключ, лезет в мотор и начинает с силой закручивать гайку.*)

Г у с (*немного подождав, кладет руку на плечо Дэйвида*). Не надо так сильно. (*Дэйвид останавливается.*) Я хотел сказать... это необязательно.

Дэйвид перестает крутить, ключ падает. В смятении он смотрит
на австрийца — тот неожиданно поворачивается.

Я пошел.

Д э й в и д (*останавливая его*). Нет. Я всегда знал, время придет, и это случится. То есть придет такой человек, как вы... и я лажанусь. Я всегда это знал.

Г у с. Ерунда. Вы же починили столько машин, вы механик...

Д э й в и д. Нет, не совсем. Я ничего не знаю ни о металле, ни о передаточных механизмах, ни о... Я уже было хотел поднабраться в автомастерской в Ньютоне. А может, вы мне еще покажете?

Г у с. Охотно.

Д э й в и д. Вы правда не прочь поработать? Только несколько минут.

Г у с. Хотите, чтобы я...

Д э й в и д. А знаете, я всегда любил смотреть, как работают другие.

Г у с. Хорошо, тогда поехали. Сначала мы ее откроем. Давайте ключ. Сколько там масла?

Д э й в и д (*находя ключ*). Всего несколько кварт. Сейчас мы его осушим. (*Быстро лезет под машину, отвинчивает гайку и ставит бидон на пол.*)

Г у с. Вы женаты?

Д э й в и д. Еще нет (*из-под машины*), но скоро буду. А вы?

Г у с (*готов к работе и становится рядом с машиной на одно колено*). Нет, но всегда надеюсь. В этом городе есть рыжие? (*Готов лезть под машину.*)

Д э й в и д (*рассмеявшись*). Она должна непременно быть рыжей?

Г у с. Да, предпочитаю этот цвет. Мне всегда казалось, что в маленьких американских городках полным-полно рыжих девушек. Может, поэтому я люблю маленькие городки. Когда она должна быть готова? (*Лезет под машину.*)

Д э й в и д (*подвигается, освобождая ему место, а затем садится на корточки*). Если можно, завтра в одиннадцать. Думаете, можно?

Г у с. У нас уйма времени. Есть машина, чтобы отвезти этот вал в Ньютон?

Д э й в и д. Да, на улице «форд». Или отнесу на спине.

Г у с. Не волнуйтесь и расслабьтесь.

Д э й в и д (*переводя дух, садится на пол*). Как же уверенно вы работаете! Тысячу раз это делал и всегда удивляюсь, почему в мастерской никто не делает это так быстро, как вы. Понимаете, официально.

Г у с. Потому что одно дело, когда работаешь на себя. И совсем другое...

Д э й в и д (*смеется*). Да, я тоже так думал.

Пауза. Гус работает.

Черт возьми, как же я устал! Знаете, я ведь здесь всю ночь.

Г у с. Тогда идите и поспите. Когда все будет в порядке, я вас разбужу.

Д э й в и д. Только не думайте, что работаете за так. Вы получите чек.

Г у с (*смеется*). Ерунда! Когда-нибудь, может, вы мне поможете. Рука руку моет. (*Голова Дэйвида падает на грудь. Несколько минут Гус работает молча. Дыхание Дэйвида становится глубже. Наконец Гус замечает, что его глаза закрыты.*) Мистер Бивз. (*Дэйвид спит. Гус вылезает из-под машины, берет свое пальто и накрывает им Дэйвида, а потом смотрит на него. На лице Гуса появляется улыбка, он встает, кивает и осматривает мастерскую. Потом довольно и с на-*

деждой шепчет.) Америка! (*Затем нагибается, снова лезет под машину.*)

Свет меркнет. А через несколько секунд вновь зажигается. Из окна ярко светит солнце. Дэйвид спит там же, где и раньше, пальто все еще на нем. Но теперь машина стоит не на домкрате, капот закрыт, а инструменты аккуратно сложены в кучу. Входят Д ж е й Б и, Д э н
Д и б б л, Э с т е р, П э т и Э й м о с.

Д ж е й Б и (*входя, Дэну*). Мы пришли слишком рано, поэтому, если ему понадобится еще время, придется подождать. Дэн... (*Смотрит на Дэйвида, тихо.*) Что он делал, всю ночь был здесь?

Э й м о с. Похоже. Во всяком случае, домой он не приходит никогда.

Д ж е й Б и (*Дэну*). Вот с кем вы имеете дело. Надеюсь, не забудете отблагодарить его.

Д и б б л (*осторожно дотрагиваясь до крыла*). Вроде бы все так же. Думаете, он ее починил?

Д ж е й Б и (*глядя на Дэйвида*). Не волнуйтесь, она в порядке.

Э с т е р (*подходя к Дэйвиду*). Разбудить его?

Д ж е й Б и. Давай. Я все ему сейчас скажу.

Э с т е р (*наклоняется над Дэйвидом и осторожно его трясет*). Дэйви! Дэйви!

Д э й в и д. У?

Э с т е р. Проснись же, пришел Джей Би. Уже утро. (*Смеется.*) Взгляни на него.

Д э й в и д. О-о. (*Садится, видит Джея Би и Диббла.*) О да, да. (*Встает и начинает рассматривать пальто, которым был накрыт.*)

Э с т е р (*поправляя ему рубашку*). Все сделано?

Д ж е й Б и. Вот так они, молодые. Спят где угодно, и им хорошо.

Д э й в и д. Который сейчас час?

Д ж е й Б и. Около половины десятого.

Д э й в и д (*удивленно и испуганно*). Полдесятого? Черт, я же не хотел так долго! (*Встает, его беспокойство усиливается.*)

Э с т е р (*со смехом*). У тебя такой смешной вид!

Д ж е й Б и. Ну как дела, Дэйв, все готово?

Д э й в и д. Готово? Ну... (*Смотрит на машину.*)

Д ж е й Б и. Если нет, Дэн может подождать.

Д э й в и д. Угу, одну секунду... Я... (*Оглядывает мастер-скую.*)

Э с т е р. Ищешь инструменты? Они здесь, на полу.

Д э й в и д (*какое-то время глядя на инструменты*). Хорошо. (*Смотрит на машину так, будто она сейчас взорвется. Поднимает капот и осматривает мотор.*)

Д ж е й Б и. Ну как, классная работа?

Д э й в и д. Что? Очень классная.

Д ж е й Б и. А разве что-то не так?

Д э й в и д. Да нет... (*Становится на колени и смотрит под мотор.*)

Д и б б л. Можно ее заводить?

Д э й в и д (*встает на ноги и растерянно смотрит на всех*). Да, попробуйте. Хотя подождите, дайте я.

Д и б б л (*следуя за ним к дверце машины*). Не испачкайте обивку.

Д ж е й Б и. Не беспокойся об обивке, Дэн, давай иди.

Д и б б л (*подходя к передней части машины, где стоят Джей Би и Эстер*). Они всегда влезают в грязной одежде...

Мотор начинает работать — гудит ровно и тихо. Джей Би с гордостью улыбается Дэну, который наклоняется и слушает. Эстер с надеждой смотрит сначала на Джея Би, потом на Дэна. Через минуту мотор выключается. Дэйвид выходит из машины, медленно становится посредине, его глаза широко раскрыты.

П э т (*Дэну, о сыне*). Здорово сделал, здорово сделал!

Д ж е й Б и (*сияя, Дибблу*). Ну что, дурак чертов?

Д и б б л (*взволнованно*). На звук она... она ничего. (*Обходит машину вокруг.*)

Д э й в и д. Послушай, Джей Би, я...

Д ж е й Б и (*поднимает кулак и бьет по крылу*). Черт побери, Дэйв, я всегда говорил! Знаешь, что ты сделал?

Э с т е р. Дэйви, Джей Би собирается...

Д ж е й Б и (*Эстер*). Я плачу за это, так по крайней мере дай мне сказать! Дэн, сначала поди сюда и скажи Дэйву, что у них есть для тебя в Берли. Послушайте, Дэйв, Пэт, я хочу, чтобы вы послушали.

Пэт и Эймос присоединяются к группе.

Д и б б л (*ощупывая крыло*). По-моему, он сделал вмятину.

Д ж е й Б и. Да черт с ней, поди сюда и скажи ему.

Диббл подходит.

Как насчет того парня в Берли?

Д и б б л. Ну... в Берли у меня есть мастерская, где чинят тракторы. Но тот парень не умеет...

Д ж е й Б и. Скажи ему, что он сделал.

Д и б б л. Я доставил ему эту машину, а он велел мне самому ее разобрать — до последнего винтика и еще затребовал за мою же работу сто тридцать баксов. После этого я решил больше ту мастерскую не субсидировать.

П э т. Разумно, мистер Диббл.

Д э й в и д. Он сказал вам, что с ней, с вашей машиной? Этот парень...

Д и б б л. О да, он сказал, он всегда что-то говорит, но я не могу... нет, подождите минутку... Он сказал, что это коленчатый вал, с ним что-то такое.

Д ж е й Б и (*смеется, обращаясь к Дэвиду, а затем говорит Дэну*). И это у нового «мармона»? Что там могло случиться с этим валом?

П э т. Ничего не могло.

Д э й в и д. Послушай, Джей Би, дай я скажу...

Д ж е й Б и (*кладя руки на плечи Дэвиду и Дэну*). Давай, Дэвид, а ты, Дэн, послушай. Это первое честное слово, которое ты услышишь от механика. (*Дэйвиду*.) Давай скажи этому «знатоку», в чем было дело.

Не зная, что сказать, Дэйвид стоит и смотрит в полное восторга лицо Джея Би. Потом поворачивается к Эстер.

Э с т е р (*с трудом сохраняя спокойствие, гордо*). Скажи ему, Дэйви!

Д э й в и д (*поворачивается к Джею Би и вздыхает*). Ну... уйма разных маленьких деталей... только и всего. (*Подходит к крылу и рассеянно его трет. Это может быть расценено как скромность.*)

Эймос теперь сбоку, он положил ногу на бампер и с удивлением наблюдает за происходящим.

Д ж е й Б и. Ну, что ты скажешь, Дэнни? Он же настоящий механик!

П э т (*Дэну о Дэйвиде*). В возрасте шести лет он починил вилку от утюга.

Д и б б л (*подходя к Дэйвиду*). Послушай, Дэйвид, хочу сделать тебе предложение. Поскольку мои тракторы будут в полном порядке далеко не всегда, я тебя приглашаю и гарантирую большие...

Д э й в и д. Очень вам признателен, мистер Диббл, но в тракторах я не разбираюсь.

Д ж е й Б и. Да подожди же минутку!

Д э й в и д (*в напряжении и почти кричит*). Дай мне сказать, а! Чтобы работать с тяжелыми моторами, и в частности с моторами тракторов, нужно иметь хорошие... А я в них не разбираюсь! Да и оборудование у меня не то, чтобы их чинить.

Д ж е й Б и (*деловым тоном*). Как это — не то?

Э с т е р. Послушай его, Дэйви!

Дэйвид смотрит на Джея Би.

Д ж е й Б и. Выйдешь и купишь себе что надо. А потом мы отремонтируем это помещение, проложим к нему бетонную дорогу. Счета оплачу я, а ты мне будешь отдавать один процент от выручки. (*Таинственно.*) Могу я в жизни сделать что-то хорошее?

Д э й в и д (*у него словно лихорадка — голос начинает срываться*). Не знаю, готов ли я к этому... Джей Би, надо же что-то почитать об этих тракторах... Я...

Д ж е й Б и. Так читай же! Пора, Дэйв, ты молодой, сильный...

П э т (*Дэну*). Он очень сильный.

Д и б б л (*вытаскивая деньги*). Сколько я ему должен?

Д э й в и д (*глядя на Дэна*). Вы — мне?

Д ж е й Б и. Скажи, Дэйв, ровно шестьдесят, потому что мы думали, это будет сложнее. (*Говорит тоном, не допускающим возражений.*) Ровно шестьдесят, Дэн.

Д и б б л (*внимательно считает, кладя каждую купюру в руку сопротивляющемуся Дэйвиду*). Раз, два, три. (*Продолжает.*)

Э с т е р (*радостно возбужденная*). Все купюры по одному доллару?

Д и б б л. Я всегда плачу именно так. Иначе ошибаюсь — даю вместо доллара пятерку. (*Продолжает считать.*) Правительство должно выпускать купюры разного размера.

Д ж е й Б и. Как чувствует себя отец, который имеет двух звезд, а, Пэт? (*Взмах руки.*) Я вижу там, в воздухе, большой красный знак. Одна звезда — это Дэйв Бивз. Объединение машинно-тракторных станций.

Э с т е р (*заметив около машины пальто, берет его*). Ты купил новое пальто, Дэйви?

Диббл продолжает класть деньги в протянутую руку Дэйвида. Дэйвид смотрит на пальто, и вдруг до него доходит. Теперь и Диббл смотрит на пальто.

Э й м о с (*трогая пальто*). Где ты его взял?

Д и б б л. Стойте спокойно! Пятьдесят три, пятьдесят четыре, пятьдесят...

Дэйвид смотрит на Эймоса, затем на свою ладонь, в которой лежат деньги, потом снова на Эймоса, а Эймос на него.

Э й м о с. Что с тобой, Дэйв?

Э с т е р. И в самом деле, Дэйви, что происходит?

Вдруг Дэйвид отдает деньги Эстер.

Д и б б л. Что такое?

Д э й в и д (*деньги словно жгли ему руку — теперь он от них освободился. Эстер*). Все взяла? Я... (*Показывает куда-то вдаль, словно его там кто-то зовет. Затем опускает руку и... стремительным рывком покидает мастерскую.*)

Э с т е р (*пораженно*). Дэйви... (*Порывается бежать за ним, но потом останавливается.*) Почему он убежал? (*Встревоженно.*) Дэйви, Дэйви! (*Быстрыми шагами выходит из мастерской.*)

Джей Би, Пэт и Дэн стоят с открытыми ртами. Эймос остался посредине, на авансцене.

Д и б б л. Что на него нашло? Я даже до конца с ним не рассчитался!

Все смотрят на дверь, а Эймос на пальто. Затем хватает его, выворачивает наизнанку и внимательно изучает — он явно сбит с толку.

Занавес медленно опускается.

ДЕЙСТВИЕ ВТОРОЕ

КАРТИНА ПЕРВАЯ

Июнь. Три года спустя. Гостиная в доме Фолков — теперь это дом Д э й в и д а Б и в з а. Комната в доме фермера, очень добротная. Справа массивная дверь на улицу. На задней стенке, прямо по центру, винтовая лестница наверх, в столовую. Дверь, ведущая в спальню, слева, внизу. Одно окно тоже слева. Два окна, граничащие с выходящей на улицу дверью, справа. Толстый голубой ковер, наборная дубовая мебель — отчасти новая, отчасти старая. Пара поношенных резиновых сапог валяются около двери. Сцена пуста. Прекрасный летний день, не слишком жаркий. Двенадцать часов. Через несколько секунд после открытия занавеса раздается звонок.

Э с т е р (*сверху взволнованно кричит*). Приехали, Дэйви!

Д э й в и д (*спешно спускается по лестнице, на ходу застегивая белую рубашку; кроме того, на нем глаженые брюки, начищенные ботинки, он гладко причесан. Кричит.*) Понял, спускаюсь!

Эстер смотрит сверху, оттуда, где перила, кажется, уходят в потолок. Оглядывает комнату. Дэйвид уже внизу.

Э с т е р. Убери отсюда сапоги! Я ведь подметала!

Снова звонок.

Д э й в и д (*идя к двери*). Минутку. (*Ставя сапоги вместе. Эстер.*) Давай одевайся, уже полдень. (*Открывает дверь.*)

Э с т е р. Не оставляй их там, они грязные! Брось их в подвал!

Д э й в и д. Но они всегда здесь стояли.

Э с т е р. Ты обещал, что, когда сделаем ремонт...

Входит Г у с.

Г у с. Не беспокойтесь, это всего лишь я. (*На нем белый пляжный костюм, он без шляпы.*)

Эстер и Дэйвид с удивлением его разглядывают. Эстер делает по лестнице несколько шагов, и видно, что на ней простенький халат, но дорогие туфли. Волосы уложены.

Э с т е р. О, Гус, вы так выглядите!

Г у с. Это такой особенный день — я решил произвести на себя впечатление.

Э с т е р. И очень гармонируете с этой комнатой.

Д э й в и д (*смеется вместе с Гусом*). Будь осторожен, или она тебя схватит и повесит в рамку над кушеткой. (*Топает, чтобы заставить ее подняться и надеть платье.*)

Э с т е р (*взвизгивая, делает несколько шагов обратно, а затем оборачивается и говорит, облокачиваясь на перила*). А свою девушку на улице оставили? Почему не привели?

Д э й в и д. А правда, где ваша девушка?

Г у с (*глядя на Эстер*). Мы с ней решили, что, до тех пор пока она не станет такой красивой, как Эстер...

Э с т е р. Ну ладно.

Г у с (*раскрывая объятия, как умоляющий о прощении любовник*). Пока она не покажет, что может навести в доме такой же порядок, и так далее и тому подобное, она не станет моей девушкой, а потому я ее целую неделю не видел. Так или иначе, а я твердо решил: мне подойдет только рыжая.

Э с т е р (*Гусу*). Встаньте посредине — когда они войдут, тогда все будет, как на картинке из женского журнала.

Д э й в и д (*глядя на нее*). Оденься, а. Отец будет недоволен, если мы будем не готовы.

Эстер смеется и радостно бежит наверх.

Г у с (*осматривая комнату*). Все сделали как надо. А знаешь, что ваш дом за версту видно — на солнце он даже сияет.

Д э й в и д. О, это солнце, посмотри на него! (*Идет к окнам.*) Бог должен взять его сегодня за шиворот и сказать: «Сегодня большой бейсбольный день!»

Г у с (*трогая стену*). Это то, что действительно можно назвать домом. Удивительно!

Д э й в и д (*с улыбкой*). А знаешь, когда я сегодня утром спустился и взглянул в то окно, мне вспомнилось, как мы были детьми и я украдкой вставал под него и смотрел, как Эстер делает уроки. А потом крался обратно. А сейчас могу сюда войти и смотреть на него пятьдесят раз в день — могу спать в этой комнате каждую ночь! (*Смотрит в окно.*) Пойду надену галстук. (*Идет к лестнице.*)

Г у с (*продолжая оглядывать комнату*). Библиотека, мебель новая, уборная... Когда же наконец здесь будут бегать дети?

Д э й в и д (*останавливаясь у лестницы*). Зачем спешить? Или ты считаешь, что уже пора менять старых лошадей на новых?

Г у с. Я? Я вообще бы брал детишек за шиворот и... Но и без них как-то... (*Неторопливо.*) Когда ничто не волнует, становится скучно. (*Садится и достает том энциклопедии.*)

Д э й в и д (*смотрит наверх, потом отходит от лестницы*). Хочу тебя спросить.

Г у с. О чем?

Д э й в и д (*медлит; затем весело*). Ты когда-нибудь слышал о семейных парах, которые не имеют детей из-за мужа?

Г у с. Конечно, что же тут удивительного? Почему бы тебе с ней об этом не поговорить?

Д э й в и д (*застенчиво смеется*). Не знаю, как к этому подойти. Наверное, нужно принимать все как должное. Мне кажется, время придет — и ребенок так или иначе появится.

Г у с. Или сходи к врачу, ты же знаешь к какому. Если, конечно, тебе это интересно.

Д э й в и д. Конечно, интересно, но не знаю, правильно ли будет...

Г у с. Правильно! Что такое «правильно» и что такое «неправильно»? В этом мире нет справедливости.

Д э й в и д (*смотрит на него, затем снова идет к лестнице и там останавливается*). Я никогда не поверю в это, Гус. Если тем или иным способом человек не получит того, что он, по его мнению, заслуживает, ну тогда... тогда это сумасшедший дом.

Э с т е р (*сверху*). У дома остановилась машина. (*Спускаясь.*) Сапоги, надеюсь, убрал?

Д э й в и д (*с досадой*). Да убрал! (*Идет к двери.*)

Э с т е р (*быстро спускаясь*). Нет, не убрал. (*Идет через комнату к сапогам.*) Через неделю он здесь устроит свинарник!

Д э й в и д открывает дверь и выходит на улицу.

Г у с (*Эстер*). Привыкайте, появятся детки — конец чистоте.

Э с т е р (*замирая. В лицо ударяет краска, сапоги все еще у нее в руках*). А вам не кажется, мистер Эберсон, что деткам здесь будет очень удобно?

Д э й в и д (*входя с Дибблом*). Здравствуйте, здравствуйте, мистер Диббл! Не ожидали вас здесь сегодня увидеть. Входите, входите.

Д и б б л тщательно вытирает о половик ноги и заходит.

Д и б б л. Должен был по делу повидаться с Джеем Би и подумал, почему бы не остановиться у вашего дома и не сказать «привет». Добрый день, миссис Бивз.

Э с т е р. Привет, мистер Диббл. (*Уносит сапоги.*)

Д э й в и д. Вы знаете Гуса Эберсона? Он работает со мной в мастерской.

Д и б б л. Конечно. Привет, Гус! Послушайте, да вы больше похожи на банкира, чем на механика.

Д э й в и д. И тем не менее он лучший механик.

Д и б б л. Вот и я говорю: никогда не суди о человеке по одежде, это только первое впечатление. Ответьте мне, Гус: Джей Би как-то говорил мне, что у вас в городе есть и собственная мастерская. По-моему, где-то на Поплар-стрит.

Д э й в и д. Мы теперь объединились, Гус и я.

Г у с. В самом деле, мистер Диббл, за первые семь месяцев работы я потерял и деньги, и клиентов и вот уже более двух лет работаю на мистера Бивза.

Д и б б л. Впервые слышу, чтобы человек, которого наняли, не считал, что работает с боссом на равных, а босс не считал лучшим самого себя.

Г у с (*посмеиваясь*). Мистер Бивз, очевидно, страдает от переполняющего его чувства ответственности.

Д и б б л. Потому-то я и вычислил его как единственного человека, способного ухаживать за моими норками. Ты об этом думал, Дэйвид?

Д э й в и д. И очень долго, мистер Диббл, но боюсь, что еще не нашел ответа.

Д и б б л. У вас есть время послушать мои новости?

Д э й в и д. По правде говоря, мы с минуты на минуту ждем Джея Би и Шори. Едем в Берли на бейсбол. Вы же знаете моего брата, не так ли?

Д и б б л. Да. Более того, Джей Би сказал мне, что он сегодня играет против каких-то цветных. А еще, если он их побьет, то его пригласят в одну из команд высшей лиги.

Д э й в и д. Надеюсь, что после сегодняшнего матча Эймос Бивз будет играть за «Детройт тайгерс».

Д и б б л. И что, они и вправду его возьмут, а?

Д э й в и д. Надеюсь. Их селекционер будет сегодня на матче.

Д и б б л. Что ж, значит, время пришло.

Д э й в и д. Угу, и надеюсь, он долго будет в фаворе. А почему бы вам тоже не поехать на матч, мистер Диббл? А потом — большой пикник с барбекю.

Появляется Э с т е р.

Д и б б л. Спасибо, очень бы хотел, но, увы, должен вернуться, чтобы вовремя покормить своих норок.

Э с т е р. Дэйвид тоже теперь все время говорит только о норках. (*Садится.*) У вас все еще есть та крошечная с белым пятнышком на голове?

Д э й в и д (*замечая живой интерес Эстер к его новому увлечению*). О, ею уже, наверное, любуются где-нибудь в нью-йоркских салонах.

Все смеются.

Э с т е р (*с волнением, Дибблу*). Вы что, ее убили?

Д э й в и д (*Гусу и Эстер*). Вы так относитесь к норкам, словно это люди, маленькие нервные люди.

Д и б б л. А сам я их называю «мои маленькие банкирши». Покупаешь за гроши, потом кормишь, растишь, а в конце концов они приносят тебе сорокапроцентную прибыль. Лучшие банкирши в этом худшем мире!

Д э й в и д. Если только нет падежа, мистер Диббл, нет неожиданного...

Д и б б л. У норок падежа не бывает.

Д э й в и д. Ну, мистер Диббл...

Д и б б л. Не бы-ва-ет! Если, конечно, их хозяева не полные идиоты или им на все наплевать. Смотрю я на тебя, Дэйвид, и вижу: ты не такой. У тебя здесь чисто, как в больнице, — норкам как раз такая чистота и нужна. Ты первый и единственный, о ком я подумал, когда решил расстаться с некоторыми из моих работников.

Д э й в и д. Недавно я кое с кем на эту тему разговаривал, и мне многое порассказали.

Д и б б л. Рад, что ты наводил справки, это доказывает, что ты человек серьезный. Поэтому и я кое-что тебе расскажу. Смерть норки — дело совсем простое. Они дохнут от сквозняков, от нарушения сердечного ритма, их может убить несварение желудка, больной зуб или даже желание спариться. Но самое ужасное: норка — темпераментная старушка; когда я иду к ним, то надеваю старый коричневый брезентовый плащ, потому что, если надеть что-то яркое, это может их взбесить и они начнут друг друга жрать, да, именно жрать. Громкий шум, такой, как гром или даже шум сильного дождя, материнская обязанность подбирать помет бросает их на середину клетки, а потом штук шесть или восемь лежат кверху лапками. Я видел, как норки убивают друг друга, как морят друг друга голодом, видел, как они просто погибают от переживаний. Но только не на моем ранчо, и в этом смысле равных мне нет.

Д э й в и д (*Гусу*). Он делает дело, а?

Г у с. Дело? Я бы сказал — целая индустрия. Но тебе-то она зачем?

Д э й в и д. А затем, Гус, что когда пошлешь их шкурки в Нью-Йорк, то поймешь, что такая игра стоит свеч.

Г у с. Но ты ведь тоже не сидишь без дела? Построить такую огромную мастерскую, сделать машинно-тракторную станцию. А дом надо же так отделать!

Д э й в и д (*не слишком энергично, и тем не менее этот разговор ему нравится*). Угу, но неужели ты думаешь, что, если где-то стоит твое имя, ты действительно делаешь дело? Зачем прикидываться, вместо того чтобы действительно что-то хорошо уметь? Норки не прикидываются — они живут или умирают. (*Поворачиваясь к Дибблу.*) Хочу вам сказать, мистер Диббл...

Д и б б л. У тебя есть еще время подумать.

Д э й в и д. Да, я вам позвоню — дам знать.

Д и б б л. О, я, конечно, подожду, только запомни: за норковое манто в Нью-Йорке могут запросто убить. Чтобы носить норку, женщина может продать все свои украшения. Нью-йоркские женщины за норку продадут все, что угодно!

Смеются — с улицы доносятся сигналы двух машин.

Д э й в и д (*Дибблу*). Брат приехал! (*Идет открывать.*) Вот он, Кристи Мэтьюсон Второй!

Входят Э й м о с и П э т, а вслед за ними и Д ж е й Б и.

Э с т е р (*хватая Эймоса за руку*). Как рука, Эйм?

Э й м о с (*делает жест, как в бейсболе*). Раз — и кончено!

П э т (*выбрасывая вверх обе руки*). Да благословит Господь этот день!

Д ж е й Б и (*Эстер*). В машине нас ждет Шори — пошли!

Э с т е р. Так позови его, и давайте выпьем, пожелаем Эйму удачи!

Никто ее не слышит.

Д э й в и д. Веселее, отец! (*Неожиданно обнимает Пэта.*)

Э с т е р. Выпей рюмку виски, Дэйви!

П э т (*сердито, отходя от Дэйвида*). Ты, наверное, хочешь, чтобы мы задохнулись? Быстро открой окна! (*Сам идет и открывает.*)

Д э й в и д (*со смехом*). Мы же через минуту выходим. Где телеграмма, Эйм?

Эймос хочет ответить, но Пэт его опережает.

П э т (*у окон*). Пусть же день к нам войдет! Какой день! Какой год! Какая страна!

Э с т е р (*бежит за Пэтом*). Ты принес телеграмму? Где телеграмма?

П э т. Мне ее не нужно приносить: пока я жив, она всегда будет со мной. (*Достает телеграмму из кармана.*) «Пэтерсон Бивз. 26 Мердок-стрит. Мы будем в Берли на игре "Блэк джайнтс" в воскресенье 16 июня. С нетерпением ждем выступления Эймоса Бивза. Наилучшие пожелания. Оги Белфаст, "Детройт тайгерс"». (*Обводит всех высокомерным взглядом.*) Двадцать один год ждал я этой телеграммы. Как только он научился ходить, я стал его в подвале тренировать. Когда Эймос получал в школе плохие отметки, люди смеялись.

«Забудь об уроках, — говорил я. — Сосредоточься на мяче. Сконцентрируйся».

Д ж е й Б и (*тронут, но в то же время боится, что речи Пэта не будет конца*). Ради Бога, давайте все выпьем.

Э с т е р (*показывая на улицу, Джею Би*). Сейчас я приведу Элли. А почему вы не едете с нами на игру, мистер Диббл? (*Идет к двери.*)

Д ж е й Б и (*немного смущен, но ему удается ее остановить*). Лучше оставь ее, детка. Ты же знаешь, как она относится к алкоголю. Давайте ей не скажем.

Г у с. А вот Шори надо выпить. Я его привезу. (*Выходит.*)

П э т. В машине Дэйвида полно места, мистер Диббл. (*Смотрит на Диббла, а тем временем машинально массирует Эймосу руку.*)

Д ж е й Б и (*показывая свою руку Эстер*). Что ты об этом думаешь?

Э с т е р. Обручальное кольцо? И у Элли точно такое?

Д ж е й Б и (*с теплотой в голосе*). Нет, это мое. Мы решили кого-нибудь усыновить — вот я и чувствую себя новобрачным.

Э с т е р (*обнимая его*). Глупенький!

Въезжает Ш о р и, подталкиваемый Гусом.

Ш о р и (*Джею Би*). Эй, папочка, не начинай, если не можешь кончить!

Входит Д э й в и д с напитками на подносе.

Э с т е р (*Шори, полушутя-полусерьезно*). Ты, старый развратник!

Ш о р и. Мадам, вы мне льстите! (*Дэйвиду.*) Эй, муж, гони выпивку!

Д э й в и д. Давайте все. Прежде чем тронуться. (*Раздает бокалы и поднимает свой.*) Тост! За общую удачу — об-щу-ю!

Все поднимают бокалы.

Г у с (*Эймосу*). И за будущий чемпионат мира? (*Пытается пригубить.*)

Д э й в и д. Подожди! Давайте один большой тост за то, чего мы все сейчас желаем. За Эймоса. И за отца!

Г у с. За Дэйвида и за Эстер! За их процветание, их мастерскую, их тракторную станцию, их ферму...

Д и б б л *(ему в голову вдруг пришла идея)*. И за их норок!

Э с т е р *(тихо возражая)*. Нет...

Д э й в и д *(глядя на Эстер... После его взгляда ее лицо добреет.)* Норки не сейчас, но чтобы все, о чем сейчас говорится, сбылось. За наших детей?

Г у с. За их детей!

Д ж е й Б и. Их детей!

Э с т е р *(тихо)*. И в этом году. Скажи это всем.

Д э й в и д *(на мгновение их взгляды встречаются)*. В этом году... все наши сердечные желания... каждое из них... в этом году.

Все пьют.

П э т *(смотрит на часы)*. Эй, мы же опоздаем. Мы будем пить, а весь остальной мир будет нас ждать. Пошли!

Все выходят крича и смеясь.

КАРТИНА ВТОРАЯ

Гостиная. Около семи вечера того же дня. Сцена пуста. Слышен отдаленный гул голосов, очевидно, гостей, собравшихся на барбекю. Но через несколько секунд в «парадный подъезд» входит Д э й в и д, сопровождаемый Д э н о м Д и б б л о м. Они подходят к письменному столу, и Дэйвид достает оттуда чековую книжку. Потом с ручкой в руке ее листает.

Д э й в и д. Это судьба. Никогда в жизни такой огромный чек не выписывал.

Д и б б л. Ты просто никогда не получал так много, делая так мало. Ты выиграл приз — лучшую породу норок. В остальном дело только за тобой.

Д э й в и д. Мистер Диббл, я никогда не думал, что у меня будет трястись рука.

Левая дверь открывается — входит П э т и тихо закрывает ее за собой.

Он все еще спит?

П э т. Ш-ш-ш. Я всегда заставляю его часок поспать после игры.

Д э й в и д. Ты поесть не хочешь?

П э т. Сейчас не могу. (*Садится на кушетку.*) Я сейчас смотрел, как он спит, и вдруг меня осенило: ты заметил, какой у него мужественный вид?

Д э й в и д (*выписывая чек*). Он великий. И после сегодняшнего матча в этом никто сомневаться не будет. Он просто великий.

П э т. А как он выглядел с трибуны — какое великолепие!

Д э й в и д. Достаточное, чтобы его взяли. (*Вырывая из книжки чек, Дибблу.*) Вот ваш чек, мистер Диббл.

Диббл берет чек.

Д и б б л. Ты никогда об этом не пожалеешь.

Д э й в и д. Надеюсь.

Д и б б л. Ладно, я поехал. Позвонишь мне, как только купишь клетки, — я тебе их привезу.

Дэйвид провожает его до входной двери.

Спокойной ночи.

Д э й в и д. Спокойной ночи.

Д и б б л выходит. Дэйвид возвращается в комнату.

П э т. А знаешь, почему я так рад? Потому что думал, что ты в него не верил. Я даже хотел тебе сказать, что в его будущих успехах нет и не может быть никаких сомнений.

Д э й в и д. Нет, я не думал, что все всегда будет как было, что он всегда будет ждать, что его очередь не придет и всегда будут только...

П э т. Только — что?

Д э й в и д. Только сплошные неудачи. Но сейчас он на правильном пути. Я знаю это, отец.

Дверь открывается, и входит Д ж е й Б и с новой спортивной сумкой — он слегка пьян. В другой руке у него лист бумаги.

Д ж е й Б и. А у меня сюрприз!

П э т (*предупреждая, чтобы он не шумел, подносит палец к губам*). Ш-ш-ш!

Д ж е й Б и (*шепотом*). Сюрприз! Разбудите его. (*Показывая на сумку.*) Сюрприз!

П э т. После игры ему надо часок поспать, а то будет не в духе. (*Показывая на часы.*) Еще несколько минут.

Дверь открывается — входит Э й м о с.

Д ж е й Б и. Привет, Эймос. (*Поднимает сумку.*) А у меня для тебя сюрприз.

Э й м о с. О-о... (*с удивлением разглядывает подарок.*)

Д ж е й Б и. Это знак нашей к тебе любви. От (*читает*) «Эстер, Шори, Гуса, Дэйва, Элли и Белл». А также от меня.

Э й м о с (*гладит сумку*). Ну... не надо было этого делать.

Д ж е й Б и (*со все возрастающим чувством*). Нет, ты только представь, что тебе предстоит! (*Смотрит вдаль.*) Шиб-Парк, Коммиски-Филд, Спортсменс-Парк, Бостон, Чикаго, Кливленд, Сент-Луис... И когда после очередной победы ты будешь складывать в нее форму, то вспомнишь свой родной дом. (*Проверяет замок.*) Солидный металл.

Э й м о с (*переполнен радостью, встает*). Дай-ка мне бумагу. (*Берет ее из рук Джея Би.*) Как только я получу свой первый чек, сразу же куплю каждому из вас дорогой подарок. Слышите? (*Тянется к запястью Пэта, чтобы узнать, который час.*) Сколько натикало?

П э т (*хватая его за руку*). Вы слышали, что сказал он в раздевалке? Что кому-то должен позвонить, а потом сразу приедет. Давай-ка я тебе ее помассирую.

Они идут вверх по лестнице, в это время входит Э с т е р.

Э с т е р. Джон, быстренько на выход — Элли уехала.

Д ж е й Б и (*испуганно*). Почему? (*Всем.*) Неужели я пьян?

Д э й в и д. Поторопись, может, еще догонишь.

Д ж е й Б и. Поедем со мной, Дэйв, ты ей скажешь...

Д э й в и д. Умойся, Эйм... ты должен сейчас хорошо выглядеть. Я скоро вернусь.

Д э й в и д и Д ж е й Б и выходят.

Э с т е р (*глядя на дверь*). Почему он всегда это делает? (*Пэту, который роется в своей старой сумке.*) Я дам вам полотенце, оно наверху.

П э т. Нет, у нас есть свое.

Э с т е р (*готова засмеяться*). А я уж было собралась дать вам грязное.

П э т. Почти двадцать лет я пользуюсь только стерильным, а то еще занесешь инфекцию. Давай, Эймос, пошли мыться.

Э й м о с и П э т поднимаются по лестнице и уходят. Входит Д ж е й Б и, а вслед за ним и Д э й в и д. Джей Би пьян, идет не слишком уверенно, но не шатается. Он подходит прямо к Эстер, берет ее за руку и говорит, глядя прямо в глаза, словно хочет как можно лучше увидеть ее реакцию.

Д ж е й Б и. Эстер, пошла бы ты к нам, с ней поговорила. (*С безнадежным видом подходит к окну.*)

Д э й в и д (*Джею Би, об Элли*). А может, она только делает вид.

Д ж е й Б и. Нет! Но... (*Эстер.*) Кто-то с ней должен поговорить. (*Вдруг начинает безудержно рыдать.*)

Э с т е р. Что, в самом деле...

Д э й в и д (*сердито*). Джон! (*Трясет его, затем насильно сажает.*) Джон, кончай, слышишь?

Э с т е р (*подходя к Джею Би*). Что случилось? Что она сказала?

Д ж е й Б и (*прекращает рыдать, садится, раскачиваясь взад и вперед*). Все эти годы... мы могли бы иметь детей... все эти глухие, мрачные годы.

Э с т е р. О чем ты говоришь?

Д ж е й Б и (*указывая на кого-то, кто должен быть на улице*). Она только что мне сказала... что была у доктора... и доктор раз и навсегда... раз и навсегда... Мы могли бы иметь уже двоих. (*Смотрит на Дэйвида.*) Но она не хотела. Не хотела, говорила, что я пью. «Пьяница», — говорила она. А они бы стерли мою фамилию на почтовом ящике, будто бы я никогда и не жил.

Э с т е р. Пойди и полежи. Ты меня так расстроил, что я готова тебя задушить. Мог иметь все — и все пропил!

Д ж е й Б и. Если б она родила мне мальчика, я бы вообще ни капли...

Э с т е р. Ладно, иди! (*Пытается подтолкнуть его к лестнице.*)

Д ж е й Б и. Дэйв, я всего лишь неудачник, а в мире полно неудачников. Стоит только раз ошибиться, только раз — и тебя зовут неудачником.

Д э й в и д (*ему это немного надоело*). Я знаю, Джон. (*Выглядывает из окна.*)

Д ж е й Б и. Ты единственный, кто никогда не делает ошибок, ты меня понимаешь. А теперь посмотри на меня — слышишь, что я сказал?

Д э й в и д (*теперь поворачивается к нему*). Не понимаю, о чем ты.

Д ж е й Б и. Я не так уж пьян, как кажусь. Дэйвид, ты хороший парень, да. Ты умеешь жить. Но кроме того, тебе еще в жизни дико везет, везет, Дэйв. Только фортуна — и не надо с ней играть. Но она... она может и отвернуться и уйти — так же легко, как пришла.

Э с т е р. Поднимайся скорее, а то не дойдешь.

Входит П э т с часами в руке.

П э т. На моих уже полдевятого, где он? Сказал, что приедет не позже восьми.

Д э й в и д. Это означает, что он опаздывает уже на полчаса.

П э т. Не знаю, что сказать Эймосу. Я предложил ему еще помыться.

Д э й в и д (с растущим беспокойством). Он сыграл сегодня лучший матч в своей жизни, что еще можно сказать? Этот человек обязательно придет.

П э т. А может, надувает? По виду очень похож.

Д э й в и д. Перестань хныкать, отец.

П э т. Просто я сейчас вспомнил, что Эймос поначалу нервничал.

Д э й в и д. Но они же ничего не набрали! Прекрати сейчас же. (Пэт, очень расстроенный, смотрит на сына, а затем идет к лестнице.) Папа, что ты хочешь, чтобы я сделал? Я не могу их заставить взять Эймоса!

Входят Ш о р и и Г у с. На лестнице Пэт поворачивается, пытается заговорить, но потом поднимается и уходит.

Ш о р и (как только дверь закрывается). У меня так все болит, что придется прощаться. Все равно уже пирушке конец.

Д э й в и д. Нет, немного подожди. Не хочу, чтобы все сразу расходились. (Идет к окну.)

Ш о р и. Он сказал, в семь тридцать, а вы думаете, что в восемь. Но семь тридцать не восемь, так?

Д э й в и д (с яростью продолжая смотреть в окно). А может, он шину проколол?

Ш о р и. Да ее поменять всего ничего.

Д э й в и д (*оборачиваясь, с напряжением в голосе*). Пожалуйста, не уходите. (*Эстер.*) Народ расходится, а я хочу, чтобы, когда он уйдет, мы бы еще посидели. Удержи их.

Э с т е р. Конец света не настанет, и я не хочу, чтобы ты, Дэйви, себя так вел. Так или иначе, но в том, что происходит, твоей вины нет. (*Берет его за руку.*) Почему ты так волнуешься, Дэйви?

Д э й в и д. Потому что не понимаю, клянусь тебе, ничего не понимаю! (*Снова бежит к окну. Кажется, он готов выпрыгнуть наружу.*)

Ш о р и. Чего он не понимает?

Д э й в и д. Все для него так непросто. (*Не в состоянии скрыть своего беспокойства, обращается к гостям.*) Я хочу вас всех спросить, всех — и тебя, Эс, тоже. Вы знаете, что я могу и чего не могу, вы... вы меня знаете. Все, до чего я дотрагиваюсь, — почему так? — все становится золотым. Все.

Э с т е р. Что на тебя нашло, зачем ты это говоришь?

Д э й в и д (*неистово*). Да затем, что это меня волнует... (*Всем.*) Почему так? Я никогда... я никогда не проигрываю. С детства думал, что Эймос вырастет и станет звездой. Он единственный, кто действительно может этого достигнуть. Или он тоже зависит от фортуны? Но почему она благоволит ко мне, а он...

Г у с. Потому что ты просто хороший парень, Дэйв.

Д э й в и д. А разве ты не хороший?

Г у с. Может быть, но я...

Д э й в и д. Тогда почему у тебя не вышло с мастерской? Почему ты сейчас работаешь на меня?

Г у с. Здесь еще помнят войну, Дэйв, и не хотят иметь дело с немцем.

Д э й в и д. Какая ерунда!

Г у с. А кроме того, ты забыл, где находилась моя мастерская?

Д э й в и д. Она была расположена лучше, чем моя. Все машины, которые заезжали в наш город, ее не миновали. Но обращались все ко мне. Почему так?

Г у с. Ты знаешь машину, Дэйв, ты...

Д э й в и д. Угу, и «мармон» тоже... (*Всем.*) У меня сейчас в банке четырнадцать тысяч и столько же в бумажнике. А у Эймоса никогда не было ни гроша, ломаного гроша. Почему так?

Небольшая пауза.

Э с т е р (*подходит. Улыбается, чтобы заставить Дэйвида улыбнуться, но он не реагирует*). А почему это тебя беспокоит? Везет — и отлично, чем плохо?

Д э й в и д (*недолго на нее смотрит*). Но, по-моему, лучше получать, когда чего-то заслужил, а не просто потому, что тебе везет. Разве заслуженные успехи не надежнее, чем просто шальная удача?

Э с т е р. А ты не знаешь?

Д э й в и д. Не знаю, правда не знаю.

Ш о р и. И никогда не узнаешь.

Д э й в и д. Хорошо, конечно, когда на тебя льется золотой дождь, просто так, без всякой причины, но ведь этот дождь может и перестать и все, что у тебя есть, вдруг обратится...

Э с т е р (*берет его за руку*). Давай скажем всем до свидания, а?

Д э й в и д. Нет, никто никуда не уйдет, пока не приедет селекционер. Никто не...

Э с т е р. Но это его проблемы, а не твои!

Д э й в и д. А вот и мои! Человек имеет право получить то, что он заслужил. А он, черт возьми, заслужил! (*Вырывается и снова идет к окну.*)

Э с т е р (*сердито*). Ты говоришь сейчас так, словно что-то у него украл. И между прочим, ты никогда не получал того, чего не заслужил. Ты...

Д э й в и д (*оборачиваясь — он, кажется, потерял терпение*). Угу, значит, я такой хороший, а он такой плохой... Я в это не верю! Что-то не так, что-то совсем не так! (*Неожиданно.*) Поеду в Берли. (*Быстро, Эстер.*) Где ключи от машины?

Э с т е р. Но ты даже не знаешь, где его искать.

Д э й в и д. Я его найду. Где ключи?

Э с т е р (*хватает его за руку*). Дэйви, остановись!

Д э й в и д. Я его... я его сюда привезу! (*Вырывается.*)

Э с т е р (*испуганно*). Дэйви!

Он бежит к двери, но теперь уже за руку его хватает Шори и крепко держит.

Ш о р и. Остановись!

Д э й в и д. Отпусти!

Ш о р и (*не отпуская*). Послушай, дурак, ты ничего не можешь, неужели не ясно?

Д э й в и д. Отпусти руку.

Ш о р и (*насильно его сажая*). Дэйвид, я хочу тебе сказать... Я тебе этого никогда не говорил, но сейчас тебе нужно знать. Эймос, конечно, заслуживает лучшего, но ведь и я заслуживаю лучшего, гораздо лучшего. (*Шлепает его по ноге.*) Когда я ехал во Францию, то, конечно же, думал не о сломанных костях. Я покидал наш город с красивыми усами и копной волос. Женщины готовы были проехать полштата, только чтобы один разик со мной переспать. И даже там, как говорится, под грохот канонады, над моей головой горела звезда — она-то меня и охраняла. Думаешь, меня можно было сбить с ног? Такое не удавалось никому, Дэйви. (*Отпускает его руку — Дэйвид словно замер.*) Пройти всю войну без единой царапинки, это как? Я входил в Париж с расческой в руках — женщины с обеих сторон улицы мне улыбались. Я вошел к одной из них в дом — в это время как раз объявили прекращение военных действий. Еще помню, как она сняла с меня армейские ботинки и поставила их себе под кровать. А дальше — дальше увидел, что потолок валится мне на грудь и... все. А потом открыл глаза и понял, что меня выкапывают.

Молчание — все смотрят на Шори.

Э с т е р. А говорили, что это случилось в бою, и я думала...
Ш о р и (*Эстер*). А вот и не в бою. (*Дэйвиду.*) В бою для такого всегда есть повод, для солдата ранение в бою — это нормально. А я вот подцепил в Париже красотку, которая жила в доме, где истопник, напившись, забыл налить воду в бойлерную печь. (*Улыбается.*) Вот стены и обвалились. (*Поднимает палец и показывает наверх.*) Стены Эймоса Бивза скорее всего обвалились тоже. А вот его брату Дэйвиду пока везет. Медуза плыть не может, и не важно, хочет она того или нет, — ее движение зависит только от прилива и отлива. А потому она живет, пока в один прекрасный день ее не выбросит на берег.

Пауза.

Э с т е р (*подходя к мужу*). Давай, Дэйв, все хотят попрощаться.

Дэйвид вынужден действовать. Нерешительный поворот головы, неуверенный взгляд — она следит за тем, как он, оторвавшись от окна, все еще пытается смотреть вдаль.

Д э й в и д. Но... подождите! (*Снова поворачивается к окну.*) Машина! (*Быстро, гостям.*) Не проехала, остановилась! (*Бежит к входной двери.*)

Пэт тоже увидел — он сбегает по лестнице.

П э т. Наконец-то приехал! Пожалуйста, ненадолго выйдите все отсюда — у нас разговор. Весь путь из Берли проехать в такси! Дэйв, останься, я хочу, чтобы во время подписания контракта ты тоже присутствовал. (*Выбегает на улицу.*)
Д э й в и д (*от двери, гостям*). Вышли, немедленно вышли!

Все идут к другой двери.

(*Шори.*) Ну что, как там медуза?

Ш о р и (*на ходу*). Значит, фортуна повернулась к нему лицом — только и всего. Лицом!

Д э й в и д. Лицом, говоришь? (*Улыбаясь, показывает Шори на свой письменный стол и тихо говорит.*) Когда-нибудь я покажу тебе кучу телефонных счетов — как я говорил с Детройтом.

Г у с (*радостно*). Дэйв, так, значит, это ты?

Д э й в и д. Конечно, я, потому он и здесь. (*Шори.*) А медуза такого бы не смогла! (*Торжествующе, всем.*) Никто не уходит. Все ждут — мы покоряем Эверест! (*Но все, кроме Эстер, уже вышли. Дэйвид недолго на нее смотрит, потом бросается и обнимает.*) Я передам тебе все, что он скажет!

Э с т е р. Будь таким всегда, Дэйви! (*Выходит.*)

Дэйвид быстро поправляет волосы и бегло оглядывает комнату.

Д э й в и д (*себе*). Теперь порядок, теперь все так, как и быть должно!

Спускается Э й м о с.

Э й м о с (*его руки сложены, словно он собирается молиться*). Господи, неужели все так и случилось? Неужели я великий? (*Говорит это, обращаясь к двери, но потом переводит взгляд на Дэйвида.*)

Входят О г и Б е л ф а с т и П э т. Оги — крупный, опрятно одетый ирландец.

П э т (*в то время, как они входят*). Ничего не могли поделать, все хотели это как-то отметить. (*Видит Дэйви.*) О, он тоже здесь.

О г и (*Эймосу и Дэйвиду*). Садитесь, садитесь, не надо церемоний. Я Оги Белфаст.

Эймос садится на кровать, Дэйвид на стул.

П э т (*Оги*). Позвольте ваше пальто.

О г и (*снимая шляпу*). Мне в нем удобно, я в нем всегда. Тем не менее спасибо. (*Вынимает пачку жвачки.*) Жуете?

Д э й в и д. Нет, спасибо, мы весь день ели... то есть...

Оги разворачивает пластинку. Пэт хочет сесть, но что-то заставляет его все время двигаться; он уже жует предложенную Оги жвачку.

О г и. Расслабьтесь, я вовсе не такой ужасный. (*Дэйвиду и Эймосу.*) Я только что говорил вашему отцу: эти междугородные звонки меня все время держат на привязи. Еще раз извиняюсь, что опоздал. (*Ему хочется, чтобы его простили.*)

Д э й в и д. Да что вы, все в порядке. Мы знаем, как такие люди заняты.

О г и. Спасибо. Представляю, что вы чувствовали. (*Делает несколько шагов, жует, смотрит в пол.*)

Долгое молчание. Оги останавливается, достает еще одну пластинку жвачки и разворачивает ее.

Э й м о с (*шепотом*). Да?

О г и. Сколько лет ты играешь?

Э й м о с. Около... (*Смотрит на Пэта.*)

П э т. Регулярно с девяти лет.

О г и (*кивает. Снова молчание. Пэту*). Надеюсь, вы понимаете, что он уже многое умеет.

П э т (*удовлетворенно*). Да, мы все здесь так думаем.

О г и. Он надежен, ловок. Хорошие длинные руки — уверенные руки. Чувствует игру. (*Все время расхаживает: видно, что похвалы — это еще не все.*)

П э т. Знаете, я его все время тренировал, в подвале тренировал. Сделал специальный подвал, чтобы было место для тренировок.

О г и. Знаю. Человек, который сегодня со мной сидел, мне все рассказал. Послушайте, мистер Бивз... (*Садится в кресло, широко расставляет ноги, кладет руки на подлокотники и пристально смотрит на Пэта.*) Я хочу, чтобы вы верили каждому моему слову. Я Оги Белфаст, и каждый, кто меня знает, скажет, что я слов на ветер не бросаю. В нашем деле существует уйма нюансов, уйма тонкостей. Мне не нужны атлеты. Бейсбол для меня — это игра на фортепиано или создание высокой литературы, поэтому постарайтесь понять, что я сейчас скажу.

Пэт, затаив дыхание, кивает.

Я просмотрел тысячи ребят, мистер Бивз, вот уже сколько лет я ищу в навозных кучах алмаз. Вы проделали с Эймосом огромную работу: он стал гораздо быстрее и двигаться, и соображать, гораздо лучше обращается с мячом. Иногда очень оригинально мыслит. Всегда старается быть рядом с мячом. (*Небольшая пауза.*) Когда я увидел его два года назад, я сказал...

Д э й в и д (*изумленно*). Вы видели его раньше?

О г и. Ну да, я хотел это вам сказать. И год назад тоже.

П э т. А почему вы нам тогда не сказали?

О г и. Потому что есть одна штучка, которую я никак не мог понять, мистер Бивз. Сейчас понял, а тогда нет. Когда защитники далеко, ваш парень бесподобен. Нет, постойте, дайте мне сказать: он хорош, он очень хорош. Не хочу врать, а поэтому еще раз: если у него есть простор, он в полном порядке. Но как только появляется жесткий защитник, который пытается его свалить, который его все время ломает, висит на нем, с Эймосом что-то происходит. Я видел это тогда — видел и сейчас. Но если этого нет, когда команда идет вперед и ему дают свободу, ваш сын, мистер Бивз, действительно бесподобен. И вы это поняли по реакции зрителей.

П э т. Ему сегодня, по-моему, все удавалось.

О г и. Только потому, что «Блэк джайнтс» не любят играть от обороны. Никто его как следует не держал, вот он и блистал. (*Мертвая тишина.*) Не могу понять, какой-то совершенно другой человек. А эти просто удивительной длины руки!

Но совсем нет характера. Есть в нем что-то такое, что ему очень мешает стать мастером. И вот что я увидел: в отношении характера за последнее время улучшений нет. Я бы даже сказал, что сегодня он понравился мне еще меньше, чем тогда. Почему? Мне кажется, я нашел...

П э т (*тихо*). Нашли ответ?

О г и. Этот человек, который знает вашего Эймоса, он сказал мне, — да и вы тоже сейчас подтвердили, — что Эймос с девяти лет тренировался в подвале, тренировался один, без соперников и партнеров. Наверное, просто шлифовал технику в тепличных условиях и всегда имел уйму времени, чтобы осмотреться и подготовиться. Но ведь на площадке, мистер Бивз, ситуация иная: у него уже нет тех секунд на раздумье, которые он имел в подвале, — соперники за спиной, и он должен реагировать мгновенно! Вот тут-то он и теряется, тут-то начинает паниковать. Что-то его словно парализует, он выбит, он стоит, все — он кончен: после этого мяч буквально валится из рук. Вот так, мистер Бивз! (*Встает, оправляет пиджак.*)

Дэйвид и Пэт смотрят в пол, глаза Эймоса вообще ничего не видят.

Извините, я опаздываю на поезд.

П э т (*медленно вставая, словно лунатик*). Я... я тренировал его в подвале только зимой, я делал это, чтобы он мог и зимой...

О г и (*строго*). И это, мистер Бивз, была ваша грубая ошибка.

Д э й в и д (*вставая*). Но... это делалось, чтобы не терять время. Нам казалось... нам казалось, что в подвале тоже можно...

О г и. Можно, но не нужно.

Д э й в и д. Но он тренировался целых двенадцать лет, и за эти годы...

О г и. За эти годы привык совсем к другой обстановке. Нельзя было так.

Пауза.

П э т. И что... ничего уже нельзя исправить? Ни тренеры, ни...

О г и. Ни один тренер в мире не может выработать у спортсмена характер, которого не было двенадцать лет. Вы искалечили вашего парня! (*Щелкает пальцами.*) Я в этом глубоко убежден.

Д э й в и д. Но если взяться сейчас, если долбить каждый день...

О г и. Это потребует слишком много времени и слишком много усилий. Лично я не верю в успех.

П э т. И вы не можете... вы не можете даже попробовать?

О г и. Я понимаю ваши чувства, мистер Бивз, но я беру только тех, в ком уверен на сто процентов, только тех, кто, я знаю, у нас останется, а не тех, от которых через несколько недель придется избавляться.

Д э й в и д (*глядя Оги прямо в глаза*). Но он же не сможет жить.

О г и (*до него и вправду пока не дошло*). Что-о?!

Д э й в и д. Он больше ничего не умеет.

О г и (*сочувственно кивает*). А это еще одна ошибка. (*Поворачивается, чтобы уйти.*)

П э т (*пытаясь его остановить*). По-моему, если он сосредоточится, сосредоточится, понимаете... Я сам всегда что-то начинал, потом бросал... вот ничего и не вышло... И я думал...

О г и. Согласен, сосредоточиться на чем-то одном необходимо, просто необходимо. (*Делает глубокий вдох.*) Что ж, желаю удачи.

Пэт все еще не может поверить в случившееся, а потому молчит.

Пока, Эймос.

Эймос неуверенно кивает, но едва ли до конца понимает, что произошло.

Д э й в и д. Послушайте, вы... (*Быстро подходит к Оги и, глядя ему прямо в глаза, поднимает руку — словно хочет его удержать.*)

О г и. Это вы мне?

Д э й в и д (*переводя взгляд на Эймоса, который продолжает смотреть в никуда, а затем снова глядя на Оги*). Вы еще увидите его в высшей лиге.

О г и. Надеюсь. Он просто нам...

Д э й в и д (*стараясь сдерживать ярость*). Нет-нет, вы его обязательно увидите. Ведь ваша команда, слава Богу, не единственная, и вы его еще увидите, это я вам обещаю!

О г и. Спокойно, парень. (*Отодвигает Дэйвида. Пэту.*) И надеюсь, мистер Бивз, что за опоздание вы меня извинили.

Д э й в и д (*словно эхо, но голос его ломается*). Это я вам обещаю.

О г и кивает, открывает дверь и выходит. Пэт поворачивается, медленно идет к Эймосу, который продолжает неподвижно сидеть. Но как только Пэт к нему подходит, Эймос медленно встает и сжимает кулаки.

П э т (*с тихим вопросом*). Но он ведь может... ошибаться, а?

Эймос молчит, его лицо полно ненависти.

Он ведь может... Может или не может?

Э й м о с (*его крики словно удары бича*). Нет, не может! Нет, не может!

П э т. Но ведь у всех бывают ошибки.

Э й м о с (*с ревом хватает Пэта за воротник и трясет*). Ошибки! Ошибки! Ты и твои долбаные ошибки!

Д э й в и д (*подбегая и пытаясь оттащить Эймоса от Пэта*). Пусти его! Эймос, пусти его!

Э й м о с (*в промежутке между своим собственным ревом и вытьем Пэта*). Ты все мне врал! Я убью тебя, ты все мне врал, все мне врал! (*Новый взрыв эмоций: Эймос оттесняет Пэта к стене и валит на пол.*)

Входит Г у с, Дэйвид в это время оттаскивает Эймоса от Пэта.

Оставьте меня! Оставьте, все оставьте меня!

Дэйвид отбрасывает Эймоса на кушетку, подходит и, подняв кулаки, нависает над ним. Входит Э с т е р и, никем не замеченная, стоит и наблюдает эту сцену.

Д э й в и д. Лежать и не вставать! Тебе придется иметь дело со мной, Эйм!

П э т (*вскакивая на ноги и отталкивая Дэйвида*). Не драться, мальчики, только не драться! (*Поворачивается к Эймосу, который начинает рыдать, и говорит умоляюще.*) Эймос, мальчик, мальчик!

Эймос лежит на кушетке и в отчаянии рыдает.

(*Наклоняется и гладит его по голове.*) Мальчик, мальчик!

Эймос не глядя сбрасывает его руку и толкает Пэта в грудь. Дэйвид хочет прийти отцу на помощь.

(*Снова подходит и гладит Эймоса по спине.*) Ну, мальчик, ну, пожалуйста, мальчик, перестань, Эймос! Послушай, Эйм, послушай: я свяжусь с Кливлендом — поеду туда сам — и привезу тебе человека. Послушай, Эйм, я делал все, что мог, человек делает ошибки, он не может всего предвидеть. (*Трясет Эймоса, который продолжает рыдать.*) Эйм, перестань! (*Встает и кричит, чтобы заглушить рыдания.*) Я допускаю, Эйм, я допускаю, что ошибся, я слишком много говорю, я дурак, я допускаю, но посмотри же, как ты бьешь, поставь мне хоть это в заслугу, хоть что-то я для тебя сделал! (*Переворачивает сына.*) Да перестань же ты плакать! Боже всемилостивый, что я могу поделать, если я такой дурак! (*Садится рядом.*)

Д э й в и д (*отодвигая Пэта, склоняется над Эймосом*). Слушай, ты! (*Берет брата за воротник и сажает.*)

Эймос продолжает рыдать.

Да, он сделал ошибку, одну ошибку — и только. Закончили, все закончили. Ты будешь учиться — и всему научишься. У тебя вся жизнь впереди, и еще ничего не потеряно. А он — он поедет в Кливленд, потом в Нью-Йорк, потом не знаю куда... А вдруг этот человек и вправду ошибся? Так ведь бывает.

Э й м о с (*качая головой*). Нет, он не ошибся, он прав.

Дэйвид отпускает Эймоса, встает и смотрит на него сверху вниз.

(*Тоже встает, медленно идет к стулу и садится.*) Он прав: я всегда знал, что не могу играть при плотной опеке. Все, что он сегодня сказал, правда. Я кончен, так он сказал? И нечего тут добавить. (*Смотрит на Пэта.*) Все время, все мое время уходило только на мяч — я научился его бросать. «Остальное не так важно», — говорил он. Он знал, он все знал! Ну а теперь пришло время мне все узнать, вот я и узнал. Узнал — и больше, пока я жив, до мяча не дотронусь! Никогда!

П э т (*яростно*). Эймос, ты сам не понимаешь, что говоришь!

Э й м о с. И на площадку ни ногой, не могу! Я знаю, что не могу! (*Небольшая пауза.*) И больше вы меня не обманете! Я кончен. (*Встает.*)

Пэт закрывает лицо руками и начинает рыдать.

Д э й в и д (*Эймосу, который, отрицая все, трясет головой*). Что значит — кончен? Эймос, ты не можешь лечь и лежать. Послушай меня и перестань трясти головой — кто в этом мире получает все, чего хочет?

Э й м о с (*неожиданно*). Ты. Только ты.

Д э й в и д. Я? Не верь мне, Эймос. (*Обнимает его.*) Больше этому не верь!

Э й м о с. Все, что ты хочешь... во всей жизни... все.

Д э й в и д. И детей тоже, а, Эйм? (*Молчание.*) Где мои дети?

Э с т е р. Дэйви!

Д э й в и д (*наконец ее заметив*). Я хочу ему сказать, Эс! (*Эймосу.*) Зачем все, если нет детей? Все сразу становится бессмысленным. А кроме того, ты знаешь такого человека, у которого не было бы проблем? Они есть, Эйм! И у Шори, и у Джея Би, и у отца, и у тебя, и у меня тоже! У меня так же, как и у всех!

Э с т е р. Не надо, Дэйви!

Д э й в и д (*с ужасающим торжеством в голосе*). Нет, Эс, я этого больше не боюсь — хочу вообще об этом забыть. Я боялся быть каким-то особенным, но из-за этой моей проблемы больше не боюсь. (*Эймосу.*) Никто не может избежать наказания, слышишь, Эйм, никто! Но я не ложусь и не умираю из-за того, что у меня нет детей. Повторяю: в мире нет человека, у которого не было бы ни одной серьезной проблемы, — сейчас я это понимаю, и ты понять должен. Не завидуй мне, Эйм, теперь мы равны. Мир сотворен именно таким, такой закон, очевидно, писан где-то на небесах, и все мы должны ему подчиниться! (*Берет Эймоса за руку.*)

Э й м о с (*старается не плакать, но не может*). Почему ты так говоришь?

Д э й в и д. Потому что это правда.

Э с т е р. Нет, Дэйви, это неправда. Никаких проблем у нас нет, ты их выдумал!

Д э й в и д (*пораженно*). Что-что?

Э с т е р. Просто я хотела подождать, пока он подпишет контракт, и уже потом, в разгар веселья, встать с тобой на лестницу, чтобы все нас видели, и объявить, что скоро у нас будет ребенок! (*Пауза. С гневом, разочарованием и горечью.*) О Дэйви, я думала, ты тут же умрешь от счастья, а ты...

Д э й в и д (*его изумлению нет предела; наконец он взрывается*). О Эс, я да, я правда...

Э с т е р. Нет, ты не рад. Не знаю, что с тобой, но сегодня ты явно этому не рад!

Д э й в и д (*ужаса в его голосе куда больше, чем восторга*). Не говори так, Эс, ты не должна... (*Пытается прижать ее к себе.*)

Э с т е р (*вырываясь*). Ты должен его хотеть, Дэйви, ты обязан его хотеть! (*Слезы льются у нее из глаз — она убегает.*)

Дэйвид бежит за ней, зовет, но вдруг видит перед собой Эймоса.

Э й м о с. В мире нет такого человека... кроме тебя. (*Минуя Дэйвида, идет к входной двери.*) Кроме тебя! (*Выходит.*)

Занавес.

ДЕЙСТВИЕ ТРЕТЬЕ

КАРТИНА ПЕРВАЯ

Гостиная. Февральский вечер. Д ж е й Б и спит на кушетке. За столиком у камина Ш о р и и Г у с молча играют в карты и курят. За окном белеет снег. На вешалке висит несколько пальто.

Г у с. Ты совсем не соображаешь, поучить тебя, что ли, ты, медуза...

Ш о р и. Покер не бейзик, игра совсем другая, тут...

Г у с. Где любопытство, где азарт, где смекалка?

По ступенькам спускается т е т я Б е л л.

Все в порядке?

Б е л л (*поворачивается, у нее в руках одеяло*). Все одеяло мокрое, во как потеет! Бедная девочка!

Г у с. Что сказал доктор?

Б е л л (*подумав*). Он велел мне спуститься и принести сухое одеяло.

Г у с. Я хотел спросить, когда...

Б е л л. Ну это никогда не известно. Известно только, что это может произойти в любое время. Иногда — когда этого совсем не ждешь. А иногда — когда ждешь. (*Подходит к двери и снова оборачивается.*) А почему Дэйвид до сих пор не купил коляску?

Г у с. Разве? Ну, значит, купит.

Б е л л. Но как можно иметь ребенка без коляски?

Ш о р и. Это лучше, чем иметь коляску без ребенка. Высморкайся.

Б е л л. Сморкаться нет времени. (*Поднимается, сморкаясь.*)

Ш о р и. У меня валет, — значит, будет мальчик. (*Бросает карту на стол.*)

Г у с. Это еще вопрос. По статистике девок больше родится. У них явное преимущество.

Ш о р и. Дэйвид Бивз плевал на статистику: хочет мальчика — значит, будет мальчик. Ставлю пятерку: сегодня вечером у нее родится мальчик.

Г у с. Ей, значит, мальчика родить, а мне наличными платить?

Ш о р и. Испугался!

С улицы входит Д э й в и д, в зимней одежде. Сразу видно, что он полон энергии, широко улыбается. Притопывая, снимает перчатки, полушубок, шарф и остается в свитере. Потом закрывает за собой дверь.

Д э й в и д. Как там наверху?

Г у с. Пока только потеет.

Д э й в и д. Потеет? Это нормально?

Ш о р и. Поди, не от чая с малиной.

Д э й в и д (*идет к камину и потирает руки*). Джей Би перестал ходить на работу. Весь день здесь валяется.

Г у с. Некоторые любят попраздновать. А ребенок для него — лучший праздник!

Д э й в и д (*осматриваясь*). Какая ерунда.

Г у с (*Дэйвиду*). А ты, я смотрю, совершенно спокоен — просто поразительно! Люди в твоем положении...

Ш о р и. Это она в положении, а не он. (*Гусу.*) А ты, наверное, фильмов насмотрелся. Зачем ему бегать туда-сюда?

Д э й в и д (*с легким чувством вины*). Но я достал ей лучшего доктора и все необходимое. А вообще-то мое мнение — будь что будет. В конце концов, я же не могу... (*Умолкает, потому что видит наверху тетю Белл с еще одним одеялом. Она идет к лестнице — Дэйвид не может ее не окликнуть.) Белл! (Она останавливается. Сдерживая беспокойство, он к ней подходит.)* Спроси, пожалуйста, доктора... трудно ли ей будет...

Б е л л. Он велел мне молчать.

Д э й в и д. Тогда спроси жену Джея Би.

Б е л л. Она тоже велела мне молчать. Но ее спросить я могу.

Б е л л поднимается. Дэйвид провожает ее взглядом.

Д э й в и д *(глядя наверх)*. А потом она будет жить как королева. *(Поворачивается и бьет кулаком по своей ладони.)* В этом году должен получить кучу денег.

Ш о р и. Никогда не предсказывай ничего, кроме погоды, да и ту не больше чем на час вперед.

Д э й в и д. Сейчас могу. Потому что сегодня спарил своих норок и, надеюсь, будет отличный приплод.

Г у с. Норок спарил? Как здорово!

Слышен стук в парадную дверь — Дэйвид идет открывать. Входит П э т, на нем пальто горохового цвета и шерстяная шапочка. На плече матерчатый саквояж.

Д э й в и д. Привет, отец.

П э т. Ребенок родился?

Д э й в и д. Еще нет.

П э т. Поезд будет только через два часа, вот я и решил подождать здесь.

Д э й в и д. Дай-ка мне его. *(Забирает у Пэта саквояж и ставит к вешалке.)*

Ш о р и. Ты и вправду едешь, Пэт?

П э т. Меня снова берут на работу — коком на судно. Немного практики — и через год-другой я смогу получить свою третью лицензию. А потому...

Д э й в и д. И все-таки глупо, что ты уезжаешь, отец. Может, передумаешь?

П э т. Так лучше, Дэйв. Если меня не будет, Эймос вполне может взяться за ум.

Снова стук в дверь.

Д э й в и д. Сейчас это, наверное, Эймос. (*Идет к двери, открывает.*)

Входит Э й м о с с сигаретой в зубах.

Привет, Эйм. Машину запер? Входи.

Э й м о с. Все в норме, мотор работает. Привет, Гус, привет, Шори. (*С Пэтом не здоровается. Пауза.*)

Г у с. Много работы?

Э й м о с (*устало, криво улыбается*). Навалом. Подкачал бензин, проверил кассу. (*Отдает Дэйвиду маленький конверт и ключ.*) Двадцать шесть баксов — пришлось попотеть.

Д э й в и д (*словно удивлен такой активностью, натянуто*). Двадцать шесть? Ничего потрудился.

Э й м о с. Я всегда так, разве нет? Ну пока. (*Собирается уходить.*)

Д э й в и д. Послушай меня, Эйм. (*Эймос оборачивается.*) Примерно через месяц норки дадут приплод. Я подумал, может, ты захочешь немного помочь мне с этим делом? А кроме того, скоро весна, и тебе надо быть в форме.

Э й м о с. Зачем?

Д э й в и д. Ну, может, в один прекрасный день... тебе захочется... выйти на площадку.

Э й м о с (*глядя на Пэта*). Я же сказал, что больше не выйду.

Д э й в и д (*с напускным безразличием*). А что ты собираешься делать?

Э й м о с. Качать тебе шины. И каждый вечер приносить тебе деньги. И ждать, когда что-то произойдет. (*С горькой усмешкой.*) Я имею в виду, когда наконец объявят, что около твоей станции открыли шоссе, — тогда и мне будет выгода. Так должно быть, Дэйв. (*Теперь искренне.*) А что, ребенок еще не родился? (*Удивленный горечью его тона, Дэйвид качает головой.*) Дольше, чем следует, а? (*Затягивается сигаретой.*)

Д э й в и д. Немножко.

Э й м о с. Ну, если это мальчик... (*Смотрит на Пэта и с вызовом выпускает клуб дыма.*) Тогда ты, наверное, будешь тренировать его в своем подвале. (*Подмигивая Дэйвиду, выходит.*)

Тогда Дэйвид подходит к Пэту.

Д э й в и д. Зачем тебе ехать? Поработай лучше со мной. У меня дело для всех найдется.

П э т. Портит себе легкие — не могу смотреть, как он себя разрушает!

Ш о р и (*у камина*). Как насчет бейзика, Пэт?

Д э й в и д. Гус, можно тебя на два слова? (*Отводит его в сторону.*)

П э т (*подходя к Шори, не слишком убедительно*). Жар от камина плохо влияет на артерии. (*Садится на место Гуса.*)

Ш о р и (*мешая карты*). Зато согревает. Садись-ка. (*Сдает.*)

Дэйвид и Гус стоят справа. Джей Би по-прежнему спит. Шори и Пэт начинают играть.

Д э й в и д. Хочу, чтобы ты на меня немножко поработал. Меньше чем через месяц у меня будет целая куча норок. От каждой по четыре, понимаешь?

Г у с. Цыплят по осени считают.

Д э й в и д. Нет, на этот раз я уверен. Я хочу заложить мастерскую. Прежде чем ты ответишь, хочу тебе сказать, что шестьдесят процентов ее твои, ты это заслужил, я не хочу брать то, что мне не принадлежит, и не возьму. Распишись, чтобы я мог получить за нее деньги. Мне нужно около двух тысяч пятисот.

Г у с. Могу я спросить — зачем?

Д э й в и д. Чтобы купить еще самцов.

Г у с. А почему нельзя это сделать на те деньги, которые у тебя есть?

Д э й в и д. Честно говоря, Гус... (*Широко улыбается.*)

Г у с. Что такое?

Д э й в и д. Других денег у меня нет.

Г у с. Ладно, не надо заливать.

Д э й в и д. Нет, правда. Все ушли на норок, которые мне привез Дэн Диббл. Что ты скажешь?

Пэт и Шори поднимают головы и прислушиваются.

Г у с (*секунду подумав*). Почему тебе обязательно надо закладывать мастерскую? Вполне можно получить две пятьсот от бензоколонки, от каменоломни или от фермы... (*Небольшая пауза.*)

Д э й в и д. А я и получил. Получил и уже все заложил. Все, кроме мастерской.

Г у с (*изумленно*). Дэйв, я не могу в это поверить!

Д э й в и д (показывая на правое окно). Взгляни-ка туда. Я купил ранчо, а ты думаешь, у меня были деньги?

Г у с (*встает, стараясь скрыть тревогу*). Но, Дэйв, это же норки? Кто знает, что может с ними случиться? Не понимаю, как ты мог взять все, что у тебя было, и променять на...

Д э й в и д. Они размножаются, Гус, от каждой я получаю по четыре. Если цена на них не упадет, в этом году я сделаю шестьдесят тысяч.

Г у с. Но как можно быть уверенным? Ты не можешь...

Д э й в и д. Я уверен.

Г у с. Но как можно быть...

Д э й в и д (*на сей раз волнуясь и желая положить конец разговору*). Я уверен! Что, нельзя? Разве нельзя быть уверенным?

Г у с. Да, но почему? (*Пауза.*) Почему ты так уверен?

Д ж е й Б и (*ворочаясь на кушетке*). Боже милостивый! (*Садится и потягивается.*) Что случилось с теми батареями, которые ты собирался здесь поставить? (*Встает и идет к камину — он замерз.*) В этой комнате можно хранить мороженое мясо.

Д э й в и д (*Джею Би*). Тебе всегда холодно.

Г у с (*Дэйвиду*). Не знаю, что тебе ответить. Я здесь так работал, в этой мастерской, я... (*Его аргументы слабеют.*) А ты стоишь здесь сейчас и, кажется, не понимаешь, что если с норками что-то случится, то тебе конец. Хочешь сделать миллион?

Д э й в и д. Я же сказал, с ними ничего не случится!

Д ж е й Б и (*Пэту и Шори*). С кем — не случится? О чем они там?

Д э й в и д. Ни о чем. (*Смотрит в окно.*)

> Джей Би с удивлением за ним наблюдает.

П э т. Лучше бы Эймос курил трубку, скажи ему, Шори.

Д ж е й Б и. Дэйв, а ты знаешь, что нужно купить коляску, а?

Д э й в и д (*вполоборота*). Конечно, знаю.

Д ж е й Б и. Что ж ты забыл попросить меня, я бы тебе ее заказал.

> Дэйвид поворачивается к окну.

Видел я одну в магазине — жемчужно-серую! Огромные резиновые мягкие колеса. Замечательно!

Д э й в и д (*вновь поворачиваясь к нему, недовольно*). Ладно, только хватит на эту тему, а!

Джей Би недоволен. Через несколько секунд он идет к вешалке и начинает одеваться.

(*Подходит к Джею Би.*) Джон, хватит валять дурака. (*Тянет его за рукав.*)

Д ж е й Б и. Ты меня выводишь из себя, Дэйв, просто выводишь! Когда мужчина ждет ребенка, он должен вести себя соответствующе, и, ради Бога, я хочу, чтобы ты так себя и вел.

Ш о р и. Еще один фантазер: хочет изменить то, что изменить нельзя.

Д э й в и д. Джон, у меня сейчас миллион проблем. Я хочу тебя попросить.

Д ж е й Б и. О чем?

Д э й в и д (*вешает его пальто на вешалку*). Я хочу сейчас купить новый «бьюик», он поможет мне раскрутить того торговца, которого ты знаешь, ну, того, из Берли. А через месяц я отвезу на нем Эстер в Калифорнию. Сядь.

Д ж е й Б и (*поднимая руку и показывая на него пальцем*). Вот что меня выводит: мне кажется, ты не до конца осознал, что сейчас происходит. А месячного ребенка в такие далекие путешествия вообще не берут.

Д э й в и д (*в смятении*). Я хотел сказать...

Д ж е й Б и (*смеется — правда явно на его стороне*). Ты не осознаешь элементарную вещь: Эстер располнела вовсе не оттого, что съела слишком много маслин? (*Смеется — Гус тоже. Дэйвид пытается улыбнуться.*) Ты станешь папашей, парень, и скоро тебя будут звать «папочка»!

Наверху какая-то суматоха. Дэйвид бросается к лестнице. Появляется т е т я Б е л л, она сопит и вытирает нос.

Д э й в и д (*быстро поднимается и подбегает к ней*). Что случилось, Белл?

Б е л л. Рожает, рожает! (*Спускается. Дэйвид за ней.*)

Д э й в и д. Белл, что говорит доктор? Как она? (*Хватает ее за руку.*)

Б е л л. Не знаю. Плохо, что она тогда упала, очень плохо. О Господи!

Рыдания душат ее — она снова спешит наверх. Дэйвид застывает — взгляд устремлен ей вслед. Гус смотрит на Дэйвида. Длинная пауза.

Г у с (*тихо*). Эстер падала?

Д э й в и д (*приходя в себя, медленно к нему поворачивается*). Что?

Г у с. Эстер падала?

Д э й в и д. Да, некоторое время назад.

Г у с. Ты водил ее к врачу?

Д э й в и д. Да.

Г у с. Он сказал, что ребенок может родиться мертвым? (*Пауза.*)

Д э й в и д. Не понимаю, о чем ты.

Г у с (*с дрожью в голосе*). Мне кажется, ты знаешь, о чем я.

Дэйвид молчит. Подходит к креслу и садится на ручку, пытаясь таким образом сбросить то жуткое оцепенение, в котором он сейчас находится. Затем, все еще глядя на Гуса, встает и повторяет не своим голосом.

Д э й в и д. Не понимаю, о чем ты.

Г у с. Теперь я вижу, почему ты так помешан на этих норках. Но я никаких закладных подписывать сейчас не буду: при мертвых детях дела не делают.

Дэйвид поражен, — кажется, он наконец-то все понял. Встает, сжимает кулаки, вот-вот или бросится на Гуса, или разрыдается.

Д ж е й Б и. Ему в голову такое прийти не могло... как он... (*Смотрит на Дэйвида, словно желая придать ему сил, но Дэйвид слишком подавлен и не замечает Джея Би. Тогда Джей Би к нему подходит.*) Но, Дэйв, ты же этого не хотел! (*Трясет его.*) Дэйв!

Д э й в и д (*глядя на Гуса*). Сейчас я перережу себе горло! (*Отходит от Джея Би, продолжая смотреть на Гуса. Его движения судорожны, бесцельны, он в тупике.*)

Гус молчит.

Почему ты на меня так смотришь? (*Переводит взгляд на Джея Би, затем снова на Гуса.*) Почему ты так смотришь? Я просто рассказал тебе, что случилось. Мужчина должен смотреть жизни прямо в глаза, не так ли? Я услышал у дверей какой-то шум, бросился открывать и... Она лежала на пороге. Это жизнь, а? (*Они не отвечают — он взрывается.*) Но, ради Бога, если вы не...

Г у с (*громко*). Какая жизнь! Она упала! Ребенок мертвый, потому что она упала! И это жизнь?

Д э й в и д (*распаляясь до предела, отворачивается*). Я не сказал «мертвый». Он не может быть мертвым, потому что это... (*Обрывает фразу.*)

Г у с. Что — это?

Пауза.

Д э й в и д. Это значит, мы прокляты. Все скверно, и то, что она упала, это подтверждает. Доктор сказал мне.

Гус на него смотрит, не слишком понимая.

(*Гусу.*) А ты говорил, что у меня есть ангел-хранитель.

Ш о р и (*имея в виду Гуса*). Он давно это говорил, братец!

Г у с (*Шори*). Что я говорил? Что человеку нужен ангел-хранитель, чтобы его ребенок родился живым?

Д э й в и д (*яростно*). А кто сказал, что он мертвый?

Г у с. Тогда что ты волнуешься? (*Берет его за руку.*) Сядь и не сходи с ума.

Д э й в и д (*вырывая руку*). Перестань издеваться, а! Дэн Диббл привезет мне сегодня новых норок. У меня готовы все бумаги. (*Подходит к столу и достает бумаги.*) А тебе нужно только подписать и...

Г у с (*неожиданно подбегает к Дэйвиду, вырывает у него бумаги и бросает на пол*). Ты ненормальный! (*Его поведение вводит Дэйвида в ступор.*) Как будто наверху ничего не происходит — он думает о норках! (*Хватает Дэйвида за руку, умоляюще.*) Дэйв...

Д э й в и д. Если ты скажешь мне еще одно слово, я тебя сейчас отсюда выброшу!

Д ж е й Б и (*с беспокойством*). Ну ладно, ладно...

Сверху слышится крик боли. Дэйвид застывает. Гус смотрит наверх.

Г у с (*Дэйвиду*). Больше этого не повторяй!

Дэйвид засовывает руки в карманы, словно это может облегчить его страдания. Он в страшном напряжении, но пытается говорить спокойно, однако голос срывается на хрипы. Гус продолжает на него смотреть. Дэйвид отходит от Джея Би.

Д э й в и д (*через силу*). Да, мне везло, Джон. Все, что я имею, само шло в руки. И ничего удивительного в этом не было, это жизнь. Когда мне не светило жениться на Эстер, словно нарочно старый Фолк попал под машину. Когда я не мог починить «мармон», среди ночи вдруг появился человек и починил его за меня. Когда я купил задрипанную бензоколонку, около нее вдруг прокладывают шоссе. Да, мне везло, и теперь я за это расплачиваюсь!

Ш о р и. Это, черт возьми, правда!

Г у с. Но где такой закон?

Д э й в и д. Не знаю. (*Понимает, что наступила тишина. Идет к окну.*) Из всех людей я был единственным, кто никогда не платил. Что ж... а теперь праздник окончен. (*С болью смотрит наверх.*) По-моему, настало время ко всем вам присоединиться. Если с норками все удастся, у меня будет почти шестьдесят тысяч. Но за это мне пришлось заплатить, я вложил в них все. Потому что — отныне я в этом уверен — за все надо платить. Белого без черного больше не будет, после ее падения я это понял. (*Тоном убитого горем человека.*) Господи, на все воля твоя — вот мы и заплатили. И больше своего везения я не боюсь — теперь я играю по общим правилам.

Г у с. Дэйвид, ты меня огорчаешь. Эти идеи из Европы, из Азии, из бедных стран, но не из Америки.

Д э й в и д. Почему не из Америки?

Г у с. Здесь ты не червь, не вошь, здесь ты человек. А человек здесь заслуживает всего!

Ш о р и. С каких это пор?

Г у с (*резко, Шори*). С таких. Всегда заслуживал!

Ш о р и. Значит, я родился до того.

Г у с (*теперь сердитым тоном*). Прошу прощения, но он не такой, как ты, и сделай мне одолжение — больше его с собой не сравнивай.

Д э й в и д. А он и не сравнивает.

Г у с (*о Шори*). Он никогда не будет счастливым, точно. Такие люди счастливыми не бывают.

Ш о р и. Какие люди?

Г у с. Такие. (*О Дэйвиде.*) А его жизнь, если он захочет, еще будет золотой.

Ш о р и. Угу, пока стены не обвалятся.

Г у с. Если не станет бабником — не обвалятся! (*Спокойно.*) Извини, я не хотел тебя задеть.

Д ж е й Б и (*идет к Дэйвиду.*) Я одолжу тебе денег на норок, Дэйв.

Г у с. Ты сошел с ума!

Д ж е й Б и. Я понимаю, о чем он, Гус. (*Смотрит на Дэйвида.*) Нужно большое мужество, чтобы к этому быть готовым. Человек не должен платить. А когда это происходит, то происходит само по себе. (*Смотрит наверх, затем на Дэйва.*) Правда. Всегда происходит само по себе. Я дам тебе деньги, Дэйв.

Д э й в и д. Я бы хотел... отдать ему сегодня, если можно.

Все смотрят на Б е л л, которая медленно идет по ступенькам. Пока она не начинает спускаться, они ее не слышат. Она идет, как всегда, с широко раскрытыми глазами, в которых застыло удивление, но сейчас она собранна и пристально смотрит на Дэйвида. Как всегда, полусопит-полуплачет в свой платочек. Но до самого низа Белл не доходит — Дэйвид поднимается на несколько ступенек. Белл пытается сначала засмеяться, потом похныкать — видно, что она сильно волнуется и хочет позвать его наверх. Он глядит на нее с немым вопросом.

Б е л л. Наверх... наверх.

Д э й в и д. Что? Что-о?!

Б е л л (*вдруг бросается ему на шею и обвивает руками*). О, Дэйви, Дэйви!

Д э й в и д (*отстраняясь, ревет ей в лицо*). Что случилось? (*С рыданием в голосе вновь ее крепко хватает.*) Белл!

Вдруг сверху слышится детский плач. Этот звук словно сбрасывает Дэйвида с лестницы. Он стоит без движения, крепкий как скала, и смотрит наверх, рот широко раскрыт.

Б е л л (*все еще полусопя-полуплача*). Мальчик, чудесный мальчик! (*Вновь начинает рыдать и идет наверх.*)

Какое-то время Дэйвид стоит без движения и смотрит на нее невидящим взглядом. Снова детский крик. Дэйвид поднимает голову — он будто хочет утонуть в этом крике. Джей Би бросается к нему с распростертыми объятиями.

Д ж е й Б и (*переполненный радостью*). Дэйв!

Дэйвид машинально трясет ему руку, на лице появляется легкая улыбка.

Мальчик, Дэйв, мальчик! Ты же этого хотел!

Странный смешок слетает с губ Дэйвида — более легкий, но все еще напряженный. Словно очнувшись, Пэт подходит к сыну и бросается ему на шею.

П э т. Новое поколение, Дэйв, новое поколение!

Г у с (*улыбаясь*). Ну? Теперь понял? (*Смеется.*) Хороший человек получает то, что заслуживает. (*Радостно шлепает Дэйвида по спине.*) Проснись же! У тебя такая удача! (*Бросает Шори двадцать пять центов.*) Сколько я тебя знаю, впервые ты прав!

Д ж е й Б и. Спустись с небес, Дэйв, и пойди на него посмотри!

Неожиданно Д э й в и д бросается бежать — выбегает на улицу. Все поражены.

Что с ним такое?

Г у с. Что с ним такое? По-моему, ему... стыдно! (*Тоже выбегает.*)

Остальные продолжают тихо стоять. А потом медленно один за другим поднимаются в комнату, откуда шел детский крик.

Занавес медленно опускается.

КАРТИНА ВТОРАЯ

Прежде чем поднимается занавес, слышен гром. Месяц спустя. Гостиная. Поздний вечер. Комната пуста. Вдруг ее озаряет молния, затем снова наступает темнота. Дверь открывается, и входит Э с т е р. Она возбуждена, но двигается медленно, словно поглощена какой-то мыслью и напрочь забыла о том, что ее окружает. Не снимая пальто, идет через сцену, останавливается посредине, стоит там и смотрит в стену. Потом идет к окну и пытается выглянуть. Вспышка молнии заставляет ее на шаг отойти от окна; без дальнейшего промедления она идет к телефону, на ходу зажигая свет.

Э с т е р (*глядя в окно, говорит в трубку*). Алло! Гус? Где ты был, я тебе звоню уже целый час. (*Слушает.*) Послушай, а ты не мог бы сейчас приехать? Да-да, прямо сейчас. Нет, мешать ты не будешь, мне нужно с тобой поговорить. Его нет. Гус, ты должен сюда приехать. Норки подыхают. (*Продолжает смотреть в окно.*) Он этого еще не знает, но скорее всего узнает с минуты на минуту. Звонил Дэн Диббл. Он уже потерял больше тридцати... А наши питаются той же рыбой. Хочу, чтобы, когда он узнает, ты был здесь. (*Быстро поворачивается к двери.*) Он идет! Побыстрее, пожалуйста! (*Вешает трубку и быстро идет к двери, но, успокоившись, останавливается, подходит к стулу и вдруг замечает, что она все еще в пальто.*)

Входит Д э й в и д, смотрит сначала на нее, а потом наверх.

Д э й в и д. Все в порядке?

Э с т е р. Почему ты спросил?

Д э й в и д. Мне показалось, я слышал крик.

Э с т е р. Нет, это был не крик.

Д э й в и д. Значит, это был гром. (*О ребенке.*) С ним все в порядке?

Э с т е р. Дверь не заперта, можешь пойти и посмотреть.

Д э й в и д. Да, но не с кровавыми же руками!

Она отворачивается. Он идет к входной двери.

Э с т е р. Это после норок? Ты их кормил?

Д э й в и д. Наготовил им еды на завтра.

Э с т е р. Они здоровы?

Д э й в и д. Никогда не видел их такими беспокойными. Наверное, их напугал гром. (*Находится причина, по которой он может ее покинуть.*) Просто хочу быть уверен, что они успокоились. (*Хочет выйти.*)

Э с т е р (*неожиданно*). Не уходи, Дэйви, пожалуйста, не уходи. Ты же мне сказал, что, когда они производят потомство, их лучше оставить в покое.

Д э й в и д. Я должен быть там, Эс, должен. Я... (*Подходит к ней.*) Обещаю, что, как только оно появится, я вернусь — и мы поедем путешествовать. Будем жить как короли.

Э с т е р. Не уходи, Дэйви.

Д э й в и д. Я скоро вернусь.

Э с т е р (*хватая его за руку*). Но почему они для тебя так важны?

Д э й в и д. Мы от них полностью зависим, и ты это знаешь.

Э с т е р. Я не боюсь стать бедной.

Д э й в и д. Это потому, что ты ею никогда не была — и никогда не будешь. А будешь жить как...

Э с т е р. Ты повторяешься. А ведь я этого совсем не хочу, мне этого не надо. На богатство мне наплевать, и хочу, чтобы тебе было тоже.

Вновь вспышка молнии освещает комнату. Дэйвид снова спешит к двери.

(*Испуганно.*) Дэйви!

Дэйвид останавливается, но не оборачивается.

Нельзя ведь остановить молнию, правда?

Он по-прежнему не оборачивается.

(*Она подходит к нему. Умоляюще.*) Я знаю, как тяжело ты работаешь, но ведь может случиться, что все напрасно, а!

Д э й в и д (*медленно к ней оборачивается, теперь уже его захлестывают эмоции*). Только тогда, когда человек ошибается. А я... у меня они все живы, ни одна даже не заболела, я не сделал ни единой ошибки. Только вот этот чертов ураган... когда надо, чтобы они были спокойными, именно сегодня...

Э с т е р. Ты говоришь так, словно сейчас светит солнце, а на самом деле гремит такой гром, что впору уши затыкать.

Д э й в и д (*продолжая на нее смотреть, с выражением «Ну когда же ты меня наконец отпустишь?»*). Да, именно так я и думаю. Тебе придется еще побыть одной, но верь мне — недолго. (*Делает движение — хочет уйти.*)

Э с т е р. Дэйви... дома без тебя плохо. Словно старая краска проступила на стенах. Когда же мы сядем и поговорим? Когда ты побудешь с ребенком?

Д э й в и д (*оживляясь*). Я был с ним, Эс.

Э с т е р. Нет, не был. Не был никогда. И почему так?

Д э й в и д. Когда ты уходила...

Э с т е р. Никогда — с тех пор как он родился. Ответь мне — почему?

        Дэйвид поворачивается и открывает дверь.

(*Страх заставляет ее говорить громче.*) Скажи — почему?

        Он делает шаг за порог.

Ну почему?!

        О н выходит.

(*Кричит.*) Дэйви, я не понимаю! Дэйви, вернись!

Дверь закрывается. Эстер ходит по комнате, затем включает лампу.
   Пауза. И вдруг слышится шум шагов — на пороге стоит Г у с.

(*С облегчением.*) О, Гус!

   Г у с (*глядя на нее*). Он приходил?

   Э с т е р. Приходил. Ходит туда-сюда. Останься у нас подольше, а!

   Г у с. Первое, что я сделаю, — сяду. (*Он ведет ее к кушетке — она почти плачет.*)

   Э с т е р. Я звонила тебе тысячу раз.

   Г у с (*снимая пальто*). А теперь соберись: пока он сам не узнает, тебе ничего не надо делать. Извини, я весь день был в Берли и только недавно приехал. Что сказал Диббл? (*Поворачивается.*)

   Э с т е р. Сказал, что они у него умирают оттого, что, как он думает, в рыбе есть тутовый шелкопряд. А рыба одна и та же — и у него, и у нас.

   Г у с. Дэйвид что-нибудь подозревает? (*Кивает в сторону улицы.*)

   Э с т е р. Говорит, они волнуются, но считает, что из-за урагана. Но время еще не прошло.

   Г у с. Ну тогда подождем и увидим. (*Идет к окну, выглядывает.*) Этот ураган еще дел тут наделает. Ужас!

Э с т е р. И что же теперь, Гус? Он весь год с ними во-
зился.

Г у с. Будь что будет, Эстер. (*Достает из кармана конверт.*)
Так или иначе, а я бы и сам сегодня к вам пришел... Попрощаться.

Э с т е р. Попрощаться?

Г у с. Сейчас объясню. (*Кладет конверт на камин.*) Когда
уеду, отдашь ему. Я не хочу с ним больше спорить.

Э с т е р. Хочешь сказать, что далеко едешь?

Г у с. В Чикаго. Есть там для меня одна отличная рабо-
тенка. Платят в два раза больше, чем получаю здесь.

Э с т е р. Но почему?

Г у с. Я же сказал — в два раза.

Э с т е р (*вставая*). Не надо детских шуток. Скажи мне
прямо: почему ты уезжаешь? (*Небольшая пауза.*)

Г у с. Ну... если по правде... я одинок. (*С легкой усмешкой.*)
Здесь много девочек, но нет жен, Эстер. В тридцать семь пора
уже перестать самому стирать свое белье.

Э с т е р (*тронута его признанием*). Значит, рыжеволосых
не нашлось?

Г у с. Я всегда был романтиком, и ты это знаешь, не
так ли?

Э с т е р. Но бросить дело и тащиться черт знает куда из-
за...

Г у с. Почему нет? А кто меня заставил бросить Детройт
и приехать сюда?

Э с т е р. Охота к перемене мест?

Г у с. Конечно, для меня это просто необходимо. (*Пауза.*)
Еду завтра вечером.

Э с т е р. И все-таки почему? Пытаюсь понять, но не могу.

Пауза. Гус смотрит на нее.

Какой смысл, а, Гус? (*Настаивая.*) Какой смысл? (*Пауза.*)

Г у с (*долго на нее смотрит*). Потому что остаться здесь
мне не хватает мужества. (*Пауза.*) Сегодня в Берли я разго-

варивал с нашим знакомым врачом. Ему кажется, что Дэйвид... сходит с ума!

Кажется, что она не реагирует, просто стоит и изумленно на него смотрит. Затем беззвучно отступает — делает несколько шагов назад. Потом выходит на авансцену и, не отводя от него взгляда, легко касается обеими руками кушетки. Пауза. Словно услышав его ответ, она снова идет к креслу и кладет руку на его спинку — теперь какое-то время они стоят лицом к лицу.

Я думал, ты догадываешься. Или по крайней мере должна догадаться.

Она не отвечает.

Ты думала об этом?

Э с т е р. Иногда мне приходило это в голову. Иногда. Потому что я не могу поверить, что он...

Г у с (*с новой прямотой — теперь она держит удар*). Я пытался на него как-то влиять, пытался целый месяц. Но больше у меня нет терпения. Наверное, надо обратиться к специалистам. Может быть, в Берли.

Э с т е р (*ошеломленно*). В Берли!

Г у с. Они плохого не посоветуют.

Э с т е р (*с ужасом*). Нет, никуда он не поедет.

Г у с. А что такого? Ты сейчас рассуждаешь как не очень умная женщина.

Э с т е р. Да не поедет он туда! И вообще, ничего с ним не происходит. Просто разволновался — и все тут.

Г у с. Когда норки начнут подыхать, тогда увидишь, как он заволнуется. Для него это хуже всего.

Э с т е р. Но когда он это переживет, все снова наладится. Скорей бы они подохли!

Г у с. Да нет же, нет!

Э с т е р. Ведь он это предвидел. Ждал. Ждал — что-то плохое должно случиться. Вот пусть и случится, а потом... а потом все снова наладится, вот увидишь. Гус, побудь сегодня здесь. И когда он об этом узнает, ты с ним поговоришь и успокоишь. Идет?

Г у с. То, что он потеряет, Эстер, я вернуть не смогу. Он что, заводная игрушка?

Э с т е р (*переставая ходить*). Что он потеряет, что ты имеешь в виду?

Г у с. То, что имеет. То, во что верит. Что на земле он хозяин. Нет, он, конечно, не верит ни в чайный лист, ни звездам. В Европе я уже видел миллионы таких Дэйвидов, которые знают, кто на земле хозяин. И знают, что не они, даже не хотят ничего продолжать. А здесь... под этим большим небом... тоже говорят... Я слышу это каждый день... Они говорят, что, когда человеку все удается, когда он ведет сладкую жизнь и делает себе и близким только приятное... это ненормально. И каждый день ждут, что с ними случится несчастье, произойдет катастрофа или что-то в этом роде. Человек должен жить, зная, что ему помогает Бог. А если этого нет, то конец. Дэйвиду конец, понимаешь, Эстер? Теперь ты понимаешь, почему для него существуют только норки?

Э с т е р (*с широко раскрытыми глазами*). А почему не ребенок? Почему он думал, что ребенок...

Г у с. Умрет? Да, правда, я был здесь в ту ночь. Странно, ведь он так хотел сына, а видел его мертвым. По-моему, он просто тайно желал какого-нибудь несчастья, желал катастрофы...

Э с т е р. Гус, что ты...

Г у с. А здоровый ребенок, Эстер, отнял у него это чувство, он опять выделился, опять стал везунчиком. И тогда Дэйвид вложил все деньги в этих норок, которые, как он мог догадаться, когда-нибудь подохнут. (*Щелкает пальцами.*) Так что катастрофа еще может случиться.

Э с т е р (*поняв причину*). Так вот отчего он ни разу до него не дотронулся!

Г у с. Как он мог до него дотронуться, ведь при мысли о сыне он сгорает от стыда: получается, что он предал вас обоих. И если все эти животные скоро подохнут, он обратится к своему разуму, посмотрит на звезды, взглянет на небо, и если увидит, что это возмездие... то сразу же успокоится. Я бы хотел, чтобы, прежде чем все это произойдет, мы с ним съездили в Берли...

Э с т е р. Нет, он — Дэйви, а не какой-нибудь...

Г у с. Они там умеют разговаривать.

Э с т е р. Я тоже умею. (*Отходит, а потом смотрит на него.*) Я могла бы предупредить его... Ведь Дэн звонил мне еще до того, как Дэйвид стал их кормить.

Г у с (*ошеломленно и яростно*). Эстер!

Э с т е р. Но я хочу, чтобы они сдохли. Сдохли сейчас, эти прекрасные крысы!

Г у с. Как ты можешь так...

Э с т е р. Он должен их потерять. Раз и навсегда должен потерять. Я всегда знала, что это должно случиться. Так пусть же это произойдет сейчас, прежде чем ребенок вырастет и все поймет. Ты его никуда не повезешь. Они сдохнут, и он снова будет счастлив. Все кончится, и он будет счастлив!

Г у с (*безнадежным тоном*). Эстер...

Э с т е р. Нет, теперь я не боюсь, теперь все будет хорошо. Теперь, когда все кончится...

Г у с. Что кончится, Эстер? На прошлой неделе он застраховался. На всю жизнь. Ты это имела в виду, Эстер?

Э с т е р. Нет, Гус.

Г у с. Так что кончится?

Э с т е р (*плачет*). Нет, Гус. Я не имела в виду ничего плохого. (*Начинает рыдать.*)

Г у с (*берет ее за руки*). Держись, Эстер. Держись.

Э с т е р (*рыдает и качает головой*). Дэйви, Дэйви... он всегда был таким хорошим... Что с ним случилось?

Г у с. Он не должен видеть, как ты плачешь... Нет ничего хуже, чем...

Э с т е р (*пытаясь вырваться и уйти*). Дэйви, Дэйви!

Г у с. Прекрати, Эстер. Ему и так достаточно стыдно.

Он держит ее лицо в своих ладонях, вдруг дверь открывается — на пороге с удивленным взглядом стоит Д э й в и д. Гус разжимает ладони, они отстраняются друг от друга. Дэйвид смотрит сначала на Гуса, потом на Эстер, затем подходит к ним.

Д э й в и д (*встревоженно*). В чем дело, Эс?

Э с т е р. Ни в чем. Как там дела?

Д э й в и д. Пока ничего... (*Останавливается. На грани самобичевания.*) Почему ты плачешь?

Э с т е р (*в ее голосе еще чувствуются слезы*). Я не плачу.

Д э й в и д (*ощущая неловкость, смотрит на обоих. Гусу*). Почему ты ее обнимал?

Э с т е р (*пытаясь обратить все в шутку*). Он меня не обнимал. Он решил ехать в Чикаго и...

Д э й в и д (*заинтригован. Гусу*). В Чикаго? Зачем?

Э с т е р (*пытаясь засмеяться*). Хочет найти там жену, представляешь?

Д э й в и д (*Гусу*). Так сразу?

Э с т е р (*расстегивая ему пальто; она готова разрыдаться, но пытается быть веселой*). Давайте-ка попьем чайку, сядем и как следует поговорим. Не уходи больше, Дэйви! С этого момента я тебя больше никуда не отпускаю. Нам так много нужно друг другу сказать! (*Снимает с него пальто и идет вешать. Кажется, она немного оживилась.*)

Д э й в и д (*все еще встревожен и не обращает внимания на ее реплики*). Почему ты плакала, Эстер?

Звонит телефон. Эстер бросается к нему, но Дэйвид ближе и первым берет трубку. Ее неожиданная энергия его удивляет.

Э с т е р. Это, должно быть, Элли. Я обещала одолжить ей на завтра шляпку.

Д э й в и д (*недоуменно на нее смотрит, а затем поднимает трубку*). Да?

Пока он говорит, Эстер в испуге отходит. Гус инстинктивно меняет позицию — словно желает быть в нужное время в нужном месте.

Мистер Диббл? Нет, его здесь нет, я его не жду. О, хорошо, значит, еще нет. О чем это вы? (*Слушает.*) О чем вы говорите, я все держу под контролем. (*Слушает, потом с ужасом говорит.*) Конечно, покормил. Но почему, раз вы это знали, не позвонили мне? Да будьте вы прокляты, вы же знаете, что я кормлю их тем же, чем он! (*Ревет.*) И не говорите, что звонили! Не... (*Слушает.*) Когда он звонил? (*Отрывается от телефона, оборачивается и, глядя на Эстер, медленно говорит; на лице выражение недоумения, смешанное с ужасом.*) Но с ними пока вроде бы все в порядке, может быть, еще не время? (*В трубку.*) Да... да, конечно. Я буду ждать. (*Медленно кладет трубку, затем долго смотрит на Эстер. Потом переводит взгляд на Гуса, а затем снова на нее, словно пытаясь установить контакт с ними обоими.*) Что... почему ты мне не сказала, что он звонил?

Э с т е р (*она не отваживается подходить к нему слишком близко; протягивает руку, но тут же отступает и говорит, стоя от него на почтительном расстоянии*). Дэйви!

Д э й в и д. Почему ты мне не сказала, чтобы я их не кормил?

Г у с. Дэн сейчас придет. Наверное, он сможет что-то сделать.

Д э й в и д (*глядя на Эстер*). Что он может сделать, если они ели? Он же не может вспороть им желудки! (*С возрастающей горечью, Эстер.*) Почему ты мне не сказала?

Эстер на несколько шагов отступает.

Куда ты? (*Вдруг тянется и хватает ее за руку.*) Ты хотела, чтоб они сдохли?

Э с т е р (*в напряжении*). Но ты ведь тоже всегда хотел, чтобы... чтобы что-то случилось. Так ведь лучше, не правда ли?

Д э й в и д. Лучше? Мой сын стал нищим, мы банкроты — и это, по-твоему, лучше?

Э с т е р (*страх делает ее храброй*). Тогда... мне кажется... тогда я должна уйти. Я не могу оставаться здесь, Дэйви. (*Идет к лестнице.*)

Он дает ей сделать несколько шагов, потом становится у нее на пути; она останавливается и смотрит на него.

Д э й в и д. Не можешь... Что ты сказала?

Э с т е р. Я не могу жить с тобой, Дэйви. И ребенок тоже.

Д э й в и д. Нет, Эстер.

Э с т е р. Я не хочу, чтобы он тебя таким видел. Это ужасно. Я ухожу.

Д э й в и д (*тяжело дышит — подступают рыдания. Он смотрит сначала на Гуса, а потом на нее. Не веря*). Так ты уходишь с ним?

Э с т е р (*с испугом переводит взгляд на Гуса*). О нет, нет, при чем здесь... Он же уезжает.

Д э й в и д (*теперь ситуация становится для него яснее*). А ты — с ним!

Э с т е р. Нет, Дэйвид, я ни с кем.

Д э й в и д (*уверенно. Гнев внезапно душит его*). Ты уходишь с ним!

Э с т е р. Нет, Дэйви...

Д э й в и д (*Гусу*). Ты велел ей не говорить мне!

Э с т е р. Когда Дэн звонил, его еще здесь не было.

Д э й в и д. Откуда ты знаешь, где он был? (*Гусу.*) Думаешь, я слепой?

Э с т е р. Ты несешь чепуху.

Д э й в и д. Как ты могла такое сделать? Да он же тебя хочет! (*Наступает на Гуса.*)

Эстер встает у него на пути.

Э с т е р. Я ухожу сама. (*Хватает пальто.*) Дэйви, я сама.

Д э й в и д. Нет, ты сама не могла. Ты не... (*Гусу.*) Думаешь, я разваливаюсь на куски? Ты ее хочешь? (*Хватает стул и, чтобы добраться до Гуса, пытается его отодвинуть.*)

Эстер отвешивает Дэйвиду звонкую пощечину, он останавливается.

Э с т е р (*с отвращением, в сильном волнении*). Я сама!

Какое-то время они молча стоят — она наблюдает его реакцию. У него в глазах появляются слезы, он смотрит на нее, убитый горем.

Я хотела видеть тебя таким, каким ты был тогда, Дэйви, — добрым, способным сделать все. Тогда ты был хорошим, почему ты сейчас изменился?

Д э й в и д. «Хорошим»! Берешь телефонную трубку — и все, чего ты достиг, мгновенно летит в тартарары. Человек! Что хорошего может человек!

Э с т е р. Может, снова начать — с чистого листа?

Д э й в и д. Чего ради? Ради чего? Мир — сумасшедший дом! Все, что строишь в этом доме, все будет сломано — стоит только отвернуться!

Э с т е р. Ты сделал — ты и сломал. Я ухожу, Дэйви! (*Всхлипывает.*) Я больше не могу! (*Бежит к лестнице.*)

Д э й в и д (*зовет, но не может сдержать рыданий*). Эстер...

Эстер останавливается и смотрит на него.

(*Тянет к ней руки, весь трясется и плачет, а затем, как лунатик, идет к лестнице.*) Я люблю тебя. Я люблю тебя... Не... не... (*Догоняет ее и, плачущий и потерянный, прижимает к себе.*)

Входная дверь открывается, и в комнату вваливается Д э н Д и б б л; увидя Дэйвида, он останавливается. У него в руках маленькая сумка.

Д и б б л (*показывая направо, на авансцену*). Я тебя везде ищу, а ты, оказывается... Что ты здесь делаешь? У меня есть кое-что, что может им помочь. Быстро пошли! (*Идет к входной двери.*)

Д э й в и д. Я не хочу их видеть, Дэн. (*Идет к креслу.*)

Д и б б л. Надежды мало, но, может... (*Открывает дверь.*)

Д э й в и д. Нет, я уверен, все переварилось, прошло уже более двух часов.

Д и б б л (*неожиданно останавливаясь*). Более двух часов — с чего?

Д э й в и д. С тех пор как я их покормил.

Д и б б л. Рыбой кормил?

Д э й в и д. А чем же еще? Чем еще я мог их кормить? Тем, что вы мне дали, черт бы вас побрал!

Д и б б л. Спокойно, Дэйвид, все не так плохо. Этот шелкопряд обычно убивает их за двадцать минут. Ты, должно быть...

Д э й в и д. Шелкопряд! Но эта рыба червей не...

Д и б б л. Они не похожи на червей, такие маленькие, ты бы их не заметил: черненькие, размером примерно с...

Д э й в и д. ...маковое зерно.

Д и б б л. Да, как молотая перчинка. Пошли...

Дэйвид не двигается — смотрит в никуда.

Ну? Ты же хотел, чтобы я ее посмотрел. Рыбу...

Дэйвид медленно садится в кресло.

Г у с. По крайней мере взгляни, Дэйв. (*Небольшая пауза.*)

Д э й в и д (*удивлен, но видно, что он готов извиниться*). Я ее видел, Дэн, но не знал, что с ней, и решил... решил не рисковать. Я ее выбросил.

Д и б б л. Ты не мог выбросить ее всю!

Д э й в и д. Да, Дэн... я это сделал. Большая часть показалась мне хорошей, но ту, которая была с черными крапинками, я выбросил.

Э с т е р. Дэйвид, ты спас норок?!

Д э й в и д. Но, Дэн, ты же сказал мне тщательно проверять пищу — я думал, ты тоже так делаешь.

Д и б б л. Будто у меня есть на это время — проверять каждую рыбину!

Д э й в и д. Но я думал, все проверяют, клянусь тебе, Дэн!

Д и б б л. Боже всемогущий, значит, раз ты увидел шелкопряда, ты должен был предупредить — по крайней мере меня.

Д э й в и д. Я хотел, даже набрал твой номер, но потом мне показалось смешным забивать тебе голову такой ерундой. Но я могу дать пару моих самцов, чтобы ты... чтобы ты начал все сначала.

Д и б б л. Нет-нет.

Д э й в и д. Пожалуйста, Дэн, пойдем, и бери, кого захочешь.

Д и б б л. Что ж, я подумаю. Но, пожалуй, я слишком стар, чтобы начинать все сначала. Ладно, спокойной ночи. (*Уходит.*)

   Гус и Эстер смотрят на Дэйвида — он удивлен и озадачен.

Д э й в и д. Не верю. У него так хорошо шло — гораздо лучше, чем у других.

Г у с. Шло и прошло.

Э с т е р. Значит, было не дано. Небом не дано. А дано только тебе. Теперь ты видишь, а?

   Сверху слышится плач ребенка.

Поднимусь-ка, а то он проголодался. А почему бы и тебе не подняться, Дэйви?

Д э й в и д (*ему неловко*). Да... я тоже... прямо сейчас.

   Э с т е р уходит.

(*Он погружен в раздумья.*) Но им всем тоже могло повезти, просто... Джей Би пил, Шори ходил по девкам... отец и Эймос... (*Гусу.*) А ты потерял свою мастерскую. Но я никогда бы не починил тот «мармон», если бы ты, словно ангел, тогда не явился. С того «мармона» все и началось.

Г у с. Ты бы сам отвез этот вал в Ньютон... (*Берет Дэйвида за руку.*) Но в этом ли дело? Конечно, плохое тоже бывает, и, когда фортуна поворачивается к тебе спиной, поделать ничего нельзя. Но она все равно с тобой — и когда ты спишь, и когда бодрствуешь — она все равно к тебе лицом, будь уверен!

Д э й в и д. Но ты всего не знаешь.

Г у с. Нет, знаю. Знаю, что ты, безусловно, хороший человек. А потому живи спокойно — тебе везет, парень!

Д э й в и д. Сегодня. Сегодня везет.

Г у с. А знаешь, что слово «сегодня» — это довольно большая часть от слова «всегда», знаешь?

Э с т е р (*сверху*). Дэйви! Поднимаешься?

Г у с. Иди, иди же, поцелуй своего ребенка.

Э с т е р. Дэйвид, я тебя жду!

Г у с. Спокойной ночи, Дэйв!

Д э й в и д (*с прощальным взмахом руки, обращенным к Гусу*). Да, иду. (*Поднимается по лестнице. Раздается удар грома. Дэйвид идет вниз, к окну, — на лице полное спокойствие. Себе.*) Сегодня. Сегодня. (*С неожиданной уверенностью в себе.*) Иду! (*Поднимается по лестнице, а тем временем снова гремит гром.*)

Занавес.

Все мои сыновья

Элиа Казану

ДЕЙСТВУЮЩИЕ ЛИЦА

Джо Келлер.
Кэт Келлер (Мать).
Крис Келлер.
Анна Дивер.
Джордж Дивер.
Доктор Джим Бейлис.
Сью Бейлис.
Фрэнк Лаби.
Лидия Лаби.
Берт.

ДЕЙСТВИЕ ПЕРВОЕ

Задний двор дома Келлера на окраине американского города. Август нашей эры.

Сцена справа и слева ограничена высокими, тесно посаженными тополями, что придает двору укромную атмосферу. Глубина сцены заполнена задней частью дома с открытой верандой, выдающейся во двор примерно на шесть футов. Дом двухэтажный, в нем семь комнат. В начале двадцатых годов, когда строился, он стоил примерно пятнадцать тысяч долларов. Сейчас он красиво выкрашен, выглядит компактным, уютным, двор покрыт зеленым дерном, кое-где видны растения, сезон которых кончился.

Справа, рядом с домом, видно начало подъездной аллеи, но тополя скрывают из виду ее продолжение к авансцене. В правом углу авансцены стоит четырехфутовый пень тонкой яблони, ее верхняя часть с ветвями лежит рядом с ним, плоды еще держатся на ветвях.

В левой части авансцены маленькая, увитая зеленью беседка в форме морской раковины, с изогнутого края крыши свисает декоративная лампочка. В беседке стол и садовые стулья. Ведро для мусора стоит у ступеней веранды, рядом с ним проволочное устройство для сжигания листьев.

Когда занавес поднимается, на сцене раннее воскресное утро. Джо Келлер сидит на солнце, читая частные объявления в воскресной газете, другие ее части аккуратно разложены на земле рядом с ним. За его спиной, в беседке, доктор Джим Бейлис читает часть газеты, лежащую на столе.

Келлеру под шестьдесят. Это крупный мужчина вялого ума и сложения, бизнесмен в течение многих лет, но еще сохранивший черты рабочего механического цеха и десятника. Читает, говорит, слушает он с напряженной сосредоточенностью необразованного человека, которого все еще удивляют многие широко известные вещи. Его

суждения, очевидно, проистекают из жизненного опыта и схожего
    с крестьянским здравого смысла. Заурядная личность.
Доктору Бейлису под сорок. Это ироничный, владеющий собой человек, разговаривает он непринужденно, но с оттенком печали, ко-
    торый звучит даже в его сдержанном юморе.
Они молча читают. Через несколько секунд справа через узкое пространство между тополями входит Фрэнк Лаби. Ему тридцать два
года, но он лысеет. Это приятный, упрямый человек, неуверенный
в себе, склонный к раздражительности, когда ему противоречат, но
всегда старающийся держаться любезно, по-соседски. Входит он
неторопливо, праздно. Джима в беседке не замечает. Услышав его
    приветствие, Джим не дает себе труда поднять взгляд.

Ф р э н к. Привет.

К е л л е р. Привет, Фрэнк. Что делаешь?

Ф р э н к. Ничего. Прогуливаюсь после завтрака. (*Смотрит на небо.*) Так замечательно! Ни облачка.

К е л л е р (*поднимает взгляд*). Да, хорошо.

Ф р э н к. Было бы каждое воскресенье таким, как это.

К е л л е р (*указывая на части газеты возле себя*). Хочешь
газету?

Ф р э н к. Да ну ее, одни скверные новости. Что сегодня
стряслось?

К е л л е р. Не знаю, я больше не читаю новостей. Частные
объявления интереснее.

Ф р э н к. Ты хочешь купить что-нибудь?

К е л л е р. Нет, просто любопытно. Узнать, что нужно
людям, понимаешь? Например, один человек ищет двух со-
бак-ньюфаундлендов. Зачем ему два ньюфаундленда?

Ф р э н к. Странно.

К е л л е р. Вот еще один. Ему нужны старые словари.
Платит высокую цену. Что делать человеку со старым слова-
рем?

Ф р э н к. А что? Может, он собирает книги.

К е л л е р. Хочешь сказать — зарабатывает этим на
жизнь?

Ф р э н к. Конечно, таких много.

К е л л е р (*качает головой*). Какого только бизнеса нет. В мое время человек был либо юристом, либо врачом, либо работал на заводе. А теперь...

Ф р э н к. Вот я одно время собирался быть лесником.

К е л л е р. Видно, что ты молодой. В мое время ничего подобного не было. (*Окидывает взглядом газетную страницу, проводит по ней рукой.*) Смотришь на такую страницу и понимаешь, до чего ты невежественный. (*Негромко, с удивлением.*) О-о-о!

Ф р э н к. Слушай, что случилось с твоим деревом?

К е л л е р. Ужасно, правда? Должно быть, ночью его сломал ветер. Ты ведь слышал ветер?

Ф р э н к. Слышал, у меня во дворе тоже беспорядок. (*Подходит к дереву, прищелкивая языком.*) Тц-тц, какая жалость. Что говорит Кэт?

К е л л е р. Они все еще спят. Я жду, когда она это увидит.

Ф р э н к. Знаешь, это странно.

К е л л е р. Что?

Ф р э н к. Ларри родился в ноябре. Осенью ему бы исполнилось двадцать семь. И его дерево ломается.

К е л л е р (*взволнованный*). Фрэнк, я удивляюсь, что ты помнишь его день рождения. Это приятно.

Ф р э н к. Так я составляю его гороскоп.

К е л л е р. Как можно составлять ему гороскоп? Это же для будущего, разве нет?

Ф р э н к. Вот смотри, что я делаю. Ларри пропал без вести девятого февраля, так?

К е л л е р. И что?

Ф р э н к. Так вот, если предположить, что он погиб, это произошло девятого февраля. А Кэт хочет...

К е л л е р. О, Кэт попросила тебя составить гороскоп?

Ф р э н к. Да, она хочет выяснить, было ли девятое февраля благоприятным днем для Ларри.

К е л л е р. Что такое благоприятный день?

Ф р э н к. Ну, это счастливый день для человека по его звездам. То есть в этот день он бы вряд ли мог погибнуть.

К е л л е р. Так какой у него благоприятный день? Девятое февраля?

Ф р э н к. Вот это я стараюсь выяснить. Тут требуется время! (*Сдерживая волнение, идет к авансцене.*) Понимаешь, суть в том, что если девятое февраля — его благоприятный день, то вполне возможно, что он где-то живой, потому что... (*В этот момент он замечает Джима. Джим смотрит на него как на идиота. Джиму — с неуверенным смешком.*) Я хочу сказать — это возможно! Я даже не видел тебя.

К е л л е р (*Джиму*). Он дело говорит?

Д ж и м. Он? С ним все в порядке. Только он совершенно не в своем уме.

Ф р э н к. Твоя беда в том, что ты ни во что не веришь.

Д ж и м. А твоя в том, что ты веришь *во что угодно*. Не видел моего парнишку, а?

Ф р э н к. Нет.

К е л л е р. Представляешь? Мальчик ушел с его термометром. Взял прямо из саквояжа.

Д ж и м (*встает*). Это у него проблема. Не может взглянуть на девочку без того, чтобы не измерить у нее температуру. (*Идет к подъездной аллее, смотрит в глубину сцены, на улицу.*)

Ф р э н к. Этот парень будет доктором, он умный.

Д ж и м. Он станет доктором через мой труп. Неплохое начало.

Ф р э н к. А что? Это благородная профессия.

Д ж и м (*устало смотрит на него*). Фрэнк, перестань наконец цитировать учебник граждановедения?

Келлер смеется.

Ф р э н к. Я недели две назад смотрел фильм, который напомнил мне о тебе. Там был доктор...

К е л л е р. Дон Амече!

Ф р э н к. Вроде бы да. Он работал у себя в подвале, делал открытия. Вот чем тебе надо заняться; ты мог бы помогать человечеству вместо того...

Д ж и м. Я был бы рад помогать человечеству, будучи на жалованье у киностудии «Уорнер бразерс».

К е л л е р (*указывает на него со смехом*). Отлично, Джим.

Д ж и м (*смотрит в сторону дома*). Ну, где эта красивая девушка?

Ф р э н к (*оживленно*). Анни приехала?

К е л л е р. Ну да, спит наверху. Мы встретили ее ночью, она приехала часовым поездом. (*Джиму.*) Замечательное дело. Девочка уезжает отсюда худощавым ребенком. Проходит несколько лет — и она настоящая женщина. Я едва узнал ее, а она всю жизнь то и дело забегала к нам во двор. Джим, в твоем доме жила очень счастливая семья.

Д ж и м. Хочу познакомиться с ней. Этому кварталу будет кстати хорошенькая девушка. Во всей округе не на ком остановить глаз.

Слева входит С ь ю, *жена Джима. Ей около сорока лет, она полная и боится располнеть еще больше. Увидев ее, Джим иронично добавляет.*

Кроме моей жены, разумеется.

С ь ю (*в том же тоне*). Миссис Адамс звонит, кобель.

Д ж и м (*идет обнять жену, Келлеру*). И вот так почти всегда.

С ь ю (*со смехом, но упрекая его всерьез*). Не обнюхивай меня.

Д ж и м. Моя любовь, мой свет...

С ь ю. Пошел к черту. (*Указывает на их дом, уходит.*) И выговори ей. Я чувствую запах ее духов по телефону.

Д ж и м. Что с ней на сей раз?

С ь ю. Не знаю, дорогой. Судя по голосу, она очень страдает — если только рот у нее не набит конфетами.

Д ж и м. Почему ты просто не сказала ей, чтобы она легла?

С ь ю. Миссис Адамс больше нравится, когда ты предлагаешь ей лечь. А когда ты пойдешь к мистеру Хаббарду?

Д ж и м. Дорогая, мистер Хаббард не болен, и у меня есть более важные дела, чем сидеть там и держать его за руку.

С ь ю. По-моему, за десять долларов ты мог бы подержать его руку.

Д ж и м (*Келлеру*). Если твой сын захочет поиграть в гольф, скажи ему, что я готов. (*Уходя влево.*) Или если он хочет уехать в кругосветное путешествие лет на тридцать. (*Уходит.*)

К е л л е р. Почему ты подкалываешь его? Он врач, женщины должны ему звонить.

С ь ю. Я только сказала, что звонит миссис Адамс.

К е л л е р. Сью, ты очень долго была медсестрой. Ты слишком... слишком... реалистична.

С ь ю (*смеясь, указывает на него*). В этом ты прав!

Справа входит Л и д и я   Л а б и. Это крепкая, смешливая женщина двадцати семи лет.

Л и д и я. Фрэнк, тостер... (*Видит остальных.*) Привет. (*Фрэнку.*) Тостер опять не работает.

Ф р э н к. Так включи его в розетку, я его только что отремонтировал.

Л и д и я (*любезно, но настойчиво*). Дорогой, приведи его, пожалуйста, в прежний вид.

Ф р э н к (*раздраженный, уходя вправо*). Не знаю, почему ты не можешь научиться включать такую простую вещь, как тостер! (*Уходит.*)

С ь ю (*со смехом*). Томас Эдисон.

Л и д и я (*защищая его*). У Фрэнка золотые руки.

К е л л е р. Не руки, а крюки.

Л и д и я. О, ветер сломал ваше дерево?

К е л л е р. Да, вчера ночью.

Л и д и я. Какая жалость. Анни приехала?

К е л л е р. Скоро спустится. Подожди, Сью, вот увидишь ее, она такая красавица.

С ь ю. Жаль, что я не мужчина. Меня вечно знакомят с красивыми женщинами. (*Обращаясь к Джо.*) Скажи ей, чтобы попозже зашла. Думаю, ей захочется увидеть, что мы сделали с ее домом.

К е л л е р. Это печально. Вчера ночью, вылезая из машины, она посмотрела на ваш дом и... загрустила, понимаешь?

С ь ю. Что ж... Джо, все печально. До встречи. (*Уходит влево.*)

Л и д и я. Джо, она все еще горюет?

К е л л е р. Анни? Думаю, на душе у нее не праздник, но как будто справляется с горем.

Л и д и я. Она собирается замуж? Есть кто-нибудь...

К е л л е р. Думаю... послушай, прошло уже три года. Нельзя же вечно оплакивать парня.

Л и д и я. Как странно... Анни здесь и даже не замужем. А у меня трое малышей. Я всегда думала, что будет наоборот.

К е л л е р. Во всем виновата война. У меня было два сына, теперь один. Война изменила все. В мое время иметь сыновей считалось честью. Теперь врач может заработать миллион долларов, если найдет способ производить на свет мальчиков без указательного пальца на правой руке.

Из дома выходит К р и с   К е л л е р.

Л и д и я. Привет, Крис...

Ф р э н к (*кричит справа*). Лидия, иди сюда! Если хочешь, чтобы тостер работал, не включай вместо него миксер.

Л и д и я (*смущенно смеется*). Неужели я...

Ф р э н к. В следующий раз, когда что-нибудь починю, не говори, что я сумасшедший! Иди сюда!

Л и д и я (*уходя вправо*). Этому конца не будет.

К е л л е р (*кричит Фрэнку*). Ну и какая разница? Нет тоста, так выпей коктейль!

Л и д и я со смехом уходит. Крис, улыбаясь, спускается с веранды. Ему тридцать два года, он сложен крепко, как и отец, хороший слушатель. Человек, способный на безграничную любовь и верность.

К е л л е р. Хочешь газету? (*Протягивает всю газету.*)

К р и с (*подходя к нему*). Меня интересует только книжный раздел.

К е л л е р (*отдавая ему газету*). Вечно читаешь книжный раздел и никогда не покупаешь книг.

К р и с (*садясь, раскрывает газету*). Мне нравится сознавать свое невежество.

К е л л е р. Что, каждую неделю выходит новая книга?

К р и с. Много новых книг.

К е л л е р. И все разные.

К р и с. Все разные.

К е л л е р (*покачивая головой*). Ну и ну! Анни еще не встала?

К р и с. Мать кормит ее завтраком в гостиной.

К е л л е р. Видишь, что случилось с деревом?

К р и с (*не поднимая взгляд*). Да.

К е л л е р. Что скажет мать?

С подъездной аллеи входит Б е р т. Ему примерно шесть лет.

Б е р т. Вы наконец встали.

К е л л е р. Ха! Берт здесь! А где Томми? Он снова взял отцовский градусник.

Б е р т. Читает... но это устное чтение.

К е л л е р. Ну что ж, в устном нет ничего плохого. Итак, Берт, что нового сегодня утром?

Б е р т. Ничего.

К е л л е р. Тогда ты не сумел произвести полный осмотр квартала. Поначалу, когда я только сделал тебя полицейским, ты каждое утро приходил с какой-то новостью. А теперь ничего нового не происходит.

Б е р т. Кроме нескольких ребят с Тринадцатой улицы. Они начали гонять ногами консервную банку, а я заставил их уйти, потому что вы спали.

К е л л е р. Вот это разговор, Берт. Теперь вижу, что ты знаешь свое дело. Я могу сделать тебя детективом.

Б е р т. Теперь мне можно посмотреть тюрьму?

К е л л е р. Берт, видеть тюрьму нельзя. Ты это знаешь.

Б е р т. Спорим, там нет никакой тюрьмы. Я не вижу на окнах подвала решеток.

К е л л е р. Берт, даю тебе слово, в подвале есть тюрьма. Я показывал тебе свое ружье, так ведь?

Б е р т. Но ведь это охотничье ружье.

К е л л е р. Это ружье для арестов!

Б е р т. Тогда почему вы никого не арестовываете? Томми вчера сказал Дорис еще одно нехорошее слово, а вы даже не понизили его в должности.

К е л л е р. Да, опасный тип этот Томми. (*Подзывает жестом мальчика.*) Какое слово он сказал?

Б е р т (*краснея*). Я не могу его произнести.

К е л л е р. Ладно, тогда скажи, что оно означает.

Б е р т. Не могу. Это нехорошее слово.

К е л л е р. Просто прошепчи его мне на ухо. Я закрою глаза. Может, даже не расслышу его.

Б е р т (*встает на цыпочки, приближает губы к уху Келлера, потом в невыносимом смущении отступает*). Не могу, мистер Келлер.

К р и с (*поднимая взгляд*). Не заставляй его это делать.

К е л л е р. Ладно, Берт. Я тебе верю. Теперь иди и держи глаза открытыми.

Б е р т (*с любопытством*). Что высматривать?

К е л л е р. Что высматривать! Берт, на тебя полагается весь квартал. Полицейский не задает вопросов. Держи глаза открытыми!

Б е р т (*озадаченный, но соглашаясь*). Ладно.

К е л л е р. И главное, Берт, это молчать.

Б е р т. О чем?

К е л л е р. Вообще. Будь оч-чень осторожен.

Б е р т (*недоуменно кивает*). Ладно. (*Уходит по подъездной аллее.*)

К е л л е р (*смеется*). Я свел с ума всех ребят!

К р и с (*улыбается, поднимает взгляд на дерево*). Они все как-нибудь соберутся, придут сюда и вышибут тебе мозги. (*Встает, неторопливо подходит к дереву, касается излома.*)

К е л л е р. Что она скажет? Может, сообщить ей, пока она его не увидела?

К р и с. Она видела.

К е л л е р. Как она могла увидеть? Я поднялся первым. Она была еще в постели.

К р и с. Она была здесь, когда дерево сломалось.

К е л л е р. В какое время?

К р и с. Часа в четыре утра. (*Указывает на окно над ними.*) Я услышал, как дерево затрещало, проснулся и выглянул. Она стояла возле него, когда оно сломалось.

К е л л е р. Что она там делала в четыре утра?

К р и с. Не знаю. Когда дерево сломалось, она убежала в дом и плакала на кухне.

К е л л е р. Ты разговаривал с ней?

К р и с. Нет, я... я решил, что лучше всего оставить ее в покое.

Пауза.

К е л л е р (*глубоко тронутый*). Она сильно плакала?

К р и с. Я слышал плач сквозь пол моей комнаты.

Краткая пауза.

К е л л е р. Что она делала здесь в такое время? (*В его голосе слышится гневная интонация.*) Она опять думает о нем. Расхаживает ночью.

К р и с. Да, видимо.

К е л л е р. Она снова становится такой, как и сразу же после его смерти. (*Краткая пауза.*) Что это значит?

К р и с. Не знаю, что это значит. (*Краткая пауза.*) Но, папа, я знаю одно. Мы совершили ужасную ошибку по отношению к маме.

К е л л е р. Какую?

К р и с. Мы были нечестны с ней. За это всегда приходится расплачиваться, и вот теперь наступает расплата.

К е л л е р. Нечестны? Ты о чем?

К р и с. Ты знаешь, что Ларри не вернется, и я знаю. Зачем мы позволяли ей думать, что верим в его возвращение, как и она?

К е л л е р. Что ты хочешь делать, спорить с ней?

К р и с. Я не хочу с ней спорить, но ей пора понять, что никто уже не верит, будто Ларри жив.

Келлер отходит, задумчиво глядя в землю.

Зачем ей постоянно думать о нем, ходить ночами, ожидая его? Нам нужно возражать ей? Сказать напрямик, что у нас нет больше надежды? Что мы уже несколько лет не надеемся на его возвращение?

К е л л е р (*испуганный этой мыслью*). Нельзя ей это говорить.

К р и с. Мы должны ей это сказать.

К е л л е р. Как ты собираешься это доказать? Ты можешь доказать?

К р и с. О Господи, три года! Через три года уже никто не возвращается. Это безумие.

К е л л е р. Для тебя и для меня. Но не для нее. Можешь говорить до посинения, но нет трупа, нет могилы, и как ты сможешь ее убедить?

К р и с. Папа, сядь. Я хочу с тобой поговорить.

К е л л е р (*бросает на него испытующий взгляд и садится*). Вся беда в этих треклятых газетах. Каждый месяц какой-нибудь парень возвращается из ниоткуда, значит, следующим должен быть Ларри, значит...

К р и с. Ладно, послушай меня. (*Краткая пауза.*) Ты ведь знаешь, зачем я пригласил сюда Анни?

К е л л е р (*знает, но...*). Зачем?

К р и с. Ты знаешь.

К е л л е р. В общем, догадываюсь, но... В чем дело?

К р и с. Я хочу сделать ей предложение.

Краткая пауза.

К е л л е р (*кивает*). Что ж, Крис, это касается только тебя.

К р и с. Ты знаешь, что не только меня.

К е л л е р. Чего ты от меня хочешь? Ты достаточно взрослый, должен сам знать, что тебе надо.

К р и с (*требовательно, раздраженно*). Тогда все в порядке, я так и сделаю.

К е л л е р. Знаешь, нужно быть уверенным, что мать не...

К р и с. Тогда это касается не только меня.

К е л л е р. Я просто хочу сказать...

К р и с. Знаешь, иногда ты просто меня бесишь. Разве тебе безразлично, что если я скажу об этом матери, то она закатит истерику? У тебя замечательная способность закрывать глаза на проблемы.

К е л л е р. Я закрываю глаза на то, на что должен закрывать. Эта девушка невеста Ларри...

К р и с. Она не его невеста.

К е л л е р. С точки зрения матери, Ларри жив, и ты не вправе жениться на его невесте. (*Краткая пауза.*) Теперь можешь двигаться дальше, если знаешь, куда идти, а я лично не знаю. Понимаешь? Не знаю. Чем же я могу тебе помочь?

К р и с (*встает*). Не знаю почему, но всякий раз, когда я протягиваю руку к тому, чего хочу, мне приходится отводить ее назад, потому что будут страдать другие. Всю мою треклятую жизнь, раз за разом, раз за разом.

К е л л е р. Ты заботливый парень, в этом нет ничего дурного.

К р и с. К черту это!

К е л л е р. Ты уже говорил с Анни?

К р и с. Я хотел сперва все уладить.

К е л л е р. Откуда ты знаешь, что Анни пойдет за тебя? Может, она думает так же, как мать.

К р и с. Если да, значит, на этом конец. Судя по ее письмам, думаю, она его забыла. Я выясню. А потом мы обсудим это с матерью. Верно? Папа, не оставляй меня.

К е л л е р. Беда в том, что ты почти не видишь женщин. Да и раньше не видел.

К р и с. Ну и что? Я не отношусь к женщинам легкомысленно.

К е л л е р. Не понимаю, почему это должна быть Анни...

К р и с. Потому что должна.

К е л л е р. Ответ хороший, но только это не ответ. Ты не видел ее с тех пор, как ушел на войну. Пять лет.

К р и с. Я ничего не могу поделать. Я ее прекрасно знаю. Я вырос по соседству с ней. Все эти годы я не представлял себе другой жены. Что тебе нужно, какую-то схему?

К е л л е р. Мне схема не нужна... Я... я... Крис, мама думает, что Ларри вернется. Если ты женишься на Анни, то объявишь его мертвым. И что будет с матерью? Ты знаешь? Я нет.

Пауза.

К р и с. Ну ладно, папа.

К е л л е р (*полагая, что Крис пошел на попятный*). Хорошенько подумай об этом.

К р и с. Я уже три года думал. Надеялся, что если подожду, мать забудет о Ларри, тогда у нас будет настоящая свадьба, и все пойдет отлично. Но раз это не может произойти здесь, мне придется уехать.

К е л л е р. Это еще что такое, черт возьми?

К р и с. Я уеду. Женюсь и буду жить где-нибудь в другом месте. Может, в Нью-Йорке.

К е л л е р. Ты спятил?

К р и с. Я слишком долго был хорошим сыном, пай-мальчиком. Хватит.

К е л л е р. У тебя здесь бизнес, какого черта...

К р и с. Этот бизнес меня не воодушевляет.

К е л л е р. Тебе необходимо воодушевление?

К р и с. Мне хотелось бы заниматься им по часу в день. Если ради денег нужно тянуть лямку весь день напролет, то хочу, чтоб хотя бы вечер был приятным. Хочу иметь семью, детей, хочу создать что-то, чему могу предаться душой. В центре всего этого Анни. Сейчас... где я могу это найти?

К е л л е р. Ты хочешь сказать... (*Подходит к нему.*) Скажи, значит, ты оставил бы бизнес?

К р и с. Да. Ради этого оставил бы.

Пауза.

К е л л е р. Знаешь... не нужно так думать.

К р и с. Тогда помоги мне остаться здесь.

К е л л е р. Ладно, только... только не думай так. Потому что ради чего, черт возьми, я работал? Только ради тебя, Крис, все эти труды ради тебя.

К р и с. Я знаю, папа. Просто помоги мне остаться здесь.

К е л л е р (*подносит кулак к челюсти Криса*). Только не думай так, слышишь?

К р и с. Я думаю именно так.

К е л л е р (*опуская руку*). Я тебя не понимаю, да?

К р и с. Не понимаешь. Я упрямый парень.

К е л л е р. Да, вижу.

На веранде появляется М а т ь. Ей пятьдесят с небольшим, это женщина с пылким темпераментом и громадной способностью к любви.

М а т ь. Джо?

К р и с (*идет к веранде*). Привет, мама.

М а т ь (*указывая на дом за спиной, Келлеру*). Ты брал пакет из-под раковины?

К е л л е р. Да, бросил его в мусорное ведро.

М а т ь. Так достань его оттуда. Там у меня картошка.

Крис разражается смехом.

К е л л е р (*смеясь*). Я думал, это мусор. (*С недовольным видом идет к ведру.*)

М а т ь. Сделай одолжение, Джо. Не будь таким услужливым.

К е л л е р (*с отвращением вынимая пакет*). Я могу позволить себе купить еще пакет картошки.

М а т ь. Минни вчера вечером вымыла ведро горячей водой. Оно чище, чем твои зубы. Дай мне пакет.

К е л л е р (*отдавая ей пакет*). А я не понимаю, почему, проработав сорок лет и имея служанку, мне приходится самому выносить мусор.

М а т ь. Если б ты запомнил, что не во всех пакетах на кухне лежит мусор, то не выбрасывал бы овощи. Прошлый раз ты выбросил лук.

К е л л е р. Я не терплю мусор в доме.

М а т ь. Тогда не ешь. (*Идет с пакетом на кухню.*)

К р и с. Это успокоит тебя на сегодня.

К е л л е р. Да, я опять на последнем месте. Не знаю, раньше я думал, что когда у меня появятся деньги, я заведу служанку и моя жена не будет ничего делать. Теперь у меня есть деньги, есть служанка, а моя жена работает за нее. (*Садится на один из стульев.*)

Когда он произносит последнюю фразу, выходит М а т ь.

М а т ь. У нее сегодня выходной, не знаю, чего ты раздражаешься.

К р и с (*Матери*). Анни уже поела?

М а т ь (*озабоченно оглядывая двор*). Она сейчас выйдет. (*Ходит по двору.*) Этот ветер натворил дел. (*О дереве.*) Хоть больше ничего не сломал, слава Богу.

К е л л е р (*указывая на стул рядом с собой*). Сядь, успокойся.

М а т ь (*идет к цветнику на авансцене слева. Прикладывает руку к темени*). У меня в темени какая-то странная боль.

К р и с. Принести тебе аспирин?

М а т ь (*поднимает с земли несколько лепестков, нюхает их, потом стряхивает обратно*). Роз больше нет. Так странно... (*Садится, потом продолжает.*) ...все происходит одновременно. Скоро день его рождения, его дерево ломается, приезжает Анни. Все как будто возвращается. Я только что спускалась в подвал и обо что споткнулась? О его бейсбольную перчатку. Я целую вечность не видела эту перчатку.

К р и с. Ты не находишь, что Анни хорошо выглядит?

М а т ь. Превосходно. Слов нет. Она красавица... Только не знаю, что привело ее сюда. Нельзя сказать, что я не рада ее видеть, однако...

К р и с. Я просто подумал, что нам всем хорошо бы повидаться.

Мать смотрит на него, слегка кивая.

К р и с (*словно признаваясь в чем-то*). И я сам хотел ее видеть.

М а т ь (*перестав кивать, Келлеру*). Только мне кажется, нос у нее стал длиннее. Но я всегда буду любить эту девушку. Она не из тех, кто прыгнет в постель с другим, как это случилось с ее парнем.

К е л л е р (*словно для Анни это немыслимо*). Да о чем ты...

М а т ь. Оставь. Большинство из них, как только вскрыты телеграммы, перестают ждать. Я очень рада, что она приехала, и теперь вы видите, что я *не совсем* помешалась.

К р и с. То, что Анни не вышла замуж, еще не значит, что она оплакивала его.

М а т ь (*с легким любопытством*). Тогда почему же она не замужем?

К р и с (*слегка волнуясь*). Ну... тому может быть множество причин.

М а т ь (*напрямик ему*). Каких, например?

К р и с (*он смущен, но не сдает позиций*). Не знаю. Каких угодно.

Мать встает, прижимая ладонь к темени.

К р и с. Принести тебе аспирин?

М а т ь (*бесцельно идет к дереву*). Это не обычная головная боль.

К е л л е р. Ты не спишь, вот в чем дело. Изнашиваешь больше шлепанцев, чем туфель.

М а т ь. У меня была ужасная ночь. (*Останавливается.*) Никогда еще такой не было.

К р и с (*подходит к ней*). Мама, что это было? Ты видела сон?

М а т ь. Больше, больше, чем сон.

К р и с (*нерешительно*). О Ларри?

М а т ь. Я крепко спала, и... (*Поднимая руку над зрителями.*) Помнишь, как низко он пролетал над домом, когда учился? Когда мы видели в кабине его лицо? Вот таким я его видела. Только высоко. Очень, там, где тучи. Он был таким реальным, что я могла протянуть руку и коснуться его. И вдруг он начал падать. И кричать, кричать мне: «Мама, мама!» Я слышала его так, будто он был в комнате. «Мама!» — это был его голос! Я знала, что если бы могла коснуться его, то остановила бы падение, если бы только могла... (*Умолкает, роняет простертую руку.*) Я проснулась, и было так странно... Ветер... напоминал рев его мотора. Я вышла сюда... должно быть, еще в полусне. Я слышала этот рев, словно он пролетал мимо. Дерево сломалось прямо передо мной... и я словно бы... проснулась. (*Смотрит на дерево. Внезапно понимает что-то, поворачивается и слегка грозит пальцем Келлеру.*) Видишь? Не нужно было сажать это дерево. Я сразу же это сказала, было слишком рано сажать дерево в память о нем.

К р и с (*встревоженный*). Слишком рано!

М а т ь (*сердясь*). Мы поторопились. Все так спешили похоронить его. Я *говорила,* что пока не надо сажать дерево. (*Келлеру.*) Я сказала тебе...

К р и с (*схватив ее за руку*). Мама, мама!

> Она смотрит ему в лицо.

Ветер сломал его. Какое это имеет значение? О чем ты говоришь?

> Он выпускает руку Матери. Не убежденная, Мать отходит от него и стоит, поглаживая щеку.

К р и с (*подходит к ней*). Мама, пожалуйста... Не переживай все это заново, ладно? Это бесполезно, это ничего не дает. Знаешь, я думал — может, нам следует смириться с тем, что его нет.

М а т ь. Ты говоришь это третий раз за неделю.

К р и с. Потому что так нельзя, нам нужно жить дальше. Мы словно ждем на станции поезд, который никогда не придет.

М а т ь (*кладет руку на темя*). Принеси мне аспирин, а?

К р и с (*подходит к ней, гладит по щеке*). И давай покончим с этим, а, мама? Я подумал, что мы вчетвером могли бы как-нибудь устроить ужин на природе, может, потанцевать на берегу.

М а т ь. Прекрасно. (*Келлеру.*) Можем устроить это сегодня вечером.

К е л л е р. Я буду рад!

К р и с. Конечно, давайте повеселимся. (*Матери.*) Ты начни с аспирина. (*Оживленный, идет в дом.*)

> Улыбка на лице Матери исчезает.

М а т ь (*с обвиняющей интонацией*). Зачем он пригласил ее сюда?

К е л л е р. Почему это тебя беспокоит?

М а т ь. Она три с половиной года прожила в Нью-Йорке, с какой стати вдруг...

К е л л е р. Ну, может... может, он просто хотел с ней... повидаться.

М а т ь. Никто не приезжает за семьсот миль «просто повидаться».

К е л л е р. Что у тебя на уме? Он жил рядом с этой девушкой всю жизнь, что тут такого, если захотел снова увидеть ее?

Мать смотрит на него требовательно.

Не смотри на меня так, он сказал мне то же самое, что и тебе.

М а т ь (*предостерегающе, с сомнением*). Он не собирается жениться на ней.

К е л л е р. С чего ты взяла, что он думает об этом?

М а т ь. Должно быть, так.

К е л л е р (*пристально наблюдая за ее реакцией*). Да? Ну и что?

М а т ь. Как это «ну и что?». (*Встревоженно бросает взгляд на дом.*) Джо, что происходит?

К е л л е р. Послушай, малышка...

М а т ь (*избегая контакта с ним*). Джо, Анни не его девушка, она это знает.

К е л л е р. Кто знает, что у нее на уме.

М а т ь. Тогда почему она до сих пор не замужем? В Нью-Йорке полно мужчин, почему она не вышла замуж? (*Пауза.*) Ей, должно быть, сотня людей говорила, что она поступает глупо, но она ждала.

К е л л е р. Откуда тебе знать, почему она ждала?

М а т ь. Она знает то, что знаю я, вот почему. Ее верность нерушима. В самые тяжелые минуты я думаю о ее ожидании и вновь убеждаюсь, что права.

К е л л е р. Послушай, сегодня отличный день. Чего ты затеваешь спор?

М а т ь. Мне не нравится, как Крис ведет себя по отношению к ней, и ты тоже!

К е л л е р. Я не сказал ей и десяти слов.

М а т ь (*предостерегающе*). Джо, никто в этом доме не поколеблет ее верность. Чужие могут. Но не его отец и брат.

К е л л е р (*раздраженно*). Чего ты от меня хочешь? Чего?

М а т ь. Хочу, чтобы вы вели себя так, как будто он возвращается. Оба. (*Принимается ходить.*) Но почему это случилось в ту ночь, когда она вернулась? Смейся, но в таких вещах есть смысл. Она идет спать в его комнату, и его дерево ломается. Посмотри на него, посмотри. (*Идет к дереву.*) Джо...

К е л л е р. Успокойся.

М а т ь. Джо, верь вместе со мной. Я не могу оставаться одна.

К е л л е р (*беспомощно поглаживая ее руку*). Успокойся.

М а т ь. Только на прошлой неделе в Детройте вернулся человек, пропадавший дольше, чем Ларри. Ты сам читал в газете.

К е л л е р (*уклончиво*). Ладно, ладно, успокойся.

М а т ь. Ты больше всех должен верить, ты...

К е л л е р (*внезапно перестает гладить ее руку*). Почему я больше всех?

М а т ь (*чтобы закрыть лицо, касается волос*). Только не переставай верить...

К е л л е р (*мягко отодвигая ее руку*). Как это понять — я больше всех?

Справа по подъездной аллее вбегает маленький Б е р т.

Б е р т. Мистер Келлер! Послушайте, мистер Келлер... (*Указывает на подъездную аллею.*) Томми опять это сказал!

К е л л е р (*забывший о разговоре с Бертом*). Что сказал?.. Кто?..

Б е р т. Это нехорошее слово.

К е л л е р. А... Что ж... (*Занятый своими мыслями, машет Берту рукой, чтобы мальчик уходил.*)

Б е р т. Так вы что, не арестуете Томми? Я его предупредил.

М а т ь (*внезапно*). Перестань, Берт. Иди домой.

Она подходит, Берт пятится от нее.

Здесь нет никакой тюрьмы.

К е л л е р (*словно говоря: «Да черт с ним, пусть себе верит, что есть»*). Кэт...

М а т ь (*гневно поворачиваясь к Келлеру*). Здесь нет тюрьмы! Прекрати эту ерунду с тюрьмой!

Б е р т (*мимо нее Келлеру*). Он прямо напротив...

М а т ь. Иди домой, Берт!

Б е р т удивленно смотрит на нее, на Келлера, поворачивается и уходит по подъездной аллее.

(*Дрожит, речь ее отрывиста, настойчива.*) Джо, я требую, чтобы ты это прекратил. Всю эту ерунду с тюрьмой!

К е л л е р (*обеспокоенный, поэтому рассерженный*). Посмотри на себя. Посмотри, ты же вся дрожишь.

М а т ь (*пытаясь овладеть собой, расхаживает, сжимает руки*). Я ничего не могу поделать.

К е л л е р. Почему я должен что-то скрывать? Черт возьми, Кэт, что с тобой?

М а т ь. Я не говорила, что ты должен что-то скрывать. Я только прошу, чтобы ты это прекратил!

На веранде появляются А н н а и К р и с. Анне двадцать шесть лет, у нее мягкий характер, но все-таки она способна скрывать то, что знает.

А н н а. Разве любовь не прекрасна!

Смеется коротко, но не смущенно, потому что они очень хорошо знают друг друга.

К р и с (*сводя Анну по ступенькам рыцарски протянутой рукой*). Как вам эта малышка?

М а т ь (*искренне покоренная увиденным*). Анни, откуда у тебя это платье?

А н н а. Я не могла удержаться. И берегу его. (*Поворачивается.*) Как оно за трехнедельное жалованье?

М а т ь (*Келлеру*). Правда, она очень... (*Анне.*) Великолепное, просто велико...

К р и с (*Матери*). Кроме шуток, разве она не самая красивая девушка, какую вы только видели?

М а т ь (*встревоженная этим нескрываемым восхищением, невольно протягивает руку за аспирином и стаканом с водой, и...*). Только боюсь, ты слегка прибавила в весе, так ведь, дорогая? (*Кладет в рот таблетку и запивает водой.*)

А н н а (*разочарованно*). То прибавляю, то убавляю. (*Идет влево, к тополям.*)

К е л л е р. Смотри, какие у нее красивые ноги!

А н н а. О, тополя стали толще, правда?

К е л л е р. Ну, прошло три года, Анни. Мы стареем, малышка.

Анна раздвигает ветви, смотрит во двор Джима.

М а т ь. Матери нравится Нью-Йорк?

А н н а. Почему они сняли наш гамак?

К е л л е р. Он порвался. Года два назад.

М а т ь (*с веселым, любовным сарказмом Келлеру*). Знаешь, как порвался? Джим наелся до отвала и плюхнулся в него.

А н н а (*смеется и снова поворачивается ко двору Джима*). О, простите!

Прямо перед ней входит Д ж и м.

Д ж и м. Здравствуйте. (*Келлеру.*) Я нашел свой термометр... не спрашивай где. (*Крису.*) Она кажется очень умной.

К р и с. Анна, это Джим... доктор Бейлис.

А н н а (*пожимая руку Джиму*). О да, он хорошо пишет о вас.

Д ж и м. Не верьте этому. Ему все нравятся. В Люксембурге он был известен как Мамаша Маккеллер.

А н н а. Готова этому поверить... Знаете... (*Остальным.*) Так странно видеть, как он выходит из этого двора. (*Крису.*) Наверно, я никогда не повзрослею. Мне прямо-таки кажется, что мама и папа сейчас там. Ты с моим братом занимаешься алгеброй, а Ларри списывает мое домашнее задание. Господи, эти дорогие прошедшие дни незабываемы.

Д ж и м. Надеюсь, это не означает, что вы хотите, чтобы я съехал.

С ь ю (*зовет слева*). Джим, иди сюда! Звонит мистер Хаббард!

Д ж и м. Я же сказал тебе, что не хочу...

С ь ю (*с мягкой властностью*). Пожалуйста, дорогой!

Д ж и м (*покорно*). Ладно, Сьюзи (*собирается уходить*), ладно, ладно... (*Берет Анну за руку.*) Анна, я только что познакомился с вами, но хочу дать один совет: когда выйдете замуж, никогда — даже тайком — не считайте деньги мужа.

С ь ю (*со двора*). Джим?

Д ж и м. Сейчас! (*Поворачивается и идет влево.*) Сейчас. (*Скрывается.*)

М а т ь. Я сказала ей, чтобы она купила гитару. У них бы появился общий интерес. (*Все смеются.*) Он любит гитару.

А н н а (*внезапно становится оживленной, берет Мать за руки*). Давайте сегодня устроим ужин на берегу! Повеселимся, как до ухода Ларри!

М а т ь (*взволнованно*). Ты думаешь о нем! (*Прижимает к своей груди ее голову.*) Видите? (*Торжествующе.*) Она думает о нем!

А н н а (*с недоуменной улыбкой*). Кэт, что вы имеете в виду?

М а т ь. Ничего. Просто, что ты... помнишь его, он у тебя в мыслях.

А н н а. Странно это слышать, как я могу его не помнить?

М а т ь (*неверно понимает ее и начинает заново; обнимает Анну за талию, подводит ее к стулу, поправляет ей волосы*). Садись, дорогая.

Анна садится, смотрит на нее.

Ты развесила свои вещи?

А н н а. Да... (*Крису.*) Послушай, ты стал барахольщиком. Я едва смогла найти место в чулане.

М а т ь. Нет. (*Садится.*) Неужели не помнишь? Это комната Ларри.

А н н а. Значит... это вещи Ларри?

М а т ь. Ты их не узнала?

А н н а (*с легким смущением*). Мне в голову не приходило, что вы... вся обувь начищена.

М а т ь. Да, дорогая.

Краткая пауза. Анна не отводит от нее глаз. Мать прекращает это, удобно сложив руки на коленях и заговорив тоном сплетницы.

Анни, я давно мечтаю о приятном разговоре с тобой. Расскажи мне что-нибудь.

А н н а. Что?

М а т ь. Не знаю. Что-нибудь приятное.

К р и с (*насмешливо*). Она хочет знать, часто ли ты встречаешься с мужчинами.

М а т ь. Да помолчи ты.

К е л л е р. И есть ли среди них серьезные?

М а т ь (*со смехом*). Чтоб у вас языки отсохли.

К е л л е р. Анни, никогда не ходи в ресторан с этой женщиной. Через пять минут тридцать девять незнакомых мужчин усядутся за ваш стол и начнут рассказывать свою биографию.

М а т ь. Если я не могу задать Анни личный вопрос...

К е л л е р. Задать можно, только не бей ее по голове. А ты бьешь, бьешь.

Все смеются.

А н н а (*Матери*). Кэт, не позволяйте им давить на вас. Спрашивайте меня о чем угодно. Что вы хотите знать? Давайте поболтаем.

М а т ь (*Крису и Келлеру*). Только у нее есть какой-то разум. (*Анне.*) Твоя мать... не берет развод?

А н н а. Нет, по этому поводу она успокоилась. Думаю, когда он выйдет на волю, они, видимо, будут жить вместе. В Нью-Йорке, само собой.

М а т ь. Это замечательно. Потому что твой отец все равно... несмотря ни на что, порядочный человек.

А н н а. Мне все равно. Мать может принять его обратно, если захочет.

М а т ь. А ты? Ты... (*отрицательно качает головой*) часто встречаешься с мужчинами?

Краткая пауза.

А н н а (*тактично*). Вы хотите знать, жду ли я его?

М а т ь. Нет, я не думаю, что ты его ждешь, но...

А н н а (*любезно*). Но вы это имели в виду, так ведь?

М а т ь. Ну... да.

А н н а. Не жду, Кэт.

М а т ь (*тихо*). Не ждешь.

А н н а. Разве это не бессмысленно? Неужели вы действительно думаете, что он...

М а т ь. Я знаю, дорогая, только не говори, что это бессмысленно, потому что в газетах об этом пишут постоянно. Не знаю, как в Нью-Йорке, но здесь был напечатан рассказ на полстраницы о человеке из Детройта, который пропадал дольше, чем Ларри, и вернулся из Бирмы.

К р и с. Мама, он, должно быть, не очень хотел возвращаться домой.

М а т ь. Не умничай. Разве он не мог потерять память? Или... или... тут может быть миллион причин. Неужели после всего, что случилось в этом мире, не может случиться что-то невероятное? Кто настолько умен, чтобы сказать, что может случиться?

К р и с (*подходит к ней со снисходительным смехом*). Мама, ты совершенно...

М а т ь (*отмахиваясь от него*). Не умничай, черт возьми! Перестань! (*Краткая пауза.*) Есть вещи, которых вы *не знаете*. Все вы. И я скажу тебе одну из них, Анни. Где-то в глубине души ты все время ждала его.

А н н а (*твердо*). Не ждала, Кэт.

М а т ь (*с нарастающей требовательностью*). Но в самой глубине души, Анни!

К р и с. Она сама должна знать, разве нет?

М а т ь (*глядя на Анну, указывая на нее*). Не позволяй им говорить, что тебе думать. Прислушивайся к своему сердцу. Только к своему сердцу.

А н н а (*встает, подходит к ней*). Почему ваше сердце говорит вам, что он жив?

М а т ь. Потому что он должен быть жив.

А н н а. Кэт, но почему?

М а т ь. Потому что кое-что должно быть, кое-чего не может быть. Например, должно всходить солнце. Вот почему существует Бог. Иначе могло бы происходить все, что угодно. Но Бог существует, поэтому кое-что никак не может произойти. Я бы знала, Анни, — как знала тот день, когда он (*указывает на Криса*) принимал участие в том ужасном сражении. Писал он мне? Говорилось об этом в газетах? Нет, но в то утро я не могла поднять с подушки голову. Спроси Джо. Внезапно я узнала. Я узнала! И он едва не погиб в тот день. Анни, ты знаешь, что я права! (*Поворачивается и, дрожа, уходит в глубь сцены.*)

А н н а. Не ждала, Кэт.

М а т ь (*останавливается в молчании*). Мне нужно выпить чаю.

Справа появляется Ф р э н к, он несет лестницу.

Ф р э н к. Анни! (*Подходит.*) Здравствуй, красавица.

А н н а (*пожимая его руку*). Фрэнк, да ты лысеешь.

К е л л е р. У него есть обязанность. Без Фрэнка звезды не знали бы, когда выходить.

Ф р э н к (*со смехом Анне*). Ты выглядишь женственно. Ты повзрослела. Ты...

К е л л е р. Будет тебе, Фрэнк, ты женат.

А н н а (*пока все смеются*). Ты все еще торгуешь галантереей?

Ф р э н к. Почему бы нет? Может, я тоже смогу стать президентом. Как твой брат? Я слышал, получил диплом.

А н н а. О, у Джорджа уже собственный кабинет!

Ф р э н к. Надо же. (*Унылым тоном.*) А отец? Он...

А н н а (*отрывисто*). У него все прекрасно. Я зайду повидаться с Лидией.

Ф р э н к (*сочувственно*). Ему предстоит условно-досрочное освобождение?

А н н а (*с нарастающей неловкостью*). Право, не знаю. Я...

Ф р э н к (*решительно защищая ее отца ради нее*). Знаешь, я думаю, если такого умного человека, как твой отец, посадили в тюрьму, то должен существовать закон, гласящий, что его нужно либо казнить, либо выпустить через год. Потому что, если взглянуть на статистику...

К р и с. Помочь тебе с лестницей?

Ф р э н к (*поняв намек*). Ничего, я... (*Поднимает лестницу.*) Кэт, я сегодня закончу гороскоп. (*Смущенно.*) Еще увидимся. Анна, ты замечательно выглядишь.

Она кивает ему, когда он идет вправо. Все смотрят на Анну, она стоит неподвижно.

К р и с (*подходит к ней*). Не расстраивайся, Фрэнк просто спросил о нем.

А н н а (*обращаясь ко всем*). Не перестали еще судачить об отце?

К р и с. Никто больше о нем не судачит.

К е л л е р. Все забыто, малышка. Садись, садись.

А н н а (*когда он усаживает ее*). Скажите мне. Потому что я не хочу встречаться ни с кем в этом квартале, если они...

К р и с. Не беспокойся об этом.

А н н а (*Келлеру*). Они все еще помнят это дело? Говорят о вас?

К е л л е р. Об этом говорит только моя жена.

М а т ь. Потому что ты все играешь с детьми в полицейского. Их родители от тебя только и слышат: «Тюрьма, тюрьма, тюрьма». (*Анне.*) Я делаю все возможное, чтобы люди забыли о той проклятой истории, а он...

К е л л е р. Собственно говоря, когда я вернулся из тюрьмы, дети очень мной заинтересовались. Ты знаешь детей. Я был для них (*смеется*) кем-то вроде знатока тюрем. А они со временем все перепутали и... я стал детективом. (*Смеется.*)

М а т ь. Только перепутали не они. (*Анне.*) Он раздает им полицейские значки собственного изготовления.

Все смеются.

А н н а (*радостно*). Господи, как приятно слышать, что вы смеетесь над этим.

К р и с. Ну а ты чего ожидала?

А н н а. Последнее, что я помню об этом квартале, это одно слово — «убийцы!». Кэт, помните?.. Миссис Хэммонд стоит перед нашим домом и выкрикивает это слово?.. Она, наверно, все еще здесь?

М а т ь. Они все здесь.

К е л л е р. Не слушай ее. По субботам каждый вечер вся компания играет в покер в этом дворе. Все, кто кричал «убийцы», теперь кладут в карман мои деньги.

М а т ь. Не надо, Джо, она ранимая девушка, не обманывай ее. (*Анне.*) Они все еще помнят о твоем отце. С ним другое дело (*указывает на Келлера*) — его оправдали, твой отец до сих пор в тюрьме. Вот почему я не особенно хотела, чтобы ты приезжала. Право, я знаю, как ты ранима, и сказала Крису...

К е л л е р. Послушай, веди себя, как я, и все будет в порядке. В тот день, вернувшись домой, я вылез из машины — но не перед домом... на углу. Была бы ты там, Анни, и ты, Крис, то увидели бы кое-что стоящее. Все знали, что я освобождаюсь в тот день, веранды были переполнены. Только представьте себе: никто не верил, что я действительно невиновен. Говорили, я сплутовал, чтобы меня оправдали. Поэтому я вылез из машины и пошел по улице. Но очень медленно. И с улыбкой. Зверь. Я был зверем, тем, кто поставлял военно-воздушным силам головки цилиндров с трещинами, виновником авиакатастрофы двадцати одного Р-40 в Австралии. Малышка, в тот день, идя по улице, я был для всех, несомненно, виновен. Только я не был виновен, в кармане у меня лежала бумага из суда, доказывавшая, что я невиновен... и я шел... мимо... веранд. Результат? Через четырнадцать месяцев у меня снова был один из лучших заводов в штате, я снова был уважаемым человеком, более значительным, чем когда бы то ни было.

К р и с (*с восхищением*). Мужественный Джо.

К е л л е р (*убежденно*). Одержать над ними верх можно только мужеством! (*Анне.*) Хуже всего, что вы уехали отсюда. Осложнили все для него, когда он выйдет на волю, и осложнили все для меня. Да, они играют в покер, но в головах у них все та же грязная мысль: «Келлер, ты был дружен с убийцей». Вот почему я хочу, чтобы он снова прошел по этому кварталу.

М а т ь (*страдальчески*). Неужели они могут вернуться?

К е л л е р. Это не кончится, *пока* они не вернутся! (*Анне.*) Пока люди снова не станут играть с ним в карты, разговаривать с ним, улыбаться вместе с ним — если играешь с человеком в карты, ты знаешь, что он не может быть убийцей. И в ближайшем письме напиши ему, что я сказал.

Анна просто смотрит на него.

Слышишь?

А н н а (*с удивлением*). Вы ничего не имеете против него?

К е л л е р. Анни, я никогда не считал, что людей нужно сживать со света.

А н н а (*озадаченная*). Но ведь он был вашим партнером, втоптал ваше имя в грязь...

К е л л е р. Он поступил дурно, но людей нужно прощать, так ведь?

А н н а. Кэт, и вы тоже? Не питаете никаких... Мне просто любопытно.

К е л л е р. Когда будешь писать отцу...

А н н а. Я не пишу ему.

К е л л е р (*пораженный*). Но ведь время от времени ты...

А н н а (*слегка пристыженная, но непреклонная*). Нет, я никогда не писала ему. И мой брат тоже. (*Крису.*) Скажи, ты относишься к нему так же?

К р и с. Он убил двадцать одного летчика.

К е л л е р. Что это за разговор, черт возьми?

М а т ь. Не нужно так говорить о человеке.

А н н а. А что еще можно сказать? Когда отца уводили, я шла за ним, ездила к нему в каждый день свиданий. Все время плакала. Пока не пришла весть о Ларри. Тут я поняла. Жалеть такого человека дурно. Хоть он и отец, относиться к нему можно только таким образом. Он сознательно отправил детали, которые привели к авиакатастрофе. И откуда вы знаете, что Ларри не был одним из тех летчиков?

М а т ь. Я ждала этого. (*Подходит к ней.*) Пока ты здесь, Анни, я прошу тебя больше этого не говорить.

А н н а. Не понимаю. Я думала, вы будете... по крайней мере злы на него.

М а т ь. То, что сделал твой отец, не имеет никакого отношения к Ларри. Никакого.

А н н а. Но мы не можем этого знать.

М а т ь (*силясь сохранить самообладание*). Пока ты здесь!

А н н а (*в недоумении*). Но, Кэт...

М а т ь. Выбрось это из головы!

К е л л е р. Потому что...

М а т ь (*торопливо, Келлеру*). Все, все, хватит! (*Кладет руку на голову.*) Пойдемте в дом, выпейте со мной чаю. (*Поворачивается и идет к дому.*)

К е л л е р (*Анне*). Тебе нужно...

М а т ь (*резко*). Он не погиб, и нечего спорить! Пошли!

К е л л е р (*сердито*). Сейчас!

М а т ь поворачивается и входит в дом.

Послушай, Анни...

К р и с. Ладно, папа, хватит.

К е л л е р. Нет, она так не считает. Анни...

К р и с. Мне надоела эта тема, кончай.

К е л л е р. Хочешь, чтобы она и дальше так думала? (*Анне.*) Послушай. Эти головки цилиндров шли только на Р-40. Что с тобой? Ты же знаешь, что Ларри не летал на Р-40.

К р и с. А кто летал на этих Р-40, свиньи?

К е л л е р (*с беспокойством, с нарастающей просительной ноткой*). Этот человек совершил глупость, но не делай из него убийцу. Ты что, не соображаешь? Смотри, как это на нее подействовало! (*Анне.*) Ты должна представить, что творилось в том цехе во время войны. Это был сумасшедший дом. Каждые полчаса мэр требовал головки цилиндров, нас изводили телефонными звонками. Грузовики увозили эти головки чуть ли не горячими. Попробуй взглянуть на это по-человечески. Внезапно появляется партия с трещинами. Такое случается, это бизнес. Тонкие, как волос, трещины. И вот... твой отец был маленьким человеком, всегда боялся крика. Что скажет мэр? Половина дневной продукции бракованная. Что скажу я? Понимаешь, что я имею в виду? Пойми его по-человечески. (*Краткая пауза.*) Поэтому он берет инструменты и... заделывает трещины. Ладно... это плохо, это дурно, но маленький человек поступает так. Если бы я мог приехать на завод в тот день, то сказал бы ему — отправь их в металлолом, Херб, мы можем себе это позволить. Но один он побоялся. Однако я знаю, что он не хотел ничего дурного. Он верил, что головки продержатся. И многие продержались. Это ошибка, но не убийство. Не нужно так о нем думать. Ты меня понимаешь? Я не хочу видеть, как девушка себя изводит.

А н н а (*смотрит на него несколько секунд*). Джо, давайте забудем об этом.

К е л л е р. Анни, в тот день, когда пришла весть о Ларри, он сидел в соседней со мной камере... твой отец. И он плакал, Анни... плакал полночи.

А н н а (*взволнованная*). Ему следовало плакать всю ночь.

К е л л е р (*чуть ли не гневно*). Анни, я не понимаю, почему ты...

К р и с (*вмешивается с нервозной настойчивостью*). Прекратите вы это?

А н н а. Не кричи на него. Он просто хочет, чтобы все были довольны.

К е л л е р. Вот именно. Я позвоню Свенсону, сделаю заказ. Мы будем есть бифштексы.

К р и с. И пить шампанское.

К е л л е р. Вот это разговор! Повеселимся вечером, Анни!

А н н а. Меня этим не испугаете.

К е л л е р (*Крису, указывая на Анну*). Мне нравится эта девушка. Не упускай ее. (*Они смеются. Келлер поднимается на веранду.*) Я хочу видеть всех вечером пьяными... Анни, у тебя красивые ноги. Посмотри на него, он краснеет.

К р и с. Иди, пей чай, Казанова.

Келлер смеется ядовито, но сердечно, указывая на Криса, и входит в дом.

Замечательный человек, правда?

А н н а. Ты единственный из моих знакомых, кто любит родителей.

К р и с. Знаю. Отстал от моды, да?

А н н а (*с неожиданной ноткой печали*). Это правильно. Это хорошо. (*Подходит к стулу, оглядывается по сторонам.*) Знаешь, здесь красиво. Воздух замечательный.

К р и с (*с надеждой*). Не жалеешь, что приехала?

А н н а. Нет, не жалею. Но... надолго не останусь...

К р и с. Почему?

А н н а. Прежде всего, твоя мать дала понять мне, чтобы я уезжала.

К р и с. Ну...

А н н а. Ты видел это... и потом ты... ты был...

К р и с. Каким?

А н н а. Ну... каким-то смущенным с тех пор, как я появилась.

К р и с. Я хотел поухаживать за тобой с неделю. Но они сочли, что у нас все решено.

А н н а. Я знала, что они так сочтут. Во всяком случае, твоя мать.

К р и с. Откуда ты знала?

А н н а. С ее точки зрения, зачем бы я еще приезжала?

К р и с. Ну... ты согласна? (*Анна смотрит на него.*) Наверно, ты знаешь, что я поэтому пригласил тебя.

А н н а. Наверно, поэтому я и приехала.

К р и с. Анна, я люблю тебя. Я очень тебя люблю. (*Окончательно.*) Я люблю тебя. (*Пауза. Анна ждет.*) У меня нет воображения... не знаю, что еще тебе сказать. Я смущаю тебя. Я не хотел говорить тебе это здесь. Хотел где-то в окружении деревьев... в новом месте, где мы никогда не бывали, где были бы совершенно новыми друг для друга...

А н н а (*касается его руки*). В чем дело?

К р и с. Это место кажется тебе неподходящим, верно? Этот двор, этот стул.

А н н а. Не кажется, Крис.

К р и с. Я не хочу отвоевывать тебя у чего бы то ни было. Хочу, чтобы ты была готова быть со мной.

А н н а. О Крис, я давно, давно готова.

К р и с. Значит, он исчез навсегда. Ты уверена?

А н н а. Я едва не вышла замуж два года назад.

К р и с. ...Почему же не вышла?

А н н а. Ты начал мне писать.

Краткая пауза.

К р и с. Ты чувствовала что-то на таком расстоянии?

А н н а. Ну... (*смущенно покашливает*).

К р и с. Анна, почему ты не дала мне знать?

А н н а. Я ждала тебя, Крис. До тех пор ты никогда не писал. А когда начал писать, что говорил? Знаешь, ты умеешь выражаться неопределенно.

К р и с (*смотрит на дом, потом на нее, дрожа*). Анна, позволь поцеловать тебя. Позволь... (*Они целуются.*) Господи, я поцеловал тебя, Анни. Как долго, как долго я этого ждал!

А н н а. Я никогда тебя не прощу. Почему ты ждал все эти годы? А я только сидела и задавалась вопросом, не безумие ли думать о тебе.

К р и с. Анни, теперь мы заживем! Я сделаю тебя очень счастливой. (*Целует ее, но их тела не соприкасаются.*)

А н н а. Нет, вот так не сделаешь.

К р и с (*смеется*). Почему? Я поцеловал тебя...

А н н а. Как брат Ларри. Сделай это, как Крис.

Он отстраняется от нее.

В чем дело?

К р и с. Давай поедем куда-нибудь... я хочу побыть с тобой наедине.

А н н а. Нет... в чем дело, Крис, в твоей матери?

К р и с. Нет... совсем не в этом...

А н н а. Тогда в чем же?.. Ты должен сказать мне, разве нет? Так не пойдет... (*Краткая пауза.*) Даже в твоих письмах было что-то стыдливое.

К р и с. Да. Наверно, я стыдился. Я... я не знаю, с чего начать. Это связано со многими вещами, это уходит далеко в прошлое. Ты помнишь, что я командовал ротой?

А н н а. Да, конечно.

К р и с. Так вот, я потерял солдат.

А н н а. Сколько?

К р и с. Почти всю роту.

А н н а. О, вот так так!

К р и с. Нужно какое-то время, чтобы смириться с этим. Они были не просто солдатами. К примеру, как-то несколько дней подряд лил дождь, а один парень подошел и отдал мне свою последнюю пару сухих носков. Сунул их мне в карман. Это мелочь... но... такие были у меня ребята. Они не просто погибли; они шли на смерть, спасая друг друга. Будь они чуть поэгоистичнее, то остались бы живы. Они гибли у меня на глазах, и в тот момент я подумал... Понимаешь, мне казалось, что хотя кругом все рушилось, в то же время возникало нечто новое. Своего рода ответственность. Человека за человека. Понимаешь? Вот бы показать это, снова вернуть на землю, словно некий памятник, и каждый чувствовал бы, что этот памятник стоит у него за спиной, и для него это имело бы значение. (*Пауза.*) А потом я вернулся домой и обнаружил невероятное. Я... Здесь это не имело никакого смысла. Все произошедшее для окружающих было чем-то вроде... крушения автобуса. Точно так же было, когда я стал работать с отцом и снова начались эти крысиные гонки. Я чувствовал себя... каким-то пристыженным. Потому что никто нисколько не переменился. Из-за этого казалось, что многие стали паразитами. Я считал, что предосудительно быть живым, открывать банковскую книжку, водить новую машину, видеть новый холодильник. Конечно, можно купить все это на доходы с войны, но когда ведешь эту машину, нужно знать, что она появилась благодаря любви, которую человек может питать к человеку, и от этого становиться немного лучше. Иначе то, что имеешь, — настоящая добыча, и на ней кровь. Я не хотел касаться всего этого. Пожалуй, в том числе и тебя.

А н н а. И ты до сих пор так считаешь?

К р и с. Нет...

А н н а. Ты больше не должен так считать.

К р и с. Теперь ты нужна мне, Анни.

А н н а. Потому что ты имеешь право на все, что у тебя есть. На все, Крис, понимаешь?

К р и с. Я рад, что ты так думаешь.

А н н а. На меня тоже... И на деньги. В твоих деньгах ничего дурного нет. Джо построил сотни самолетов, этим нужно гордиться. Человек должен получать за это плату...

К р и с. О, Анни, Анни... Я сколочу для тебя состояние!

А н н а (*посмеиваясь*). Что мне делать с состоянием?..

Они целуются.

К р и с (*раскачиваясь вместе с ней*). Поверь, Анни, мы будем счастливы, счастливы...

К е л л е р выходит из дома.

К е л л е р (*указывая большим пальцем на дом*). Эй, Анни, твой брат... (*Они застенчиво отстраняются друг от друга. Келлер спускается и насмешливо...*) Что это, День труда?

К р и с (*отмахивается от него, зная, что подшучивания будут бесконечными*). Ладно, ладно...

А н н а (*весело*). Не нужно появляться так внезапно.

К е л л е р. Никто не сказал мне, что это День труда. (*Оглядывается по сторонам.*) А где хот-доги?

К р и с (*с удовольствием*). Хватит. Ты уже сказал это один раз.

К е л л е р. Теперь, зная, что это День труда, буду вешать на шею колокольчик.

А н н а (*ласково*). Он такой остроумный!

К р и с. Джордж Бернард Шоу в слоновьем обличье.

К е л л е р. Джордж! Да, кстати, звонит твой брат.

А н н а (*с удивлением*). Мой брат?

К е л л е р. Да, Джордж. По межгороду.

А н н а (*странно расстроенная*). В чем дело, что-нибудь случилось?

К е л л е р. Не знаю, с ним разговаривает Кэт. Поторопись, она разорит его на пять долларов.

А н н а (*делает шаг в глубь сцены, потом подходит к Крису*).
Не знаю, говорить ли сейчас твоей матери. Она как будто не...
Мне очень не хочется с ней спорить.

К р и с. Подождем до вечера. После ужина. И не напря-
гайся, предоставь это мне.

К е л л е р. Что ты ей говоришь?

К р и с. Иди, Анна.

А н н а с дурным предчувствием идет в дом.

Папа, мы поженимся.

Келлер нерешительно кивает.

Ничего не скажешь?

К е л л е р (*с беспокойством*). Я рад, Крис, просто... Джордж
звонит из Колумбуса.

К р и с (*с удивлением*). Из Колумбуса!

К е л л е р. Анни говорила тебе, что он сегодня собирается повидать отца?

К р и с. Нет, не думаю, что ей об этом известно.

К е л л е р (*спрашивает с неловкостью*). Крис, ты... ты считаешь, что хорошо знаешь ее?

К р и с. Что за вопрос?..

К е л л е р. Я просто недоумеваю. Все эти годы Джордж
не ездил повидаться с отцом. Внезапно он едет... а она приезжает сюда.

К р и с (*хмурясь*). Ну и что из этого?

К е л л е р. Это сумасшедшая мысль, но она пришла мне
на ум. Ведь Анна ничего против меня не имеет.

К р и с. Не понимаю, о чем ты говоришь.

К е л л е р. Я просто говорю. До последнего дня в суде этот
человек во всем винил меня, а она его дочь. Может, ее послали сюда что-нибудь выведать?

К р и с (*сердито*). С какой стати? Что тут выведывать?

А н н а (*говорит по телефону из дома*). Джордж, почему ты так взволнован? Что случилось?

К е л л е р (*глянув на дом*). Не хотят ли они вновь открыть дело, чтобы нам навредить?

К р и с. Папа... как ты можешь так о ней думать?

А н н а (*из дома*). Но что он тебе сказал?

К р и с. Папа, ты поражаешь меня...

К е л л е р (*перебивая его*). Ладно, забудь, забудь. (*Ходит с большим усилием.*) Крис, я хочу для тебя приличного начала. Хочу повесить на заводе новую вывеску — «Кристофер Келлер, инкорпорейтед».

К р и с (*с легким беспокойством*). «Дж. О. Келлер» вполне годится.

К е л л е р. Мы поговорим об этом. Я построю тебе дом, каменный, с подъездной аллеей от шоссе. Я хочу для тебя простора, Крис, хочу, чтобы ты пользовался тем, что я для тебя сделал... (*подходит к нему вплотную*) с радостью, Крис, без стыда... с радостью.

К р и с (*взволнованный*). Непременно буду, папа.

К е л л е р (*с глубоким волнением*). Скажи мне это.

К р и с. Зачем?

К е л л е р. Иногда мне кажется, что ты... стыдишься этих денег.

К р и с (*обиженный*). Нет, не думай так.

К е л л е р. Это достойные деньги, в них нет ничего дурного.

К р и с (*слегка испуганный*). Папа, не нужно мне это говорить.

К е л л е р (*теперь с любовью и самоуверенностью; кладет руку Криса на затылок и, решительно сжав челюсти, посмеиваясь*). О, теперь ты заживешь, Крис! Вечером мы напоим маму, как на празднестве. (*Отходит, делает рукой широкий жест.*) Свадьба будет такая, малыш, какой здесь никогда не видели! Шампанское, смокинги...

Умолкает, когда выходит М а т ь, прислушивается.

А н н а (*в доме*). Господи, так что он тебе сказал? Хорошо, тогда приезжай. Да, они все здесь, никто от тебя не убегает! И постарайся держать себя в руках, ладно? Хорошо, хорошо, до встречи!

Анна выходит. Помрачневшая, нервная. Спускается и заставляет себя улыбнуться.

К р и с. Что-то случилось?

А н н а. Джордж приедет семичасовым поездом. Он в Колумбусе.

К е л л е р (*заботливо*). Что такое, твой отец заболел?

А н н а (*озадаченная*). Нет, Джордж не сказал, что он болен. Я... (*разводит руками*) не знаю. Наверно, что-нибудь нелепое, вы знаете моего брата... (*Внезапно поворачивается к дому. Потом подходит к Крису.*) Давай поедем, прокатимся.

К р и с (*с беспокойством смотрит на нее, потом кивает*). Давай. (*Родителям.*) Скоро вернемся.

К е л л е р. Не спеши.

Слева, в доме Джима, начинает играть гитара.

М а т ь (*Анне*). Слышишь? Сью играет на гитаре. Это удерживает его дома. Они слишком рано поженились.

К р и с, чувствуя нервозность Матери, призыв к нему, целует ее и уходит с А н н о й по подъездной аллее. Мать подходит к Келлеру, не сводя с него глаз.

К е л л е р (*взволнованно, негромко*). Что случилось? Что нужно Джорджу?

М а т ь. Он с утра был в Колумбусе у Херба. Говорит, что должен немедленно увидеть Анну.

К е л л е р. Зачем?

М а т ь. Не знаю. (*Продолжает наблюдать за ним. Келлер ходит, опустив взгляд, думает. Она говорит предостерегающе.*) Джо, он теперь адвокат. Джордж стал адвокатом.

К е л л е р. Ну и что?

М а т ь. Все эти годы он даже не посылал открытки Хербу. После того как вернулся с войны, не послал хотя бы открытки.

К е л л е р (*сердясь*). Ну и что?

М а т ь (*ее напряженность прорывается*). И вдруг летит из Нью-Йорка на самолете повидать его. На самолете!

К е л л е р. Ну и что из этого?

М а т ь (*дрожащим голосом*). Зачем?

К е л л е р. Я не умею читать мысли. А ты?

М а т ь. Зачем, Джо? Что такого вдруг захотел сказать ему Херб, что он полетел туда самолетом?

К е л л е р. Какая мне разница, что Херб ему скажет?

М а т ь. Ты уверен, Джо?

К е л л е р (*испуганный, но сердитый*). Да, уверен.

М а т ь (*сковано садится на стул*). Теперь будь ловким, Джо. Этот парень едет сюда. Будь ловким.

К е л л е р (*наклоняется, смотрит ей в лицо; с отчаянием*). Ты слышала, что я сказал? Я сказал, что уверен!

М а т ь (*слабо кивает*). Хорошо, Джо.

Он выпрямляется.

Только... будь ловким.

К е л л е р в бессильной ярости глядит на нее, поворачивается, поднимается на веранду, входит в дом и с силой захлопывает за собой дверь. Мать неподвижно сидит на стуле на авансцене, глядя вперед.

Занавес.

ДЕЙСТВИЕ ВТОРОЕ

Сцена та же. Тот же вечер, сгущаются сумерки.
Когда занавес поднимается, Крис волочит отломанную верхушку дерева по подъездной аллее. Он без рубашки, но на нем хорошие брюки и белые туфли. Он скрывается из виду, когда на веранде появляется М а т ь. Она спускается и встает в начале подъездной аллеи, наблюдая за ним. На ней халат, в руках у нее поднос с виноградным соком в кувшине и стаканами.

М а т ь (*вслед Крису*). Тебе для этого нужно было надевать хорошие брюки?

Ответа нет, слышится только шорох волочащихся веток. Мать выходит на авансцену и ставит поднос на стол. С беспокойством осматривается, пробует ладонью, хорошо ли охлажден кувшин, потом берет клочок бумаги, комкает его и садится. Через несколько секунд нервно встает, сложив руки, и расхаживает, касаясь стульев, куста... Крис выходит из подъездной аллеи, отряхивая руки.

М а т ь. Ты обратил внимание, что без этой штуки стало светлее?

К р и с. Почему ты не одета?

М а т ь. Наверху душно. Я приготовила виноградный сок для Джорджи. Этот сок ему всегда нравился.

К р и с. Ну, иди, оденься. А чего папа спит так долго?

М а т ь. Он беспокоится. А когда беспокоится, спит. (*Смотрит в глаза сыну.*) Мы тупые, Крис. Мы с папой глупые люди. Мы ничего не знаем. Ты должен нас защищать.

К р и с. Не говори ерунды, чего тут бояться?

М а т ь. На суде Херб до последнего дня утверждал, что сделать это его заставил папа. Если Джордж приезжает, чтобы вновь открыть дело, я этого не переживу. Мы не сможем снова пройти через все это.

К р и с. Мама, Джордж — сущий балбес, почему ты воспринимаешь его всерьез?

М а т ь. Эта семья ненавидит нас. Может быть, даже Анни...

К р и с. Мама, будет тебе...

М а т ь. Думаешь, что раз тебе все нравятся, то и ты им нравишься. Ты не представляешь, как люди могут ненавидеть. Крис, у нас тут была хорошая жизнь, все шло отлично. Почему ты вовлекаешь их в нее? Мы много лет изо всех сил старались чего-то добиться, а теперь...

К р и с. Ладно, перестань взвинчивать себя. Предоставь все мне.

М а т ь. Когда Джордж поедет домой, скажи ей, пусть едет вместе с ним.

Д ж о р д ж (*уклончиво*). Не беспокойся об Анни.

М а т ь. Херб и ее отец.

К р и с. Да прекратишь ты в конце концов? Пошли.

М а т ь (*идет с ним в глубь сцены*). Крис, ты не представляешь, как люди могут ненавидеть, они готовы разнести весь мир на куски...

На веранде появляется нарядно одетая А н н а.

К р и с. Видишь? Она уже одета. (*Поднимаясь с Матерью на веранду, Анне.*) Мне осталось только надеть рубашку.

А н н а (*озабоченно*). Кэт, вы хорошо себя чувствуете?

М а т ь (*слабо смеется*). Дорогая, какая разница? Знаешь, некоторые люди чем больше болеют, тем дольше живут. (*Входит в дом.*)

К р и с (*ласково, касаясь носа Анны*). Ты замечательно выглядишь.

А н н а. Скажем ей сегодня вечером.

К р и с. Непременно, не беспокойся об этом.

А н н а. Мне хотелось бы сказать ей сейчас. Терпеть не могу интриги. У меня от них сводит живот.

К р и с. Это не интриги, просто приведем ее в лучшее настроение.

А н н а. Спокоен только твой отец. (*Смеется.*) Он крепко спит.

К р и с. Я спокоен.

А н н а. Так ли?

К р и с. Смотри. (*Вытягивает руку и трясет ею, будто она сильно дрожит. Они смеются. Он шлепает Анну по заду.*) Дай мне знать, когда появится Джордж.

К р и с входит в дом. Анна спускается с веранды. Бесцельно бродит, потом видит пень сломанного дерева. Подходит к нему, робко касается обломанного конца, погруженная в свои мысли. Слева входит С ь ю и останавливается, увидев Анну. Анна не замечает ее.

С ь ю. Мой муж не...

А н н а (*испуганно поворачивается*). Ой!

С ь ю (*подходит к ней, обеспокоенная*). Я очень извиняюсь.

А н н а (*смущенно смеется*). Ничего, я... я немного боюсь темноты.

С ь ю (*осматриваясь по сторонам*). Уже темнеет.

А н н а. Ищешь своего мужа?

С ь ю. Как обычно. (*Устало смеется.*) Он проводит здесь столько времени, что они скоро станут брать с него арендную плату.

А н н а. Все были не одеты, поэтому твой муж поехал на вокзал встретить моего брата.

С ь ю. О, приезжает твой брат?

А н н а. Да, они должны быть здесь с минуты на минуту. Выпьешь холодненького?

С ь ю. Спасибо, выпью.

Сью садится, расстроенная, а Анна идет к столу и наливает в стакан сок.

С ь ю. Мой муж. Ему слишком жарко, чтобы свозить меня на пляж. Но для Келлеров? Мужчины, как мальчишки — всегда будут косить соседский газон.

А н н а. Люди охотно делают что-то для Келлеров. Так было всегда, сколько я помню.

С ь ю (*с ехидцей*). Поразительно. Видимо, брат приезжает, чтобы выдать тебя замуж, да?

А н н а (*озабоченная, подает ей стакан*). Не знаю. Видимо.

С ь ю. Ты, должно быть, вся на нервах.

А н н а. Выйти замуж всегда проблема, разве не так? (*Садится.*)

С ь ю. Это, разумеется, зависит от твоей внешности. (*Смеется.*) Не вижу, почему для тебя это может быть проблемой.

А н н а. О, у меня были возможности.

С ь ю. Не сомневаюсь. Это романтично... очень диковинно для меня — выйти замуж за брата возлюбленного.

А н н а. Не знаю. Думаю, дело в том, что когда я хочу услышать правду, то всегда думаю о Крисе. Когда он что-нибудь говорит, ты знаешь, что это так. Он меня успокаивает.

С ь ю. И у него есть деньги. Это, знаешь ли, важно.

А н н а. Для меня это не имеет значения.

С ь ю. Ты поразишься: деньги меняют все. Я вышла замуж за интерна. Мы жили на мое жалованье. И это было плохо, потому что когда женщина содержит мужчину, он ей чем-то обязан. Нельзя быть обязанным людям и не испытывать к ним неприязни.

Анна смеется.

Знаешь, это правда.

А н н а. Думаю, в глубине души доктор очень предан тебе.

С ь ю. О, конечно. Но плохо, когда мужчина постоянно видит перед собой решетку. Джиму кажется, что он все время в тюрьме.

А н н а (*осуждающе*). О...

С ь ю. Анна, поэтому я хотела попросить тебя о небольшом одолжении... Для меня это очень важно.

А н н а. Конечно, если смогу.

С ь ю. Сможешь. Когда выйдешь замуж, постарайся жить не здесь.

А н н а. Ты шутишь?

С ь ю. Я совершенно серьезно. Мой муж рядом с Крисом несчастлив.

А н н а (*пораженная*). Почему?

С ь ю. Мой муж — успешный врач. Но вбил себе в голову, что хочет заниматься медицинскими исследованиями. Делать открытия. Понимаешь?

А н н а. Разве это плохо?

С ь ю. Это прекрасно. Для маленького монаха. Исследовательская работа приносит двадцать пять долларов в неделю минус стирка власяницы. Чтобы заниматься ею, нужно отказаться от жизни.

А н н а. А Крис тут...

С ь ю (*встает; с нарастающим возбуждением*). Пойми меня правильно. Мне нравится Крис. Иначе бы я дала ему это понять, я не подлизываюсь к людям. Но в нем есть что-то такое, вызывающее у всех желание быть лучше, чем это возможно. Он так воздействует на людей.

А н н а. Разве это плохо?

С ь ю. У моего мужа есть семья, дорогая. Всякий раз, поговорив с Крисом, он считает, что идет на компромисс, не отказываясь от всего ради исследований. Будто Крис и все остальные не идут на компромисс. С Джимом это происходит каждые несколько лет. Встречает человека и делает из него идола.

А н н а. Может быть, он прав. Я не хочу сказать, что Крис идол, но...

С ь ю. Давай разберемся, дорогая. Этот человек работает вместе с отцом, так ведь? И каждую неделю получает деньги с этого предприятия.

А н н а. Что из того?

С ь ю. *Ты* спрашиваешь меня, что из того?

А н н а. Да, спрашиваю. (*Пауза. Она как будто на грани взрыва.*) Не нужно так поносить людей. Ты меня удивляешь.

С ь ю. *Я* удивляю тебя?

А н н а. Он не взял бы и цента с завода, будь в этом что-то дурное.

С ь ю. Ты это знаешь?

А н н а. Знаю. Мне не нравится все, что ты говоришь.

С ь ю (*подходя к ней*). А знаешь, дорогая, что не нравится мне?

А н н а (*встревоженная, испуганная*). Прошу тебя, я не хочу спорить.

С ь ю. Мне не нравится жить рядом с этим святым семейством. Из-за этого я выгляжу бродяжкой, понимаешь?

А н н а. Тут я ничего не могу поделать.

С ь ю. Кто он такой, чтобы портить человеку жизнь? Все знают — Джо сплутовал, чтобы выйти из тюрьмы.

А н н а. Это неправда!

С ь ю. Так, может, тебе выйти и поговорить с людьми? Иди, поговори. В этом квартале нет ни одного человека, который не знает правды.

А н н а. Это ложь. Келлеры в превосходных отношениях с кварталом. Люди постоянно приходят сюда поиграть в карты и...

С ь ю. Ну и что? Они признают, что он ловок. Я тоже признаю. И ничего не имею против Джо. Но если Крис хочет, чтобы люди надевали власяницы, пусть сам снимет тонкое сукно. Он сводит моего мужа с ума своим надуманным идеализмом, а я из-за этого дошла до ручки!

На веранду выходит К р и с, на нем рубашка и галстук. Сью быстро поворачивается, прислушивается.

(*С улыбкой.*) Привет, дорогой. Как себя чувствует мать?

К р и с. Я думал, приехал Джордж.

С ь ю. Нет, это только мы.

К р и с (*спускается к ним*). Сьюзи, сделай мне одолжение, а? Поднимись к матери, попробуй ее успокоить. Она вся взвинчена.

С ь ю. Она еще не знает о ваших планах?

К р и с (*посмеиваясь*). Наверно, чувствует. Ты знаешь мою мать.

С ь ю (*поднимаясь на веранду*). Да, она проницательна.

К р и с. Может, в аптечке найдется что-нибудь.

С ь ю. Я дам ей всего по таблетке. (*На веранде.*) Не беспокойся о Кэт. Немного выпить, потанцевать... она будет любить Анну. (*Анне*). Потому что ты женская версия его. (*Указывает на Криса, тот смеется.*) Не беспокойся, я сказала «версия». (*Они смеются, Сью входит в дом.*)

К р и с. Интересная женщина, правда?

А н н а (*беспокойно, отходя от него*). Да, она очень интересная.

К р и с. Знаешь, она замечательная медсестра, она...

А н н а (*в напряжении, но стараясь сдерживаться*). Ты все еще это делаешь?

К р и с (*уловив что-то неладное, но продолжая улыбаться*). Что?

А н н а. Как только познакомишься с людьми, ты находишь в них что-то превосходное. Откуда ты знаешь, что она замечательная медсестра?

К р и с. Анна, в чем дело?

А н н а. Эта женщина ненавидит тебя. Презирает!

К р и с. Послушай... какая муха тебя укусила?

А н н а (*садится, слабым голосом*). Господи, Крис.

К р и с. Что здесь произошло?

А н н а (*озадаченно, встревоженно*). Ты никогда... Почему не сказал мне?

К р и с. Чего не сказал?

А н н а. Она говорит, люди считают Джо виновным.

К р и с (*смотрит в сторону*). Да. Ну... (*Смотрит на нее.*) Что из этого?

А н н а. Почему ты сказал, что недобрых чувств больше нет?

К р и с. Какая разница, что они думают.

А н н а. Мне все равно, что они думают. Просто я не понимаю, зачем тебе это отрицать. Ты сказал, что все забыто.

К р и с. Я не хотел, чтобы ты считала, будто в твоем приезде сюда есть что-то дурное, вот и все. Я знаю, что многие считают моего отца виновным. И предположил, что у тебя могут возникнуть сомнения.

А н н а. Но я ни разу не говорила, что подозреваю его.

К р и с. Никто этого не говорит.

Пауза. Их взгляды встречаются.

(*Пытается засмеяться.*) Что с тобой? Ни с того ни с сего ты...

А н н а (*подходит к нему*). Я знаю, как ты его любишь.

К р и с. Думаешь, я простил бы его, если бы он это сделал?

А н н а. Крис, я не с неба свалилась. Я отвернулась от отца, и если здесь что-то неладно...

К р и с. Знаю, Анна.

А н н а. Джордж приезжает от отца, и я не думаю, что с родительским благословением.

К р и с. Тебе незачем бояться Джорджа.

А н н а. Скажи мне все. Скажи!

К р и с (*берет ее за руки*). Анна, этот человек невиновен. Знаю, он кажется испуганным, но он подвергся ложному обвинению и прошел из-за этого через ад. Как бы ты повела себя, если б снова столкнулась с этим? Поверь, Анна, для тебя здесь нет ничего неладного! Поверь, малышка!

А н н а (*колеблется, потом обнимает его*). Хорошо.

Они целуются, на веранде бесшумно появляется К е л л е р. Смотрит на них.

К е л л е р. Что это, все еще День труда?

Они прекращают и смущенно смеются. Келлер подходит к ним.

У меня здесь снова настоящий парк отдыха.

К р и с. Кажется, ты собирался побриться.

К е л л е р (*садясь*). Сейчас. Я со сна ничего не вижу.

А н н а. Вы как будто выбриты.

К е л л е р. Нет-нет. (*Проводит рукой по челюсти.*) Сегодня нужно быть выбритым начисто. Важный вечер, Анни. (*Забрасывает ногу на ногу.*) Ну, каково чувствовать себя замужней женщиной?

А н н а (*смеется*). Пока не знаю.

К е л л е р (*Крису*). В чем дело, ты увиливаешь?

К р и с. Большой roué*!

К е л л е р. Что такое roué?

К р и с. Это по-французски.

К е л л е р. Не сквернословь.

Они смеются.

К р и с (*Анне*). Встречала большего невежду?

К е л л е р. Ну, *кто-то* должен зарабатывать на жизнь.

А н н а (*пока они смеются*). Это его характеризует.

К е л л е р. Не знаю, все в этой стране становятся такими чертовски образованными, что скоро некому будет убирать мусор.

Они снова смеются.

Получается, что сейчас только боссы остались тупицами.

А н н а. Вы не тупица, Джо.

К е л л е р. Знаю, но взять, к примеру, наш завод. У меня столько лейтенантов, майоров, полковников, что когда нужно подмести пол, следует быть осторожным, чтобы кого-то

---

* Плут (*фр.*).

не оскорбить. Кроме шуток. Это трагедия: стоит плюнуть сейчас на улице, и угодишь в образованного.

К р и с. Ну так не плюйся.

К е л л е р. Я хочу сказать, к этому идет. (*Вздыхает.*) Анна, я тут думал...

Они ждут. Он усаживается поудобнее, задумчиво смотрит вдаль.

Я думал о твоем брате, Джордже. Когда он приедет, обговори с ним кое-что.

К р и с. Обсуди.

К е л л е р. А чем плохо «обговори»?

К р и с (*с улыбкой*). Это неправильно.

К е л л е р. Когда я учился в вечерней школе, было «обговори».

А н н а (*смеется*). В дневной говорят «обсуди».

К е л л е р. Не нападайте на меня со всех сторон, а? Серьезно, Анна... Ты говоришь, у него... у Джорджа дела идут неважно. Я думал, с какой стати ему изматываться в Нью-Йорке, где жестокая конкуренция, когда у меня здесь столько друзей, я очень дружен с несколькими значительными адвокатами в городе. Я мог бы сделать кое-что для Джорджа; хочу устроить его здесь.

А н н а. Джо, это очень любезно с вашей стороны.

К е л л е р. Нет, малышка, не любезно. Пойми меня. Я думаю о Крисе. (*Краткая пауза.*) Понимаешь... я вот о чем. Язык у меня неважно подвешен, но мысль вот какая. Вы еще молоды. Когда станете постарше, вам захочется чувствовать, что вы... кое-чего достигли. В своей жизни. У меня единственное достижение — мой сын. Я не образован. Это все, чего я достиг. И хочу знать, Анни, что как бы ни обернулись дела, мой сын — это мой сын. Что между нами ничто не встанет. Понимаешь меня?

А н н а. Нет. Зачем вы это говорите?

К е л л е р. Потому что... взгляни в лицо фактам, факты есть факты... твой отец ненавидит меня. Незачем напоминать тебе, что на суде до последнего дня он винил во всем меня, говорил, что я посадил его... и все такое прочее. Ты это знаешь.

А н н а. Ну, мало ли что он говорит.

К е л л е р. Верно. Мало ли что. Но давай признаем: через год-полтора он выйдет на свободу. Куда он подастся, Анни? К своей плоти и крови. К тебе. Он придет, старый, озлобленный, в твой дом.

А н н а. Джо, это уже не может иметь значения.

К е л л е р. Ты *сейчас* говоришь это, но, поверь, Анни, родная кровь — это родная кровь. Человек долго будет твердить тебе одно и то же, и ты станешь ему верить. А... мой сын у тебя в доме, и... Это я к тому, что не хочу, чтобы между нами возникла ненависть. (*Указывает на Криса и себя.*)

А н н а. Могу сказать только, что это никогда не случится.

К е л л е р. Ты сейчас влюблена, Анни, но поверь мне, я старше тебя. Дочь — это дочь, а отец — это отец. И это может случиться. (*Краткая пауза.*) Хочу, чтобы ты сделала вот что. Твой отец разговаривать со мной не станет. Но будет разговаривать с тобой и с твоим братом. Поезжайте оба к нему в тюрьму и скажите: «Папа, Джо хочет принять тебя в дело, когда ты выйдешь».

А н н а (*удивленная, даже потрясенная*). Вы возьмете его в партнеры?

К е л л е р. Не в партнеры, нет. Дам хорошую работу. (*Пауза. Он видит, что она потрясена, слегка озадачена. Встает, говорит более нервно.*) Анни, я хочу, чтобы он знал... пока сидит там, пусть знает, что когда выйдет, его будет ждать место. Это уничтожит его горечь. Знать, что у тебя есть место... это смягчает человека.

А н н а (*с ноткой страха, но делая упор на внушение*). Джо, вы ничего ему не должны.

К е л л е р. Нет, нет... я должен ему хорошего пинка в зубы, но...

К р и с. Тогда дай ему хорошего пинка в зубы. Я не хочу, чтобы он был на заводе, и все тут. И не говори так о нем — люди неправильно тебя поймут.

К е л л е р. А я не понимаю, почему она должна смешивать с грязью этого человека!

К р и с. Так вот, это ее отец, если она считает...

К е л л е р. Нет, нет...

К р и с (*почти гневно*). Что тебе до этого? Зачем...

К е л л е р (*нервно выкрикивает*). Отец есть отец! (*Касается ладонью щеки.*) Пожалуй... пожалуй, нужно побриться. (*Проходит несколько ярдов в глубь сцены, потом поворачивается с улыбкой на лице. Указывает на Анну.*) Анни, я не хотел повышать на тебя голос.

А н н а. Джо, давайте забудем все это.

К е л л е р. Верно. (*Крису.*) Она привлекательная.

К р и с. Иди, брейся, а?

К е л л е р. Тоже верно.

Когда он поворачивает к веранде, справа торопливо входит
Л и д и я.

Л и д и я (*обращаясь к Джо*). Я совсем забыла... (*Видит Криса и Анну.*) Привет. (*К Джо.*) Я обещала сделать Кэт прическу на этот вечер. Она уже причесалась?

К е л л е р. Постоянно с улыбкой, а, Лидия?

Л и д и я. Конечно, почему нет?

К е л л е р (*поднимаясь на веранду*). Поднимись, причеши мою Кэт.

Лидия поднимается на веранду.

У Кэт важный вечер, сделай ее красивой. (*У двери поворачивается к Крису и Анне внизу.*) Послушайте, это можно петь. (*Поет приятно, негромко.*) «Поднимись, причеши мою Кэт...»

Лидия входит в дверь раньше его.

К е л л е р. «Ведь она моя королева». (*Анне.*) Ну, как это для одного года вечерней школы? (*Входит, напевая.*) «Поднимись, причеши королеву мою...»

Он делает шаг в дверной проем, когда из подъездной аллеи выходит Д ж и м. Келлер ждет в дверях. Джим идет быстро, потом останавливается, вид у него взволнованный.

К р и с (*поскольку Джим ничего не говорит, только смотрит на них*). В чем дело? Где он?

Д ж и м. Где остальные?

К р и с. Наверху, одеваются.

А н н а. Что с Джорджем?

Д ж и м. Я попросил его подождать в машине. Послушай меня. (*Берет ее за руку, ведет к авансцене, подальше от дома, говорит негромко, взволнованно.*) Можешь принять совет?

Анна ждет.

Не приводи его сюда.

А н н а. Почему?

Д ж и м. У Кэт неважное состояние, нельзя оглашать все это перед ней.

А н н а. Что оглашать?

Д ж и м. Ты знаешь, почему он здесь, не пытайся отшутиться. Он в ярости, отвези его куда-нибудь и поговори с ним наедине.

К р и с (*потрясенный и рассерженный*). Не будь старухой.

Идет к подъездной аллее. Джим его останавливает.

Д ж и м. Он приехал, чтобы забрать ее домой. (*Встречается взглядом с Крисом.*) Что это значит? (*Поворачивается к Анне.*) Ты знаешь, что это значит. Разберись с ним где-нибудь в другом месте.

А н н а (*с неловкостью Крису*). Я отвезу его... куда-нибудь. (*Делает шаг в глубь сцены.*)

К р и с. Нет. (*Она останавливается.*)

Д ж и м. Перестанешь ты быть идиотом?

К р и с (*возмущенно*). Оставь! Никто его здесь не боится.

Он идет к подъездной аллее и останавливается, увидев входящего Д ж о р д ж а. Джордж — ровесник Криса, но более слабый, сейчас с трудом сдерживающийся. Говорит тихо, словно боится со-
рваться на крик. Секундное колебание, потом Крис подходит к нему,
протягивая руку и улыбаясь.

К р и с (*с напускной сердечностью*). Кто же так себя ведет!
Чего ты там сидел?

Д ж о р д ж. Доктор сказал, твоя мать неважно себя чувствует, и...

К р и с. Ну и что? Она захотела бы тебя увидеть, разве нет?
(*Ведет его к авансцене.*) Мы ждали тебя с полудня.

А н н а (*касается его воротничка*). Грязный, ты не захва-
тил другой рубашки?

С ь ю выходит из дома.

С ь ю. Джим, поедем на пляж?

Д ж и м. Слишком жарко, чтобы вести машину.

С ь ю. А на станцию ты летал на дирижабле?

К р и с. Сью, это брат Анны. Джордж — миссис Бейлис.

С ь ю (*пожимая ему руку*). Здравствуй.

Д ж о р д ж (*снимая шляпу*). Вы те люди, что купили наш
дом, так ведь?

С ь ю. Да. Зайди, посмотри перед отъездом, что мы с ним
сделали.

Д ж о р д ж. Мне он нравился такой, каким был.

С ь ю (*Анне*). Он откровенен, не так ли?

Д ж и м. Он жил здесь. (*Берет ее за руку.*) До встречи.
(*Джорджу, собираясь уходить со Сью.*) Не расстраивайся, приятель.

С ь ю и Д ж и м скрываются.

К р и с. Спасибо, что привез его! Выпьешь виноградного
сока? Мать приготовила его специально для тебя.

Д ж о р д ж (*с вымученной признательностью*). Добрая старая Кэт, вспомнила, что я его люблю.

Анна идет наливать сок.

К р и с. Ты немало попил его в этом доме. Как поживаешь, Джордж? Садись.

Д ж о р д ж (*отдуваясь, не переставая двигаться*). Сейчас. (*Осматривается.*) Это кажется невозможным.

К р и с. Что?

Д ж о р д ж. Я снова здесь.

К р и с. Послушай, ты что, нервничаешь?

Д ж о р д ж. Да, разнервничался к концу дня. Кто ты теперь, большой администратор?

К р и с. Нет, средний. Как закон?

Д ж о р д ж (*вымученно смеется*). Не знаю. Когда я занимался в госпитале, он казался разумным, но здесь как будто не особенно действует. Деревья стали толстыми, правда? (*Указывает на пенек.*) Что это?

К р и с. Сломалось ночью от ветра. Мы посадили его в память о Ларри. Сам понимаешь.

Д ж о р д ж. Зачем? Боитесь его забыть?

К р и с. Как это понимать?

А н н а (*вмешиваясь*). Когда ты начал носить шляпу? (*Подходит к нему со стаканом.*)

Д ж о р д ж (*замечает, что держит шляпу в руке*). Сегодня. (*Откровенно, с трудом сдерживая ярость.*) Отныне я решил выглядеть как адвокат. (*Поднимает шляпу, показывает Анне.*) Узнаешь ее?

А н н а. Почему? Где...

Д ж о р д ж. Это шляпа твоего отца. (*Бросает ее на стул.*) Он попросил меня носить ее.

А н н а (*по обязанности, но со страхом*). Как он?

Д ж о р д ж. Стал ниже. (*Смеется с закрытым ртом.*)

А н н а. Ниже?

Д ж о р д ж. Да, вот таким. (*Поднимает руку, показывая, какого роста отец.*) Он маленький человек. Вот что происходит с простофилями, понимаешь. Хорошо, что я вовремя поехал к нему — еще год, и от него бы ничего не осталось.

К р и с (*с вызывающей ноткой*). В чем дело, Джордж, в чем загвоздка?

Д ж о р д ж (*ставит стакан, на лице его появляется саркастическая усмешка*). Загвоздка? Загвоздка в том, что не стоит пытаться дважды сделать людей простофилями.

К р и с. Что это значит?

Д ж о р д ж (*Анне*). Ты еще не вышла замуж, так ведь?

А н н а (*испуганно*). Джордж, будь добр, сядь и перестань...

Д ж о р д ж. Ты еще не вышла замуж?

А н н а. Нет, еще не вышла.

Д ж о р д ж. За него ты не выйдешь.

А н н а (*возмущенно*). Почему я не выйду за него?

Д ж о р д ж. Потому что его отец разрушил твою семью.

Пауза. Анна не двигается.

К р и с. Послушай, Джордж...

Д ж о р д ж. Оставь, Крис. Скажи ей, пусть возвращается со мной в Нью-Йорк, ты знаешь, что я могу сказать.

К р и с. Джордж, ты хочешь быть гласом Божьим, а?

Д ж о р д ж. Я...

К р и с. Это всегда было твоей бедой, Джордж, ты во все уходил с головой. Что ты хочешь сказать? Ты теперь большой мальчик.

Д ж о р д ж (*словно говоря: «Ты прав, черт возьми!»*). Теперь я большой мальчик.

К р и с. Не надо грубить. Если тебе есть что сказать, скажи вежливо. Ты даже не поздоровался со мной.

Д ж о р д ж (*словно удивленный*). Не учи меня вежливости!

К р и с. Будешь ты говорить как взрослый или нет?

А н н а (*торопливо, чтобы предотвратить вспышку Джорджа*). Сядь, дорогой. Не злись, в чем дело?

Джордж позволяет Анне усадить себя, не сводя с нее взгляд.

Что случилось? Ты поцеловал меня, когда я уезжала, а теперь...

Д ж о р д ж (*тяжело дыша, только ей*). С тех пор моя жизнь перевернулась вверх тормашками. Когда ты уехала, я не мог вернуться на работу. Я захотел поехать к отцу, сказать ему, что ты выходишь замуж. Нельзя было не сказать. Он тебя очень любил. (*Краткая пауза.*) Анни... мы ужасно вели себя. Нам нет прощения. Мы даже не посылали отцу открытки на Рождество. Я не видел его с тех пор, как вернулся с войны! Анни, ты не знаешь, как с ним обошлись. Не знаешь, что произошло.

А н н а (*испуганно*). Почему? Знаю.

Д ж о р д ж. Ты не можешь знать, иначе бы здесь тебя не было. В тот день папа пошел на работу. Начальник ночной смены подошел к нему и показал головки цилиндров... они выходили с дефектами. С производственным процессом было что-то неладно. Папа тут же подошел к телефону, позвонил сюда и сказал Джо, чтобы он приезжал немедленно. Но утро прошло. Джо не появился. Папа позвонил снова. К этому времени там было больше сотни детективов. Армия настоятельно требовала продукцию, а папе было нечего отправлять. И Джо сказал ему... сказал по телефону, чтобы он заваривал трещины, заделывал их любым способом и отправлял головки.

К р и с. Ты все сказал?

Д ж о р д ж. Нет, еще не все! (*Анне.*) Папа боялся. Он не знал, не выйдут ли головки из строя в воздухе. Или их обнаружит армейский инспектор. Но Джо сказал ему, что не выйдут, и поклялся... поклялся ему по телефону, Анни, что если что-то случится, возьмет на себя всю ответственность. Однако папа все равно требовал, чтобы Джо приехал туда, раз он собирается заделывать трещины в головках. Но он не мог приехать... он заболел. Заболел! Внезапно у него появился грипп! Внезапно! Но он обещал взять на себя ответственность. Понимаешь, что я говорю? По телефону нельзя *возложить на себя* ответственность! В суде можно отрицать телефонный разговор, именно так Джо и сделал. В суде сперва понимали, что он лжец, но в апелляции поверили этой гнусной лжи, и вот теперь Джо большая шишка, а твой отец простофиля. (*Встает.*) Ну, что ты собираешься делать? Ответь мне, что: есть его еду, спать в его постели? Ты даже не посылала своему отцу открытки на Рождество, что ты собираешься делать теперь?

К р и с. Что собираешься делать *ты*, Джордж?

Д ж о р д ж. Он слишком ловок для меня, я не могу доказать, что такой телефонный разговор был.

К р и с (*поднимается*). Тогда как ты смеешь приезжать сюда с этим вздором?

А н н а. Джордж, суд...

Д ж о р д ж. Этот суд не знал твоего отца. Но ты его знаешь. Знаешь в глубине души, что Джо это сделал.

К р и с. Говори потише, а то я вышвырну тебя отсюда!

А н н а. Джордж, я знаю все, что ты сказал. Папа говорил все это на суде, и они...

Д ж о р д ж (*чуть не плача*). Анни, суд его не знал! (*Неторопливо поворачивается к Крису.*) Я спрошу тебя кое о чем, а ты, отвечая, смотри мне в глаза.

К р и с (*вызывающе*). Буду смотреть.

Д ж о р д ж. Ты знаешь своего отца...

К р и с (*с нарастающим страхом и оттого гневом*). Я прекрасно его знаю.

Д ж о р д ж. И он такой босс, что позволит отправить с завода сто двадцать одну отремонтированную головку цилиндра, даже не зная об этом?

К р и с. Он такой босс.

Д ж о р д ж. И это тот самый Джо Келлер, который не уходил с завода, не убедившись, что свет везде выключен?

К р и с (*с нарастающей яростью*). Тот самый Джо Келлер.

Д ж о р д ж. Тот человек, который знает, сколько минут в день его рабочие проводят в туалете?

К р и с. Тот человек.

Д ж о р д ж. А мой отец, этот испуганный мышонок, который ни разу самостоятельно не купил себе рубашки — этот человек посмел бы поступить так на свою ответственность?

К р и с. Он поступил так на свою ответственность. И поскольку он испуганный мышонок, сделал бы вот еще что: взвалил бы вину на другого, потому что у него недоставало мужества принять ее на себя. *Именно это* он сделал бы. Он пытался проделать это в суде, но у него ничего не вышло, однако с таким дураком, как ты, это выходит!

Д ж о р д ж. Крис, ты лжешь себе.

А н н а (*глубоко потрясенная*). Не говори так!

К р и с. Джордж, скажи мне, что произошло? Судебный протокол не вызывал у тебя сомнений все эти годы, почему же вызвал сейчас? Почему ты не сомневался в нем все это время?

Краткая пауза.

Д ж о р д ж. У меня не было причин в нем сомневаться. Кроме того, я думал, что ты в нем не сомневаешься. Это, знаешь ли, кое-что значило.

Крис не двигается.

Но сегодня я услышал это из его уст. В его устах это совсем не то, что в протоколе. Всякий, кто знает его и знает твоего отца, поверит ему. Твой отец обманул его. Отнял все, что у нас было. Я ничего не могу с этим поделать. Но с Анной могу. Она единственная, чего он не сможет присвоить. (*Поворачивается к Анне.*) Собирай свои вещи.

Анна неотрывно смотрит на него.

Д ж о р д ж. Все, что у них есть, окровавлено. Ты не та девушка, которая способна с этим жить.

Анна, озадаченная и удивленная, обращает взгляд на Криса.

К р и с. Анна... ты же не поверишь этому?

А н н а (*подходит к нему*). Ты ведь знаешь, что это неправда?

Д ж о р д ж. Разве он может тебе сказать? Это его отец.

А н н а (*гневно Джорджу*). Не надо, пожалуйста!

Д ж о р д ж. Анни, *он знает*...

К р и с. Глас Божий!

Д ж о р д ж. Тогда почему на заводе не твое имя? Объясни ей это.

К р и с. Черт возьми, какое это имеет отношение к...

Д ж о р д ж. Анни, пойми. Почему не его имя?

К р и с (*взбешенный*). Пусть даже им владею не я?

Д ж о р д ж. Кого ты дурачишь? Кому завод достанется, когда он умрет? (*Анне.*) Открой глаза, ты знаешь их обоих. Они же так любят друг друга, что первым делом должны были назвать его «Дж. О. Келлер и сын»!

Пауза. Анна переводит взгляд с него на Криса. Крис смотрит ей в лицо, ждет...

Тебе это ни разу не приходило в голову?

К р и с. Да, приходило. В голову может прийти что угодно!

Д ж о р д ж. Я все выясню. Хочешь выяснить это или боишься?

К р и с. Что... что ты собираешься делать?

Д ж о р д ж. Давай поднимусь, поговорю с твоим отцом. Через десять минут ты получишь ответ. Или ты боишься ответа?

К р и с. Я не боюсь ответа. Я знаю ответ. Но моя мать нездорова, и я не хочу здесь ссоры, а ты собираешься ссориться с ним.

Д ж о р д ж. Позволь мне пойти к нему.

К р и с. Ты не устроишь здесь ссоры.

Д ж о р д ж (*Анне*). Чего тебе еще нужно?

А н н а (*внезапно поворачивается лицом к дому. С опаской*). Кто-то идет.

К р и с (*бросает взгляд на дом. Негромко Джорджу*). Теперь не говори ничего.

А н н а. Не надо, Джордж. Ты скоро уедешь. Я вызову такси.

Д ж о р д ж. Ты поедешь со мной.

А н н а. Пожалуйста, предоставь это мне. И не упоминай о браке, мы ей пока ничего не говорили. Понял? Молчи... (*Видит в его глазах какой-то замысел. Встревоженно.*) Джордж, ничего не начинай!

М а т ь выходит на веранду. Она одета почти церемонно, волосы ее причесаны. Все поворачиваются к ней. Увидев Джорджа, она вскидывает руки, спускается к нему и говорит голосом, выражающим ее нездоровье и сочувствие к нему.

М а т ь. Джорджи, Джорджи. (*Останавливается перед ним.*)

Д ж о р д ж (*слегка сконфуженный — она всегда ему нравилась*). Здравствуйте, Кэт.

М а т ь (*берет в ладони его лицо*). Джорджи... Тебя сделали стариком. (*Касается его волос.*) Смотри, ты седой.

Д ж о р д ж (*ее сочувствие, открытое и беззастенчивое, глубоко трогает его, и он печально улыбается*). Знаю, я...

М а т ь (*грозит ему пальцем*). Я говорила тебе, когда ты уходил на войну — не добивайся наград.

Д ж о р д ж (*устало смеется*). Я не добивался, Кэт. Они мне очень легко достались.

М а т ь (*по-настоящему сердится*). Оставь. (*Имея в виду и Криса.*) Вы все одинаковы. (*Анне.*) Посмотри на него, почему ты сказала, что у него все отлично? Он похож на привидение.

Д ж о р д ж (*с удовольствием воспринимая ее заботу*). Я чувствую себя хорошо.

М а т ь. Прямо-таки жалость берет, глядя на тебя. Что с твоей матерью, почему она тебя не кормит?

А н н а. Просто у него нет аппетита.

М а т ь. В моем доме у него бы был аппетит.

Все смеются.

Мне жаль твоего мужа. (*Джорджу*.) Садись, я приготовлю тебе сандвич.

Д ж о р д ж (*берет ее за руку, со смущенным смехом*). Право, я не голоден.

М а т ь (*качая головой*). Ей-богу, у меня сердце разрывается при виде того, что сталось со всеми детьми. Как мы трудились и строили для вас планы, а ваша жизнь оказалась не лучше, чем у нас.

Д ж о р д ж (*с глубокой симпатией к ней*). Знаете, вы... вы не изменились, Кэт.

М а т ь. Никто из нас не изменился, Джорджи. Мы все тебя любим. Джо только что вспоминал тот день, когда ты родился, а у нас отключили воду. Люди носили тазы из соседнего квартала. (*Смеется.*) Посторонний бы решил, что горит весь квартал! (*Все смеются. Она видит сок. Анне.*) Почему ты не дала ему сока?

А н н а (*защищаясь*). Я предлагала.

М а т ь (*насмешливо*). Ты *предлагала*. (*Сует стакан в руку Джорджу.*) Дай! (*Смеющемуся Джорджу.*) Сядь, пей и... прими нормальный вид!

Д ж о р д ж (*садясь*). Кэт, я уже хочу есть.

К р и с (*гордо*). Она могла бы превратить Махатму Ганди в тяжеловеса.

М а т ь (*Крису, оживленно*). Послушай, к черту ресторан! У меня в холодильнике есть ветчина, замороженная клубника, авокадо и...

А н н а. Прекрасно, я вам помогу!

Д ж о р д ж. Анна, поезд отходит в восемь тридцать.

М а т ь (*Анне*). Ты уезжаешь?

К р и с. Нет, мама, она не...

А н н а (*перебивает его, быстро идя к Джорджу*). Ты только что приехал. Используй эту возможность познакомиться снова.

К р и с. Конечно, ты уже даже нас не знаешь.

М а т ь. Крис, если они не могут остаться, не...

К р и с. Нет, мама, это намерение Джорджа, он хотел...

Д ж о р д ж (*встает и вежливо, любезно — ради Кэт*). Минутку, Крис...

К р и с (*с улыбкой властно обрывает его*). Если хочешь уехать, я отвезу тебя на станцию, но если остаешься, никаких споров, пока ты здесь.

М а т ь (*наконец выказывая напряженность*). С какой стати ему спорить? (*Подходит к Джорджу. С отчаянием, властностью и сочувствием гладит его по волосам.*) У нас с Джорджи не может быть споров. Правда, Джорджи? Нас всех ударила одна молния, как ты можешь... Видел, Джорджи, что случилось с деревом Ларри? (*Берет его под руку, и он неохотно идет с ней к сломанному дереву.*) Представляешь? Когда я видела его во сне среди ночи, налетел ветер и...

На веранду выходит Л и д и я.

Л и д и я. Привет, Джорджи! (*Быстро спускается к нему. В руке у нее шляпка с цветами.*)

Д ж о р д ж (*они тепло обмениваются рукопожатием*). Привет, хохотушка. Что делаешь, растешь?

Л и д и я. Я уже большая девочка.

М а т ь (*берет у нее шляпку*). Посмотри, что она может сделать со шляпкой!

А н н а (*Лидии, восхищаясь шляпкой*). Это ты сделала?

М а т ь. За десять минут! (*Надевает шляпку.*)

Л и д и я (*поправляя на ней шляпку*). Я только привела ее в порядок.

Д ж о р д ж. По-прежнему сама шьешь себе одежду?

К р и с (*о Матери*). Классно выглядит. Ей только недостает волкодава.

Л и д и я. Ты работаешь в одном из этих больших небоскребов?

М а т ь (*поводя головой вправо-влево*). Такое ощущение, будто кто-то на мне сидит.

А н н а. Кэт, она красивая.

М а т ь (*целует Лидию. Джорджу*). Она гений! *Тебе* нужно было жениться на ней.

Все смеются.

Она могла бы тебя *кормить!*

Л и д и я (*со странным смущением*). Перестаньте, Кэт.

Д ж о р д ж (*Лидии*). Я слышал, у тебя ребенок?

М а т ь. Ты плохо слушал. У нее трое детей.

Д ж о р д ж (*слегка уязвленный этим, Лидии*). Правда трое?

Л и д и я. Да, появились один за другим. Тебя, Джорджи, долго здесь не было.

Д ж о р д ж. Начинаю понимать.

М а т ь (*Крису и Джорджу*). Беда с вами, ребята, вы слишком много *думаете*.

Все смеются.

Л и д и я. Ну, мы тоже думаем.

М а т ь (*шлепает Лидию по заду*). Да, но не все время.

Д ж о р д ж (*с почти откровенной завистью*). Фрэнка не брали в армию, да?

Л и д и я (*слегка оправдываясь*). Нет, нет, он всегда был на год старше призывного возраста.

М а т ь. Поразительно. Когда призывали двадцатисемилетних, Фрэнку было двадцать восемь, когда стали призывать двадцативосьмилетних, ему исполнилось двадцать девять. Вот почему он увлекся астрологией. Все зависит от того, когда ты родился, это все решает.

К р и с. Что это решает?

М а т ь (*Крису*). Не будь таким умным. Некоторые суеверия очень приятны! (*Лидии.*) Он закончил составлять гороскоп Ларри?

Л и д и я. Сейчас спрошу. Я иду домой. (*Джорджу, слегка печально, почти смущенно.*) Хочешь взглянуть на моих малышей? Пошли.

Д ж о р д ж. Нет, Лидия.

Краткая пауза.

Л и д и я (*понимая*). Хорошо. Удачи тебе, Джордж.

Д ж о р д ж. Спасибо. Того же тебе... и Фрэнку.

Л и д и я улыбается ему, поворачивается и идет вправо, к своему дому. Джордж стоит, глядя в ту сторону.

М а т ь (*прочитав его мысли*). Она стала хорошенькой, правда?

Д ж о р д ж (*печально*). Очень хорошенькой.

М а т ь (*тоном выговора*). Она красивая, недотепа.

Д ж о р д ж (*тоскливо оглядываясь, негромко, слегка прерывающимся голосом*). Благодаря ей здесь так замечательно. (*Медленно идет по сцене, опустив взгляд.*)

М а т ь (*грозит ему пальцем, чуть не плача*). Видишь, что сталось с тобой, потому что ты меня не слушал. Я говорила тебе, чтобы ты женился на этой девушке и не ходил на эту проклятую войну!

Д ж о р д ж (*потешается над собой*). Она слишком много смеялась.

М а т ь. А ты слишком мало. Пока ты сражался с фашизмом, Фрэнк ложился к ней в постель.

Д ж о р д ж (*с горькой улыбкой Крису*). Фрэнк выиграл эту войну.

К р и с. Все сражения.

М а т ь (*в том же духе*). Джорджи, в тот день, когда начался призыв, я сказала тебе, что ты любишь эту девушку.

К р и с (*смеется*). И более верной любви не было.

Д ж о р д ж (*смеется*). Она замечательная.

М а т ь. Я поумнее всех вас, и теперь, Джордж, ты меня послушаешь. У вас были слишком благородные принципы, трое орлов-скаутов*, и вот теперь у меня сломано дерево, а он (*о Крисе*) в дурную погоду не может стоять на ногах. (*Указывает на дом Лидии.*) А этот болван сосед, ничего не читавший, кроме Энди Гампа**, обзавелся тремя детьми и окончательно расплатился за дом. Перестань быть философом. Заботься *о себе*. Как только что сказал Джо — возвращайся сюда, он поможет тебе устроиться, а я найду тебе девушку, и на лице у тебя появится улыбка.

Д ж о р д ж. Джо? Джо хочет, чтобы я сюда вернулся?

А н н а (*оживленно*). Он просил меня сказать тебе, и, думаю, это хорошая мысль.

М а т ь. Конечно. Почему тебе нужно воображать, что ты нас ненавидишь? Это новый принцип? У тебя в сердце, Джордж, нет к нам ненависти. Я знаю, меня не проведешь, я пеленала тебя. (*Неожиданно Анне.*) Помнишь дочь мистера Марси?

А н н а (*со смехом*). Она уже поймала тебя на удочку!

> Джордж тоже смеется, он взволнован.

М а т ь. Посмотри на нее, Джордж, увидишь, что она очень красивая...

К р и с. Джордж, у нее бородавки.

М а т ь (*Крису*). У нее нет бородавок! (*Джорджу.*) У этой девушки маленькая родинка на подбородке...

К р и с. И две на носу.

М а т ь. Перестанешь ты?.. (*Словно это уничтожит бородавки — Джорджу.*) Ты помнишь, ее отец инспектор полиции в отставке?

К р и с. Сержант, Джордж. Он похож на гориллу.

---

* Орел-скаут — скаут, получивший высший разряд.
** Энди Гамп — популярный в 1920-х гг. в США карикатурный персонаж, созданный художником Сиднеем Смитом.

М а т ь. Это очень добрый человек! (*Джорджу.*) Он ни разу ни в кого не стрелял!

Все разражаются смехом, на веранду выходит К е л л е р.

К е л л е р (*с его появлением смех прекращается. Он спускается, говорит с напускной веселостью*). Вот это да! Смотри, кто здесь. (*Протягивает руку для пожатия.*) Джорджи, рад тебя видеть.

Д ж о р д ж (*пожимает ему руку, мрачно*). Как поживаете, Джо?

К е л л е р. Так себе. Старею. Поедешь с нами на ужин?

Д ж о р д ж. Нет, нужно возвращаться в Нью-Йорк.

А н н а. Я вызову тебе такси. (*Поднимается на веранду и входит в дом.*)

К е л л е р. Жаль, Джордж, что не можешь остаться. Садись. (*Обращается к Кэт.*) Он замечательно выглядит.

М а т ь. Он выглядит ужасно.

К е л л е р. Я так и сказал, Джордж, ты ужасно выглядишь.

Все смеются.

Я ношу брюки, а она бьет меня ремнем.

Д ж о р д ж. Я видел ваш завод по пути со станции. Выглядит как «Дженерал моторс».

К е л л е р. К сожалению, Джордж, это не «Дженерал моторс». (*Непринужденно забрасывает ногу на ногу.*) Я слышал, ты наконец съездил проведать отца.

Д ж о р д ж. Да, сегодня утром. Что вы теперь выпускаете?

К е л л е р. О, всего понемногу. Скороварки, агрегаты для стиральных машин. Сейчас это хорошее, гибкое производство. Ну, и как ты нашел отца? Он здоров?

Д ж о р д ж (*изучая Келлера, нерешительно*). Нет, Джо, нездоров.

К е л л е р. Неужели снова сердце?

Д ж о р д ж. Все, Джо. Дело в его душе.

К р и с (*начиная подниматься*). Может, посмотришь, что они сделали с вашим домом?

К е л л е р. Оставь его.

Д ж о р д ж. Я хочу с ним поговорить.

К е л л е р. Конечно, он только что приехал. Вот так, Джордж, они поступают. Маленький человек совершит ошибку, с ним расправляются; большие становятся послами. Жаль, ты не сказал мне, что едешь проведать отца.

Д ж о р д ж (*изучая его*). Не знал, что вам будет интересно.

К е л л е р. В определенном смысле интересно. Джордж, я хочу, чтобы он знал — насколько это касается меня, он в любое время может получить у меня место. Хочу, чтобы он это знал.

Д ж о р д ж (*глядя на Мать*). Джо, он вас ненавидит. Неужели вы не знаете?

К е л л е р. Я... предполагал. Но это можно изменить.

М а т ь. Херб никогда таким не был.

Д ж о р д ж. Теперь он такой. Хотел бы каждого, кто нажился на этой войне, поставить к стенке.

К е л л е р. Ему потребуется много патронов.

Д ж о р д ж. И ему лучше не получать ни одного.

К е л л е р. Это печально слышать.

Д ж о р д ж (*теперь с нескрываемой горечью*). Почему? Какого отношения вы от него ждали?

К е л л е р (*властно, но владея собой*). Кое-что может быть печальным, даже если этого ожидаешь. Я этого ожидал, потому что знаю твоего отца. И мне печально видеть, что он не изменился. (*Встает.*) Меня это печалило все время, сколько я знаю его, двадцать пять лет. Он не способен принимать на себя вину. Ты это знаешь, Джордж.

Д ж о р д ж (*он знает*). Ну, я...

К е л л е р. Но ты это знаешь. Ты приехал сюда с таким видом, будто не помнишь этого. В тридцать седьмом году у нас был завод на Флад-стрит. И он едва не взорвал всех нас тем водонагревателем, который оставил гореть два дня без воды. Он не признавал в этом своей вины, мне пришлось уволить одного механика, чтобы сохранить его репутацию. Ты это помнишь?

Д ж о р д ж. Да, но...

К е л л е р. Я просто упомянул об этом, Джордж. Это один случай из многих. Так, он дал Фрэнку деньги, чтобы тот приобрел ему нефтяные акции.

Д ж о р д ж (*расстроенный*). Я знаю это, я...

К е л л е р (*настойчиво, но сдержанно*). Такие вещи полезно помнить, малыш. Как он ругал Фрэнка, потому что стоимость этих акций пошла вниз. Разве Фрэнк был в этом виноват? По его словам, Фрэнк был мошенником. А этот человек просто дал ему неверный совет.

Д ж о р д ж (*встает, отходит*). Я знаю эти случаи...

К е л л е р. Тогда помни о них, помни.

А н н а выходит из дома, останавливается, а Келлер продолжает.

На свете есть люди, которые готовы свалить на всех свою вину. Ты меня понимаешь, Джордж?

Они стоят лицом к лицу, Джордж старается составить о нем мнение.

А н н а (*идет к авансцене*). Такси выехало. Хочешь умыться?

М а т ь (*напористо, с надеждой*). Зачем ему уезжать? Джордж, останься до полуночи.

К е л л е р. Конечно, поужинаешь с нами.

А н н а. Что скажешь? Почему бы нет? Мы ужинаем на берегу озера, могли бы прекрасно провести время.

Д ж о р д ж (*смотрит на Келлера, потом снова на нее*). Ладно. (*Матери.*) А Лидия... то есть Лидия и Фрэнк едут?

М а т ь. Я найду тебе такую девушку, по сравнению с которой она будет...

Идет в глубь сцены.

Д ж о р д ж (*смеется*). Нет, не нужно девушки.

К р и с. Я знаю одну в самый раз для тебя! (*Матери.*) Шарлотта Тэннер!

М а т ь. Конечно, позвони ей!

К р и с уходит.

(*Джорджу.*) Поднимись наверх, выбери рубашку и галстук!

Д ж о р д ж (*все замолкают при его внезапном волнении. Он оглядывает их, двор*). Я чувствовал себя дома... только здесь. Чувствую себя так... (*Чуть не смеется и отворачивается от них.*) Кэт, вы выглядите такой молодой, знаете? Вы совершенно не изменились. Это... пробуждает старые воспоминания. (*Поворачивается к Джо.*) И вы, Джо, вы поразительно прежний. Вся атмосфера прежняя.

К е л л е р. Знаешь, у меня нет времени болеть.

М а т ь. Он не болел уже пятнадцать лет.

К е л л е р (*поспешно*). Если не считать гриппа во время войны.

М а т ь. А?

К е л л е р. Грипп, когда я заболел во время...

М а т ь (*поспешно*). Да, конечно... (*Джорджу.*) Я имею в виду, кроме того гриппа.

Пауза. Джордж стоит не двигаясь.

(*С легким отчаянием.*) Джордж, я совершенно забыла об этом.

Джордж не шевелится.

М а т ь. Он так редко болеет, что у меня совсем вылетело из головы. Я думала, у него воспаление легких, он не мог подняться с кровати.

Д ж о р д ж. Почему вы сказали, что он никогда...

К е л л е р. Малыш, я понимаю твои чувства, но я ничего не мог поделать. Я никогда себе не прощу, потому что если бы смог поехать на завод в тот день, то не позволил бы твоему отцу прикасаться к этим головкам.

Д ж о р д ж. Она сказала, вы никогда не болели.

М а т ь. Я сказала, что он *был* болен!

Д ж о р д ж (*Анне*). Ты не слышала, как она сказала...

М а т ь. Ты помнишь все случаи, когда был болен?

Д ж о р д ж. Я бы запомнил воспаление легких...

А н н а. Перестань, Джордж!

Д ж о р д ж. Особенно если бы заболел в тот день, когда мой партнер должен был отправлять эти головки цилиндров! Джо, что случилось в тот день?

Мать видит Ф р э н к а, входящего во двор с листом бумаги.

М а т ь. Фрэнк! Ты видел Джорджа?

Ф р э н к (*протягивая руку для пожатия*). Лидия сказала мне, я рад... (*Умолкает в волнении.*) Тебе придется простить меня, Кэт, у меня есть для вас нечто поразительное. Я закончил составлять гороскоп Ларри.

М а т ь (*с отчаянием*). Джордж, тебе это будет интересно! (*Подводит Джорджа к Фрэнку, Джордж неотрывно глядит на Келлера.*) Просто поразительно, как он способен понимать...

К р и с выходит из дома.

К р и с. Джордж, Шарлотта на проводе, пойди, поговори с ней. (*Замечает внезапную напряженность.*) В чем...

М а т ь (*Крису*). Он закончил составлять гороскоп Ларри!

Ф р э н к. Послушайте! Это поразительно!

А н н а (*Крису*). По-моему, Джордж не хочет уезжать.

Д ж о р д ж. По-твоему, *я* не хочу уезжать!

А н н а (*идет к Крису, обращается к Джорджу*). Дай мне поговорить с ним наедине.

К р и с. Что тут произошло?

М а т ь. Ничего, ничего! (*Торопливо Фрэнку.*) Что ты выяснил?

Ф р э н к. Ларри жив! Вот смотрите, видите Млечный Путь...

К р и с. Перестань забивать ей голову этой чепухой!

Ф р э н к. Разве чепуха сознавать, что есть более высшая сила, чем мы?

М а т ь. Послушайте его! Может, измените свое мнение о некоторых вещах. (*Анне.*) Вы оба!

Д ж о р д ж (*Анне*). Понимаешь, что она тебе говорит?

К р и с. Что она ей говорит? (*Матери.*) Что ты ей сказала?

М а т ь (*о Фрэнке, пропустив вопрос сына мимо ушей*). Крис, он может быть прав!

К р и с. Фрэнк, кончай эту ерунду.

Ф р э н к. Крис, я изучал звезды его жизни и не собираюсь с тобой спорить. Послушай. Сообщили, что он пропал без вести девятого февраля, но девятого февраля его благоприятный день! Можешь смеяться над этим сколько угодно, я понимаю, что ты смеешься. Но шансы составляют миллион к одному, что человек не погибнет в свой благоприятный день. Это известно, Крис, это известно! Где-то в этом мире твой брат жив!

М а т ь. Почему это невозможно? Может, ты с ней совершаешь ужасный поступок!

С улицы доносится гудок клаксона.

О, это их такси. Фрэнк, скажи водителю, чтобы он подождал. А потом я поговорю с тобой.

Ф р э н к. Конечно.

Ф р э н к бежит рысцой по подъездной аллее.

М а т ь (*кричит ему вслед*). Водитель, они сейчас выйдут!

К р и с. Мама, она не уезжает.

Д ж о р д ж (*Анне*). Она велела тебе уезжать, собирай вещи.

К р и с. Никто не может велеть, чтобы она уезжала.

Д ж о р д ж. Моя дорогая сестра, она велела тебе уезжать! Чего ты ждешь? Он никогда не болел...

М а т ь. Я этого не говорила!

Д ж о р д ж. ...Он просто велел твоему отцу убить летчиков и спрятался в постели!

К р и с (*матери*). Что это значит?

М а т ь. У меня просто из головы вылетело, что папа...

А н н а (*перебивая ее, Джорджу*). Уезжай, я хочу поговорить с Крисом наедине.

Д ж о р д ж. Но она велела тебе уезжать!

А н н а. Я... я не могу уехать.

Д ж о р д ж. Но, Анни!

А н н а. Нет... (*О Крисе.*) Джордж, это может сказать мне только он.

М а т ь. Я уложила твои вещи, дорогая...

К р и с (*потрясенный*). Что?

М а т ь. Я уложила твой чемодан, тебе нужно только закрыть его.

А н н а (*чуть не плача*). Я не буду ничего закрывать. Он пригласил меня сюда, и я останусь здесь, пока он не скажет, чтобы я уезжала. Пока не скажет он!

М а т ь (*о Джордже*). Но если он так считает...

К р и с (*внезапно вспыхивая*). Хватит! Ни слова больше до второго пришествия Христа о деле или о Ларри. Ни слова, пока я здесь!

Анна подталкивает Джорджа к подъездной аллее.

Д ж о р д ж. Скажи им «нет», Анни, кто-то должен сказать им «нет»...

А н н а (*упрашивая, но подталкивает его, пытаясь утешить*). Пожалуйста, дорогой, пожалуйста... Не надо, Джордж, ты не должен плакать, пожалуйста...

О н и уходят по подъездной аллее. Крис поворачивается к матери.

К р и с. Как это ты уложила ее вещи? Как ты смела укладывать ее вещи?

М а т ь (*всхлипывая, протягивает к нему руки*). Крис...

К р и с (*отвергая объятия Матери*). Как ты смела укладывать ее вещи?

М а т ь. Ей здесь не место.

К р и с. Тогда и мне здесь не место.

М а т ь. Она девушка Ларри, она девушка Ларри.

К р и с. А я его брат, и он мертв, и я женюсь на его девушке.

М а т ь. Никогда, ни за что!

К е л л е р. Ты сошла с ума?

М а т ь (*яростно, указывая пальцем в лицо Келлера*). Тебе нечего сказать!

К е л л е р (*бессердечно*). У меня есть много чего сказать! Три с половиной года ты твердишь одно и то же, как помешанная, а я...

М а т ь (*бьет его по лицу. Все останавливается. Ее дрожащая рука остается на весу. Она шепчет*). Нет. Тебе нечего сказать. Теперь я говорю. Он возвращается. Он уже в пути. На судне. Или в самолете. Он приедет и скажет: «Привет». И тогда у нас будет свадьба, дорогой; он позовет ее, и она приедет. Мой мальчик на пути домой, на долгом пути домой, и мы... все мы должны ждать.

К р и с (*готовый заплакать*). Мама, дорогая мама...

М а т ь (*покачивая головой, категорично*). Ждать, ждать...

К р и с. Сколько? Сколько?

М а т ь (*отчетливо, громко*). Пока он не приедет, во веки веков, пока он не приедет. Он жив, дорогой, пока все мы не ляжем в землю, пока все не умрем.

К р и с (*в ультимативной форме*). Мама, я доведу начатое до конца.

М а т ь. Крис, я в жизни ничего тебе не запрещала, но теперь говорю — нет!

К р и с. Ты не простишься с ним, пока я это не сделаю.

М а т ь. Я никогда с ним не прощусь, и ты никогда не простишься!..

К р и с. Я простился с ним давным...

М а т ь (*с той же силой, но отворачиваясь от него*). Тогда простись с отцом.

Пауза. Крис стоит в потрясении.

К е л л е р (*негромко*). Она спятила.

М а т ь. Совершенно! (*Крису, но не глядя на них.*) Простись и с ним. Это возможно? Тогда этот мальчик жив. Бог такого не допускает, этот мальчик жив. (*Поворачивается к Крису.*) Теперь понимаешь меня? Пока ты живешь на свете, этот мальчик жив. (*Разражается рыданиями.*) Понимаешь меня? (*Потеряв самообладание, быстро уходит в дом.*)

Крис стоит не шевелясь.

К е л л е р (*говорит вкрадчиво, вопросительно*). Она спятила.

К р и с (*прерывистым шепотом*). Значит... это сделал ты?

К е л л е р (*в его голосе начинает звучать просьба*). Он никогда не летал на Р-40.

К р и с. Но летали другие.

К е л л е р (*настойчиво*). Она спятила. (*Просительно делает шаг к Крису.*)

К р и с (*упорно*). Папа... ты это сделал?

К е л л е р. Он никогда не летал на Р-40, что это с тобой?

К р и с (*по-прежнему спрашивая и утверждая*). Значит, это сделал ты. Другим.

К е л л е р (*боясь Криса, его твердой настойчивости*). Что это с тобой? (*Нервно подходит ближе к нему и видит в его глазах бешенство.*) Что с тобой, черт возьми?

К р и с (*негромко, удивленно*). Как... как ты мог это сделать?

К е л л е р (*потерпевший поражение, вскидывает кулаки*). Что с тобой?

К р и с (*его гнев начинает идти на убыль*). Папа... папа, ты убил двадцать одного человека.

К е л л е р. Как это убил?

К р и с. Ты убил их, угробил.

К е л л е р (*словно раскрывая душу перед Крисом*). Как я мог кого-то убить?

К р и с. Папа! Папа!

К е л л е р (*пытаясь утихомирить его*). Я никого не убивал!

К р и с. Тогда объясни мне, что ты сделал? Объясни, или я разорву тебя на куски! Что ты сделал в таком случае? Что сделал? Скажи, что. Что ты сделал?

К е л л е р (*испуганный его ошеломляющей яростью*). Не надо, Крис, не надо...

К р и с. Я хочу знать, что ты сделал, так что же? У тебя была сто двадцать одна треснувшая головка цилиндров, так что ты сделал?

К е л л е р. Если хочешь ударить меня, то я...

К р и с. Я слушаю, Господи, я слушаю!

Их движения напоминают преследование и бегство. Келлер, говоря, держится в шаге от досягаемости Криса.

К е л л е р. Мальчишка, что я мог поделать? Я в бизнесе, человек в бизнесе: сто двадцать одна треснувшая головка, ты оказываешься не у дел. У тебя есть производственный процесс, он барахлит, ты оказываешься не у дел, ты не умеешь управлять, твои изделия бракованные, твой завод закрывают, разрывают с тобой договоры, что им до этого, черт возьми? Ты сорок лет в бизнесе, а тебя закрывают за пять минут... Что я мог поделать, позволить им бросить псу под хвост сорок лет, бросить псу под хвост мою жизнь? (*Голос его ломается.*) Я не думал, что установят эти головки. Клянусь Богом. Думал, их забракуют до того, как кто-то взлетит.

К р и с. Тогда почему ты их отправил?

К е л л е р. К тому времени, когда могли заметить трещины, я думал, что смогу наладить процесс, показать, что я нужен, и это сойдет мне с рук. Но шли недели, я не получал рекламаций и собирался сообщить о трещинах.

К р и с. Тогда почему не сообщил?

К е л л е р. Было слишком поздно. В газете напечатали на первой странице, что разбился двадцать один самолет, было слишком поздно. На завод явились с наручниками, что я мог поделать? (*Плача, подходит к Крису.*) Крис... Крис, я сделал это ради тебя, это был риск, и я пошел на него ради тебя. Мне шестьдесят один год, когда у меня еще появится возможность сделать для тебя что-то? В этом возрасте новых возможностей не появляется, так ведь?

К р и с. Ты даже знал, что головки не выдержат в воздухе.

К е л л е р. Я этого не говорил...

К р и с. Однако ты собирался предупредить, чтобы их не использовали...

К е л л е р. Но это не значит...

К р и с. Это значит, ты знал, что самолеты разобьются.

К е л л е р. Нет.

К р и с. Значит, *думал,* что разобьются.

К е л л е р. Я боялся, что может...

К р и с. Боялся, что может! Боже Всемогущий, что ты за человек? Ребята держались в воздухе этими головками. Ты знал это!

К е л л е р. Ради тебя, чтобы сохранить бизнес для тебя!

К р и с (*со жгучей яростью*). Для меня! Где ты живешь, откуда ты взялся? Для меня! Я погибал каждый день, а ты убивал моих ребят и делал это для меня? Я так гордился тем, что ты помогал нам одержать победу, а ты делал это для меня? Черт возьми, по-твоему, я думал об этом проклятом бизнесе? Неужели твой кругозор ограничен бизнесом? Что, весь мир для тебя — это твой бизнес? Из чего ты состоишь, из долларовых купюр? Как понять, черт возьми, что ты сделал это ради меня? У тебя нет страны? Ты не живешь в этом мире? Что ты, черт возьми, собой представляешь? Ты даже не животное, животные не убивают себе подобных, кто ты? Что я должен с тобой сделать? Вырвать бы язык у тебя изо рта, что я должен делать?

Он плачет и начинает бить кулаком по плечу отца, Келлер тоже стоит и плачет.

(*При каждом ударе.*) Что? Что! Что! Что! (*Спотыкаясь, отходит, закрывает лицо руками и плачет.*) Что я должен делать, Господи, что я должен делать?

Он валится на стул и плачет. Келлер слабо поднимает руку и подходит к нему, плача.

К е л л е р. Крис... Мой Крис...

Занавес.

ДЕЙСТВИЕ ТРЕТЬЕ

Та же сцена. Два часа ночи. Когда занавес поднимается, появляется М а т ь, она слегка раскачивается на стуле, глядя прямо перед собой, думает. В спальне наверху виден свет, в окнах нижнего этажа темно. Полная луна льет голубоватый свет. К е л л е р стоит в дверях веранды, глядя в ночь.

Вскоре слева появляется Д ж и м, на нем пиджак и шляпа, замечает Келлера, подходит к матери.

Д ж и м. Есть какие-то новости?

М а т ь. Никаких новостей.

Д ж и м (*бросает на нее взгляд, садится рядом и берет ее за руку*). Дорогая, нельзя сидеть всю ночь, почему не ложитесь спать?

М а т ь. Я жду Криса. (*Отнимает руку.*) Не беспокойся обо мне, Джим, я совершенно здорова.

Д ж и м. Но уже почти два часа.

М а т ь. Значит, два часа. Я не могу спать. (*Краткая пауза.*) У тебя был срочный вызов?

Д ж и м (*устало*). У одного человека заболела голова, и он решил, что умирает. (*Краткая пауза.*) Половина моих пациентов совершенно безумна. Никто не осознает, сколько вокруг помешанных. Деньги. Деньги-деньги-деньги-деньги. Если долго твердить это слово, оно теряет всякий смысл.

Мать улыбается, издает беззвучный смешок.

Как жаль, что меня не было здесь, когда это произошло.

М а т ь (*покачивает головой*). Не о чем жалеть. Джим, ты иногда бываешь очень ребячлив!

К е л л е р скрывается в доме.

Д ж и м (*смотрит на нее несколько секунд*). Кэт. (*Пауза.*) Что произошло?

М а т ь. Я сказала тебе. Он поспорил с Джо. Потом сел в машину и уехал.

Д ж и м. Что у них был за спор?

М а т ь. Просто спор. Джо... плакал, как ребенок.

Д ж и м. Они спорили из-за Анны?

М а т ь (*слегка колеблется*). Нет, не из-за Анны. Представляешь? (*Указывает на освещенное окно наверху.*) После того как Крис уехал, она не выходила из этой комнаты. Всю ночь в этой комнате.

Д ж и м (*смотрит на окно, потом на нее*). Что сделал Джо, что сказал ему?

М а т ь (*перестает качаться*). Что сказал?

Д ж и м. Не бойся, Кэт. Я знаю. Я всегда знал.

М а т ь. Откуда?

Д ж и м. Давно сообразил.

Пауза.

М а т ь. Мне всегда казалось, что в глубине души Крис... догадывался. Не думала, что это будет для него таким потрясением.

Д ж и м (*встает*). Вы не знаете своего сына. Крис не знал бы, как жить с таким сознанием. Требуется своего рода талант... для лжи. Он есть у вас, есть у меня. А у него нет.

М а т ь. Что ты хочешь сказать — он не вернется?

Д ж и м. О нет, вернется. Мы все возвращаемся, Кэт. Эти маленькие личные революции всегда заканчиваются. Всегда достигается компромисс. Странным образом. Фрэнк прав — у каждого человека есть звезда. Звезда его честности. И ты проводишь всю жизнь в ее поисках, но если она погасла, то никогда не вспыхнет снова. Не думаю, что Крис уехал очень далеко. Возможно, он хотел побыть один, понаблюдать, как его звезда гаснет.

М а т ь. Только бы он вернулся.

Д ж и м. Кэт, я бы хотел, чтобы он не возвращался. Однажды я просто сорвался с места, поехал в Новый Орлеан, жил два месяца на молоке и бананах, изучал одну болезнь. Это было прекрасно. Потом приехала Сью, она плакала. Я вернулся домой вместе с ней. И теперь живу в обычном мраке. Я не могу найти себя, иногда даже трудно вспомнить, каким человеком я хотел быть. Я хороший муж, Крис хороший сын — он вернется.

К е л л е р выходит на веранду.

(*Идя в глубь сцены — Кэт.*) Мне кажется, он в парке. Пойду поищу его. Джо, уложите ее в постель, при ее состоянии здоровья сидеть вот так вредно. (*Уходит по подъездной аллее.*)

К е л л е р (*спускаясь*). Что ему здесь нужно?

М а т ь. Его друга нет дома.

К е л л е р (*голос у него хриплый. Подходит к ней*). Мне не нравится, что он так вмешивается в наши дела.

М а т ь. Поздно, Джо. Он знает.

К е л л е р (*со страхом*). Откуда?

М а т ь. Давно догадался.

К е л л е р. Мне это не нравится.

М а т ь (*угрожающе смеется, негромко, в тон ему*). То, что тебе не нравится...

К е л л е р. Да, то, что мне не нравится.

М а т ь. Тебе не пробиться через это, Джо, тебе нужно быть ловким. Это еще не окончено.

К е л л е р (*указывая на светящееся окно наверху*). А что она там делает? Она не выходит из комнаты.

М а т ь. Не знаю что. Сядь, перестань злиться. Хочешь жить? Нужно обдумать свою жизнь.

К е л л е р. Она не знает, так ведь?

М а т ь. Она видела, как Крис умчался отсюда. Ей нетрудно догадаться.

К е л л е р. Может, мне поговорить с ней?

М а т ь. Не спрашивай меня, Джо.

К е л л е р (*почти вспыльчиво*). Тогда кого же мне спрашивать?

Мать молчит.

(*Ища подтверждения.*) Думаю, она ничего не станет предпринимать в связи с этим.

М а т ь. Ты снова меня спрашиваешь?

К е л л е р. Спрашиваю! Я что, чужой? (*Краткая пауза. Он ходит.*) Я думал, у меня есть семья. Что случилось, черт возьми, с моей семьей?

М а т ь. У тебя есть семья. Я только говорю тебе, что у меня больше нет сил думать.

К е л л е р. У тебя нет сил. Как только возникает неприятность, у тебя нет сил!

М а т ь. Джо, ты поступаешь, как всегда. Всю жизнь, как только возникает неприятность, ты кричишь на меня и думаешь, что таким образом все уладится.

К е л л е р. Так что же мне делать? Поговори со мной, скажи, что мне делать?

М а т ь. Джо... я об этом думала. Если он вернется...

К е л л е р. Он вернется, что значит «если»?.. Он вернется, и что мне делать?

М а т ь. Думаю, тебе нужно усадить его и... объясниться. Пусть ему станет ясно — ты *знаешь,* что совершил ужасный поступок. (*Не глядя ему в глаза.*) Он должен увидеть — ты осознаешь, что сделал. Понимаешь?

К е л л е р. И что это даст?

М а т ь (*с легким страхом*). Скажи ему — ты готов искупить то, что сделал.

К е л л е р (*понимая... негромко*). Как я могу это искупить?

М а т ь (*встает, нервно*). Скажи... ты готов сесть в тюрьму.

Пауза.

К е л л е р (*в изумлении, гневно*). Я готов...

М а т ь (*поспешно*). Ты не пойдешь в тюрьму, он этого не потребует. Но если скажешь, что хочешь понести наказание, если он поймет, что ты хочешь поплатиться, может, он простит тебя.

К е л л е р (*ей, словно она говорила не только о Крисе, но и о себе*). Он простит меня! За что?

М а т ь (*отходя в сторону*). Джо, ты знаешь, что я имею в виду.

К е л л е р. Не знаю! Вам были нужны деньги, я делал деньги. За что меня нужно прощать? Ты хотела денег, разве нет?

М а т ь. Я не хотела их таким образом.

К е л л е р. Я тоже не хотел их таким образом! Какая разница, чего ты хочешь? Я избаловал вас обоих. Нужно было выставить его из дома, когда ему исполнилось десять лет, как выставили меня, заставить самого зарабатывать на жизнь. Тогда бы он знал, как достается в этом мире доллар. Простить! Сам я мог бы жить на двадцать пять центов в день, но у меня есть семья, поэтому...

М а т ь. Джо, Джо... то, что ты сделал это ради семьи, не оправдывает сделанного.

К е л л е р. Должно оправдывать!

М а т ь. Для него есть нечто более важное, чем семья.

К е л л е р. Нет ничего более важного!

М а т ь. Для него есть.

К е л л е р. Я мог бы простить ему все, что угодно. Потому что он мой сын. Потому что я его отец, а он мой сын.

М а т ь. Джо, я говорю тебе...

К е л л е р. Нет ничего более важного. И ты скажешь ему это, понимаешь? Я его отец, он мой сын, и если есть что-то более важное, я пущу себе пулю в лоб!

М а т ь. Перестань!

К е л л е р. Ты меня слышала. Теперь знаешь, что ему сказать. (*Пауза. Он отходит от нее — останавливается.*) Но он не упрячет меня в тюрьму... Он не сделает этого... Правда?

М а т ь. Он любил тебя, Джо, ты разбил ему сердце.

К е л л е р. Но посадить меня...

М а т ь. Не знаю. Я начинаю думать, что мы, в сущности, не знаем его. Говорят, на войне он много убивал. Здесь он всегда боялся мыши. Я не знаю его. Не знаю, как он поступит.

К е л л е р. Черт возьми, будь Ларри жив, он бы не вел себя так. Он понимал, как устроен мир. Прислушивался ко мне. Для него у мира был сорокафутовый фасад, мир кончался за домом. Этого беспокоит все. Ты заключаешь сделку, завышаешь цену на два цента, а у него выпадают волосы. Он не понимает денег. Слишком легко они давались ему, слишком легко. Да уж. Ларри. Этого сына мы лишились. Ларри. Ларри. (*Раздраженно выкрикивает.*) Где он, черт возьми?

М а т ь. Джо, Джо, прошу тебя... с тобой все будет в порядке, ничего не случится...

К е л л е р (*с отчаянием*). Ради вас, Кэт, ради вас обоих я только и жил...

М а т ь. Знаю, дорогой, знаю...

А н н а выходит из дома. Они молча ждут, чтобы она заговорила.

А н н а. Почему вы не ложитесь? Я скажу, когда он вернется.

К е л л е р (*со страхом*). Ты ведь не ужинала. (*Матери.*) Приготовь ей что-нибудь.

М а т ь. Конечно, я...

А н н а. Не нужно, Кэт, я не голодна. (*Они не могут разговаривать друг с другом.*) Пойду наверх. (*Идет, потом останавливается.*) Я ничего не буду предпринимать в связи с этим...

М а т ь. О, она хорошая девушка! (*Келлеру.*) Видишь? Она...

А н н а. Я ничего не буду предпринимать относительно Джо, но вы сделаете кое-что для меня. (*Матери.*) Вы заставили Криса чувствовать себя из-за меня виноватым. Хотели того или нет, вы травмировали его передо мной. Скажите ему, что Ларри мертв, и вы об этом знаете. Понимаете меня? Одна я отсюда не уеду. Это для меня не жизнь. Освободите его. Тогда я обещаю, что все кончится, мы уедем отсюда — и все.

К е л л е р. Ты сделаешь это. Ты скажешь ему.

А н н а. Кэт, я знаю, о чем прошу. У вас было два сына. Но теперь только один.

К е л л е р. Скажешь ему...

А н н а. И вы должны сказать это ему, чтобы он знал, что так оно и есть.

М а т ь. Дорогая моя, если этот мальчик мертв, мои слова не убедят Криса в этом... В ту ночь, когда он ляжет к тебе в постель, его сердце иссохнет. Потому что он знает и ты знаешь. Он до смертного дня будет ждать брата! Нет, моя дорогая, ничего подобного. Утром ты уедешь, и уедешь одна. Это твоя жизнь, твоя одинокая жизнь. (*Идет к дому.*)

А н н а. Кэт, Ларри мертв.

М а т ь. Не обращайся ко мне.

А н н а. Он разбился у китайского побережья девятого февраля. Двигатель у него не отказал, но он погиб. Я знаю.

Мать останавливается.

М а т ь. Как... как он погиб?..

Анна молчит.

Как он погиб? Ты лжешь мне. Если знаешь, как он погиб...

А н н а. Я любила его. Вы ведь это знаете? Стала бы я смотреть на кого-то еще, не будучи уверена? Этого для вас достаточно.

М а т ь (*подходя к ней*). Чего для меня достаточно? О чем ты говоришь?

А н н а. Вы больно стиснули мои запястья.

М а т ь. О чем ты говоришь?

Пауза. Анна смотрит на Джо.

Джо, пожалуйста, иди в дом...

К е л л е р. С какой стати...

М а т ь. Иди, дорогой. (*Подходит к нему, гладит его по щеке и ведет в глубь сцены.*) Иди.

К е л л е р (*бросив взгляд на Анну*). Я лягу. Я устал. Дай мне знать, когда он вернется. (*Идет в дом.*)

А н н а. Сядьте...

Мать медленно садится.

Первым делом вам нужно понять. Когда я приехала, то не представляла, что Джо... Ничего не имела против него или вас. Я приехала выйти замуж. Надеялась... (*Достает из кармана письмо.*) И не показала его, чтобы не расстраивать вас. Думала показать только в том случае, если не будет другого способа убедить вас, что Ларри мертв.

М а т ь. Что это?

А н н а. Он написал мне письмо перед тем, как...

М а т ь. Ларри?

А н н а (*протягивая письмо*). Кэт, я не стараюсь причинить вам боль. Вы вынуждаете меня сделать это, так что помните...

Мать берет письмо.

Помните.

Мать читает.

Кэт, мне было так одиноко... Я не могу уехать одна.

Из горла читающей Матери вырывается протяжный негромкий стон.

А н н а. Вы меня вынудили показать его вам. Не хотели мне верить. Я сотню раз вам говорила, почему вы не верили мне?

М а т ь. О Господи...

А н н а (*с жалостью и страхом*). Кэт, Кэт, пожалуйста...

М а т ь. О Господи, Господи...

А н н а. Кэт, дорогая, мне очень жаль...

К р и с входит с подъездной аллеи. Он выглядит усталым.

К р и с. Что случилось?..

А н н а. Ничего, дорогой. Где ты был?.. Ты весь потный...

Мать не шевелится.

Где ты был?

К р и с. Просто покатался немного. Я думал, ты уедешь.

А н н а. Куда? Мне некуда ехать.

К р и с (*Матери*). Где папа?

А н н а. В доме, лежит.

Мать комкает письмо в руке.

К р и с. Сядьте обе. Я скажу то, что нужно сказать.

М а т ь. Я не слышала шума машины...

К р и с. Я оставил ее в гараже.

М а т ь. Крис, ты выглядишь таким... (*Берет его за руку.*) Ты разбил часы?

К р и с. О руль. У меня была легкая авария. Ничего, только бампер... я не смотрел. Мама... я уезжаю. Навсегда. (*Анне.*) Анни, я знаю, что ты думаешь. Это правда. Я трус. Меня сделали трусом здесь. В этом доме. Я подозревал отца и ничего не предпринял в связи с этим. Если бы в тот вечер, когда вернулся, я знал то, что знаю теперь, он был бы в районной прокуратуре, я сам бы отвез его туда. Теперь, глядя на него, я способен только плакать.

М а т ь. О чем ты говоришь? Что еще ты можешь делать?

К р и с. Я мог бы посадить его в тюрьму! Говорю это тебе в заплаканные глаза. Мог бы посадить его, если бы по-прежнему был человеком. Но теперь я такой же, как и все остальные. Я теперь практичный. Вы сделали меня практичным.

М а т ь. Но ведь нужно быть практичным.

К р и с. Кошки в переулке практичны, мерзавцы, бежавшие, когда мы сражались, были практичны. Только мертвые не были практичны. Но теперь я практичный и плюю на себя. Я уезжаю. Немедленно.

А н н а. Я еду с тобой...

К р и с. Нет, Анна, я не могу этого сделать.

А н н а. Я не прошу тебя делать что-то в отношении Джо. Клянусь, что никогда не попрошу.

К р и с. Ты просишь. В глубине души всегда будешь просить.

А н н а. Возьми меня с собой. Никто не поймет, почему ты...

К р и с. Может, несколько человек... где-нибудь в госпиталях, они поймут.

А н н а. Тогда делай то, что должен!

К р и с. Что делать? Что можно сделать? Я всю ночь искал причину заставить его страдать...

А н н а. Причина есть!

К р и с. Какая? Воскрешу я мертвых, если упрячу его за решетку? Тогда ради чего это делать? Мы расстреливали тех, кто вел себя как подлец, но честь там была подлинной, ты что-то защищал. А здесь? Это страна *больших* подлецов, здесь не любишь человека, здесь его сжираешь. *Вот* принцип — единственный, по которому мы, в сущности, живем... на сей раз вышло так, что погибли несколько человек, вот и все. Таков мир, как я могу сводить с ним счеты? Какой тут смысл? Это зоопарк, зоопарк!

А н н а (*матери*). Чего вы стоите? *Вы* знаете, что он должен делать! Скажите ему!

М а т ь (*крепче сжимая письмо*). Отпусти его.

А н н а. Я не отпущу его, вы скажете ему...

М а т ь (*предостерегающе*). Анни!..

А н н а. Тогда скажу я!

К е л л е р выходит из дома. Крис видит его, поднимается на веранду и проходит мимо Келлера.

К е л л е р (*усталый, расстроенный*). Что это с тобой, черт возьми?

Крис молча останавливается.

Что с тобой?

Крис продолжает молчать.

Я хочу с тобой поговорить.

К р и с. Мне не о чем с тобой...

К е л л е р (*подталкивает его к ступеням веранды*). Я хочу с тобой поговорить!

К р и с. Не делай этого, папа, а то ударю.

К е л л е р (*негромко, с запинкой*). Спустись.

К р и с (*через несколько секунд*). Говорить нечего, так что говори быстро.

Крис спускается с веранды. Затем спускается Келлер, проходит мимо него.

К е л л е р. В чем, собственно, дело? Без всякой философии. В чем дело? У тебя слишком много денег? Это тебя беспокоит?

К р и с (*с ноткой сарказма*). Беспокоит.

К е л л е р. Тогда в чем трудность? Когда тебя что-то беспокоит, привыкай к этому или избавляйся от этого. Если не можешь привыкнуть к деньгам, то выброси их. Слышишь? Возьми все до единого цента и отдай на благотворительность, брось их в канализацию. Это решит проблему? В канализацию — и все.

Крис молчит.

К е л л е р. В чем дело, думаешь, я шучу? Я говорю тебе, что делать. Если они грязные, сожги их. Это твои деньги, не мои. Я мертвец. Я старый, мертвый человек, мне ничего не нужно. Поговори со мной! Что ты хочешь делать?

К р и с (*дрожа*). Не важно, что хочу делать я. Важно, что хочешь делать ты.

К е л л е р. Чего мне нужно хотеть?

Крис молчит.

Тюрьмы? Хочешь, чтобы я сел в тюрьму?

Глаза Криса наполняются слезами, но он молчит.

К е л л е р (*сам чуть не плача*). Чего ты плачешь? Если хочешь, чтобы я сел в тюрьму, так и скажи! Не плачь! Мне место там? Тогда так и скажи! (*Краткая пауза.*) В чем дело, почему не можешь сказать? (*Яростно.*) Ты сказал мне все остальное, скажи и это! (*Краткая пауза.*) Я объясню тебе, почему не можешь этого сказать. Потому что знаешь, что мне там не место. Потому что знаешь! (*Ходит вокруг Криса, неровно, говорит, выделяя интонацией слова и фразы, со страстью, тоном отчаяния.*) Если мои деньги грязные, в Соединенных Штатах нет ни одной чистой монетки. Кто работал бесплатно во время этой войны? Когда все будут работать бесплатно, буду и я. Отправили хоть одну пушку или грузовик из Детройта до того, как получили за них плату? Это чисто? Ничто не чисто. Это доллары и центы, пяти- и десятицентовики. Война и мир — это пяти- и десятицентовики, что чисто? Если я должен сесть в тюрьму, то и вся эта чертова страна должна сесть! Вот почему ты не можешь мне это сказать.

К р и с. Именно поэтому.

К е л л е р. Тогда... почему *я* плохой?

К р и с. Я не называю тебя плохим. Я знаю, что ты не хуже большинства, но думал, что ты лучше. Я никогда не видел в

.тебе человека, я видел в тебе своего отца. (*Чуть не плача.*) Я не могу смотреть на тебя так, и на себя не могу!

Быстро поворачивается и идет прямо к веранде. Видя это, Анна быстро подходит к Матери, выхватывает письмо у нее из рук и идет за Крисом. Мать мгновенно бросается к ней.

М а т ь. Отдай мне письмо!

А н н а. Он прочтет его! (*Отходит от Матери и сует письмо в руку Крису.*)

М а т ь (*пытаясь выхватить его у Криса*). Отдай его мне, Крис, отдай!

К р и с (*переводит взгляд с нее на Анну, зажав письмо в кулаке*). Что...

А н н а. Ларри. Он написал мне его в тот день, когда погиб...

К е л л е р. Ларри?

М а т ь. Крис, оно не для тебя. Отдай его мне, пожалуйста...

Он срывает ее пальцы со своего запястья.

(*Пятясь от него в ужасе, когда он начинает читать.*) Джо... уйди...

К е л л е р (*озадаченный, испуганный*). Почему она говорит «Ларри», что...

М а т ь (*отчаянно толкает его к подъездной аллее, бросив взгляд на Криса*). Иди на улицу!.. (*Он упирается, начинает что-то говорить, она оставляет его и идет к подъездной аллее одна.*) Джим! Где Джим... (*Когда она проходит мимо Криса, он издает негромкий плачущий смех. Она останавливается.*) Не... (*Просит его всей душой.*) Не говори ему...

К р и с (*убийственно, негромко, сквозь зубы отцу*). Три с половиной года... разговор, разговор. Теперь скажи мне, что ты должен делать... Вот как он погиб, теперь скажи, где тебе место.

К е л л е р (*пятясь, в смертельном страхе*). Крис, человек в этом мире не может быть Христом!

К р и с. Я знаю все об этом мире. Знаю всю гнусную историю. Теперь послушай это и скажи, каким должен быть человек! (*Читает.*) «Моя дорогая Анна...» Слушаешь? Он написал это в тот день, когда погиб. Слушай, не плачь... слушай! «Моя дорогая Анна. Невозможно передать, что я испытываю. Но я должен кое-что сказать тебе. Вчера из Штатов доставили газеты, и я прочел, что папу и твоего отца отдают под суд. Я не могу выразиться. Не могу смотреть в лицо другим... Жизнь для меня стала невыносимой. Вчера вечером я кружил над базой двадцать минут, прежде чем смог заставить себя приземлиться. Как он мог это сделать? Ежедневно трое или четверо не возвращаются, а он сидит там, «делает бизнес». Я не могу смотреть в лицо никому... Не знаю, как передать тебе, что я испытываю... Через несколько минут я вылетаю на задание. Видимо, меня объявят пропавшим без вести. Если да, то знай, что ты не должна меня больше ждать. Поверь, Анна, будь он сейчас здесь, я мог бы его убить».

Келлер выхватывает у Криса письмо и читает. Пауза.

(*После долгой паузы.*) Теперь вини мир. Ты понял это письмо?

К е л л е р (*еле слышно, глядя перед собой*). Думаю, да. Пригони машину. Я надену пиджак.

Он поворачивается и чуть не падает. Мать быстро протягивает руку, чтобы поддержать его.

М а т ь (*с умоляющим, безнадежным плачем*). Джо...

К е л л е р (*с полным отвращением к себе*). Нет, пусти меня, я хочу поехать... прости, Кэт.

М а т ь. Ты делаешь глупость. Ларри тоже был твоим сыном, разве нет? Ты знаешь, он ни за что не сказал бы, чтобы ты это сделал!

К е л л е р (*указывая на письмо*). Разве тут это не говорится? Конечно, он был моим сыном. Но, думаю, для него они все были моими сыновьями. И, пожалуй, так и было, малышка... пожалуй, так оно и было. (*Негромко Крису.*) Я спущусь... через минуту. (*Поворачивается и идет в дом.*)

М а т ь. Он останется, если ты ему так скажешь. Иди к нему!

К р и с. Мама, он должен поехать.

М а т ь. Вы оба сошли с ума? (*Толкает Криса в дом.*) Скажи ему, чтобы лег спать.

К р и с. Нет, мама.

М а т ь. Боже всемогущий, если он сядет в тюрьму, что это даст?

К р и с. Я думал, ты прочитала это письмо!

М а т ь. Война окончена, ты этого не знал? Окончена!

К р и с. Тогда кем был для тебя Ларри, камнем, который упал в воду? Сожалеть *недостаточно*. Ларри покончил с собой не для того, чтобы вы «сожалели»!

М а т ь. Что мы еще можем?

К р и с (*со всей силой, не сдерживаясь*). Вы можете быть лучше! Можете раз и навсегда понять, что земля простирается за эти заборы; снаружи существует вселенная, вы перед ней в ответе, и если не поймете, вы отвергли своего сына, потому что из-за этого он и погиб! Отец должен ехать, и я...

Из дома слышится выстрел. Они подскакивают в ужасе.

Найдите Джима! (*Бросается в дом.*)

А н н а бежит к дому Джима. Мать не двигается с места. Смотрит на дом.

М а т ь (*снова и снова*). Джо... Джо... Джо.

К р и с выходит из дома.

К р и с (*виновато*). Мама...

М а т ь. Ш-ш-ш.

Крис подходит к ней, пытаясь заговорить. Плача, она обнимает его.

К р и с (*в ее объятиях*). Я не хотел, чтобы он... (*Разражается рыданиями.*)

М а т ь. Ш-ш-ш. Ш-ш-ш. Не надо, не надо, дорогой, не
вини себя в этом. Забудь. Живи.

Мать отходит от него и, когда поднимается на веранду, Крис слышит, как она плачет все громче и громче. О н а входит в дом. Ос-
тавшись один, он распрямляется, отходит, удаляясь от этого звука,
и не поворачивается в ту сторону, пока занавес опускается.

Занавес.

Смерть коммивояжера

ДЕЙСТВУЮЩИЕ ЛИЦА

Вилли Ломен.
Линда — его жена.
Биф
Хэппи } его сыновья.
Бен — его брат.
Чарли — сосед Вилли Ломена.
Бернард — сын Чарли.
Дженни — секретарь Чарли.
Говард Вагнер — владелец фирмы.
Стэнли — официант.
Второй официант.
Мисс Форсайт.
Летта — ее подруга.
Женщина.

Действие происходит в наши дни в доме и во дворе у Вилли Ломена, а также в различных местах, которые он посещает в Бостоне и Нью-Йорке.

ДЕЙСТВИЕ ПЕРВОЕ

Слышна мелодия, которую наигрывают на флейте. Она мила, незамысловата, поет о траве, о небесном просторе, о листве.

Занавес поднимается.

Перед нами домик коммивояжера. Позади него со всех сторон громоздятся угловатые силуэты зданий. Дом и авансцену освещает синий отсвет неба; все вокруг словно тлеет в зловещем оранжевом жару. На сцене становится светлее, и мы видим тяжелые склепы больших зданий, нависших над маленьким и по виду таким хрупким домиком. Все здесь кажется сном, но сном, порожденным действительностью. Кухня посреди сцены выглядит совсем настоящей, потому что в ней стоят кухонный стол, три стула и холодильник. Ничего, кроме этого, однако, не видно. В задней стене кухни дверь, скрытая портьерой, ведет в гостиную. Справа от кухни, на небольшом возвышении, — спальня, в ней — металлическая кровать и стул. На полочке над кроватью — серебряный призовой кубок. Из окна виден фасад жилого дома.

Позади кухни, на высоте шести с половиной футов, в мансарде, — спальня мальчиков, которая сейчас почти не освещена. Смутно вырисовываются две кровати и окно под крышей. (Эта спальня находится над гостиной, которую мы не видим.) Слева из кухни сюда ведет винтовая лестница.

Все декорации либо совсем, либо кое-где прозрачные. Линия крыши только очерчена; под ней и над ней видны надвигающиеся каменные громады домов. Перед домом — просцениум, который за рампой спускается в оркестр. Это дворик Ломена. Тут же проходят все сцены, вспоминаемые Вилли, и все сцены в городе. Когда действие переносится в настоящее время, актеры соблюдают воображаемые границы стенных перегородок, входят в дом только через дверь слева. Но в сценах, рассказывающих о прошлом, все ограничения нарушаются, и действующие лица ступают «сквозь» стену на просцениум. Справа появляется коммивояжер В и л л и Л о м е н. В руках у него два больших чемодана с образцами. Флейта продолжает играть. Он ее слышит, но не отдает себе в этом отчета. Вилли за шестьдесят, он скромно одет. Даже пока он пересекает сцену, направляясь к дому, можно заметить, как он изнурен. Он отпирает дверь, входит в кухню и с облегчением опускает на пол свою ношу, потирая натруженные ладони. Слышно, как он издает не то вздох, не то восклицание, — может быть: «Господи, Господи...» Закрывает дверь, относит чемоданы в гостиную. Справа в спальне проснулась его жена Л и н д а. Она встает с постели и, прислушиваясь, надевает халат. От природы мягкая, Линда выработала в себе железную выдержку к выходкам Вилли. Она ведь не только его любит, но и восхищается им. Его неугомонный нрав, вспыльчивость, тягостные мечты и невольные жестокости кажутся ей лишь внешним проявлением обуревающих его высоких страстей, которые ей самой не дано ни выразить, ни испытать как следует.

Л и н д а (слыша шаги Вилли, окликает его с беспокойством). Вилли!

Вилли входит в спальню.

В и л л и. Все в порядке. Я вернулся.
Л и н д а. Почему? Что случилось?

Короткое молчание.

Что-нибудь случилось, Вилли?
В и л л и. Да нет, ничего не случилось.
Л и н д а. Ты что, разбил машину?
В и л л и (с деланным раздражением). Говорю тебе, ничего не случилось! Разве ты не слышишь?
Л и н д а. Ты себя плохо чувствуешь?
В и л л и. До смерти устал. (Сидит на краю постели, словно одеревенев.)

Флейта стихает.

Никак не мог... Понимаешь, не мог — и все.

Л и н д а *(очень мягко)*. Где ты был весь день? У тебя ужасный вид.

В и л л и. Я доехал почти до самого Йонкерса. Остановился, чтобы выпить чашку кофе. Может, все дело в кофе?

Л и н д а. Что именно?

В и л л и *(помрачнев)*. Я вдруг не смог больше вести машину. Она шла вбок, понимаешь?

Л и н д а *(желая ему помочь)*. Наверно, опять что-нибудь стряслось с рулем. По-моему, Анжело ничего не смыслит в «студебеккерах».

В и л л и. Нет, тут я... я сам. До меня вдруг дошло, что я делаю сто километров в час и уже несколько минут не понимаю, что со мной... Я не могу... совсем не могу сосредоточиться.

Л и н д а. Все дело в очках. Ты забываешь получить новые очки.

В и л л и. Глаза у меня в порядке. Назад я ехал со скоростью двадцать километров в час. От Йонкерса добирался чуть ли не четыре часа.

Л и н д а *(покорно)*. Тебе придется отдохнуть, Вилли. Так больше нельзя.

В и л л и. Но я только что вернулся из Флориды!

Л и н д а. Мозги-то у тебя не отдыхают! Ты постоянно думаешь, думаешь, а ведь все дело в голове.

В и л л и. Утром опять поеду. Может, утром буду чувствовать себя лучше.

Линда снимает с него ботинки.

Проклятые супинаторы! Они меня убивают.

Л и н д а. Прими аспирин. Дать таблетку? Тебе станет легче.

В и л л и *(недоумевая)*. Понимаешь, я ехал и хорошо себя чувствовал. Даже разглядывал окрестности. Можешь себе представить, как надоедает природа, когда всю жизнь только ездишь, ездишь... Но там красиво, Линда, — густой лес и светит солнце. Я опустил ветровое стекло, и меня обдувало теплым ветерком. И вдруг ни с того ни с сего я съезжаю с дороги! Говорю тебе, у меня просто из головы выскочило, что я сижу за рулем. Если бы я пересек белую линию, мог бы кого-нибудь и задавить. Поехал дальше, но через пять минут снова забылся и чуть было... *(Прижимает пальцами веки.)* Что у меня делается в голове? Такая путаница...

Л и н д а. Послушай, Вилли, поговори еще разок в конторе. Не понимаю, почему бы тебе не работать здесь, в Нью-Йорке?

В и л л и. Разве я нужен им в Нью-Йорке?.. Я специалист по Новой Англии. Я позарез нужен им в Новой Англии.

Л и н д а. Но тебе шестьдесят лет! Стыдно, что они все еще заставляют тебя жить на колесах!

В и л л и. Надо послать телеграмму в Портленд. Завтра в десять утра я должен был встретиться с Броуном и Моррисоном, показать им наши товары. О Господи, сколько бы я мог им продать! *(Принимается надевать пиджак.)*

Л и н д а *(отнимая у него пиджак)*. Завтра тебе надо сходить в контору и объяснить Говарду, что ты должен работать в Нью-Йорке. Ты чересчур покладист.

В и л л и. Если бы старик Вагнер был жив, мне бы давно поручили здешнюю клиентуру. Вот это был человек! Титан! А его сынок никого не ценит. Когда я первый раз поехал на Север, фирма Вагнер понятия не имела, где эта самая Новая Англия.

Л и н д а. Почему ты не скажешь всего этого Говарду?

В и л л и *(приободрившись)*. И скажу. Непременно скажу. У нас есть сыр?

Л и н д а. Я сделаю тебе бутерброд.

В и л л и. Ложись. Я выпью молока. Сейчас вернусь. Мальчики дома?

Л и н д а. Спят. Сегодня Хэппи водил с собой Бифа куда-то в гости.

В и л л и *(оживляясь)*. Да ну?

Л и н д а. Так приятно было видеть, как они бреются, стоя один позади другого в ванной. И вместе уходят в гости. Ты заметил? Весь дом пропах одеколоном!

В и л л и. Только подумай: работаешь, всю жизнь работаешь, чтобы выплатить за дом. А когда он наконец твой, в нем некому больше жить.

Л и н д а. Что поделаешь, родной, молодые всегда поднимают якорь и уходят в плавание. А старики остаются на берегу.

В и л л и. Неправда! Люди добиваются удачи, сидя на месте. Что говорил Биф, когда я уехал?

Л и н д а. Не надо было его ругать — ведь он только что вернулся. Не стоит из-за него так нервничать.

В и л л и. А я и не думаю нервничать. Я просто спросил у него, зарабатывает ли он деньги. Разве это ругань?

Л и н д а. Дружочек, как же он может зарабатывать деньги?

В и л л и (*взволнованно и зло*). У него всегда припасен камень за пазухой. Стал какой-то нехороший, злой. Понимаешь? Он хотя бы извинился!

Л и н д а. Мальчик был просто в отчаянии. Ты ведь знаешь, как он к тебе относится. Скорей бы он нашел свое место в жизни. Тогда вы оба успокоитесь и перестанете ссориться.

В и л л и. Разве его место на ферме? Разве это жизнь? Батрак! Когда он был мальчишкой, я думал: что поделаешь, молодость! Пускай побродит по свету, поищет себе работу по душе. Но прошло десять лет, а он все еще еле-еле зарабатывает тридцать пять долларов в неделю.

Л и н д а. Он еще не нашел себя, Вилли.

В и л л и. Не найти себя в тридцать четыре года — это просто позор!

Л и н д а. Тсс!

В и л л и. Беда в том, что он лентяй, черт бы его подрал!

Л и н д а. Вилли!

В и л л и. Биф — лодырь! Подонок!

Л и н д а. Они спят. Сходи вниз, поешь.

В и л л и. Зачем он приехал домой? Хотел бы я знать, что его сюда принесло?

Л и н д а. Мне кажется, что он никак не найдет себе настоящего места, он какой-то совсем потерянный.

В и л л и. Биф Ломен не может найти себе места? Молодой человек с таким... обаянием не может найти себе места в величайшей стране мира? И какой работник! О нем можно сказать все, что угодно, но он не лентяй.

Л и н д а. Конечно, нет.

В и л л и (*с жалостью, но решительно*). Я поговорю с ним завтра же утром! Поговорю по душам. Выхлопочу ему место коммивояжера. Господи, да он в пять минут мог бы стать большим человеком! Боже мой! Помнишь, как его обожали в школе? Стоило ему улыбнуться — и все сияли. Когда он шел по улице... (*Погружается в воспоминания.*)

Л и н д а (*стараясь вернуть его к действительности*). Вилли, дружочек, я купила сегодня какой-то новый сыр. Взбитый.

В и л л и. Зачем ты покупаешь американский сыр, если я люблю швейцарский?

Л и н д а. Для разнообразия...

В и л л и. При чем тут разнообразие? Хочу швейцарский сыр. Почему мне все делают назло?

Л и н д а (*скрывая смех*). Я хотела сделать тебе сюрприз.

В и л л и. Господи Боже мой, почему ты не открываешь окон?

Л и н д а (*с беспредельным терпением*). Окна открыты, родной.

В и л л и. Здорово они нас здесь замуровали. Кирпич и чужие окна. Чужие окна и кирпич.

Л и н д а. Надо было нам прикупить соседний участок.

В и л л и. Вся улица заставлена машинами. Ни глотка свежего воздуха. Трава и та не растет, нельзя посеять на своем дворе даже морковки. Надо было запретить строить эти каменные гробы. Помнишь, какие красивые два вяза там стояли? Мы с Бифом привязывали к ним качели.

Л и н д а. Да, казалось, что до города миллион километров!

В и л л и. Надо было четвертовать того, кто срубил эти деревья! Все истребили кругом! *(Печально.)* Я все больше и больше думаю о прошлом. В это время года у нас цвели сирень и глицинии. А потом распускались пионы и нарциссы. Какой запах стоял в комнате!

Л и н д а. В конце концов, и другим ведь тоже надо жить...

В и л л и. Стало куда больше людей.

Л и н д а. Не думаю, чтобы людей стало больше. Мне кажется...

В и л л и. Больше! Вот что нас губит! Население все время растет. Сумасшедшая конкуренция! Дышишь только вонью чужого жилья. Смотри, с той стороны строят еще один дом... А как это взбивают сыр?

Б и ф и Х э п п и поднимаются в своих постелях; прислушиваются к разговору.

Л и н д а. Ступай вниз, попробуй его. И не шуми.

В и л л и *(поворачивается к Линде, виновато)*. Ты обо мне не беспокойся, хорошо, родная?

Б и ф. Что там такое?

Х э п п и. Слышишь?

Л и н д а. Ты все принимаешь слишком близко к сердцу.

В и л л и. А ты — мой покой и единственная опора, Линда.

Л и н д а. Отдохни, дружок. Не расстраивайся.

В и л л и. Я больше не буду с ним ссориться. Если хочет ехать опять в Техас, пусть едет.

Л и н д а. Он угомонится.

В и л л и. Конечно. Некоторые люди просто позже становятся на ноги, вот и все. Взять хотя бы Томаса Эдисона... Или миллионера Гудрича. Кто-то из них был глухой. *(Идет к двери.)* Я не побоюсь поставить на Бифа все мое состояние.

Л и н д а. Слушай, если в воскресенье будет тепло, давай поедем за город. Опустим стекла и возьмем с собой еду...

В и л л и. В новых машинах стекла не опускаются.

Л и н д а. Но ты же опустил их сегодня!

В и л л и. Я? Ничего подобного. *(Пауза.)* Нет, подумай, как странно! Просто удивительно! *(Замолкает от изумления и испуга.)*

Вдалеке снова играют на флейте.

Л и н д а. Что именно, дружок?

В и л л и. Разве не странно?..

Л и н д а. Что?

В и л л и. Я думал о «шевви». *(Маленькая пауза.)* В тысяча девятьсот двадцать восьмом году... когда у меня был тот красный «шевроле»... *(Маленькая пауза.)* Ей-богу, смешно! Я мог бы поклясться, что сегодня я правил тем самым «шевроле»...

Л и н д а. Ну и что же, дружок? Что-то тебе его, видно, напомнило.

В и л л и. Удивительно! *(Прищелкивая языком.)* Помнишь? Помнишь, как Биф обхаживал ту машину? Покупатель потом не поверил, что она прошла сто тридцать тысяч километров. *(Качает головой.)* Вот! Закрой глаза, я сейчас вернусь. *(Выходит из спальни.)*

Х э п п и *(Бифу).* Господи, неужели он снова угробил машину?

Л и н д а *(вслед Вилли).* Осторожнее спускайся по лестнице, дружок! Сыр на средней полке. *(Подходит к кровати, берет пиджак и выходит из спальни.)*

В комнате мальчиков загорается свет, Вилли теперь не видно, слышно только, как он разговаривает сам с собой: «Сто тридцать тысяч километров...» и его тихий смешок. Биф встает с постели и внимательно прислушивается. Он на два года старше Хэппи, хорошо сложен, но у него усталое лицо и куда меньше самоуверенности. Он не так преуспел в жизни, как брат, желания его глубже, а мечты труднее осуществимы. Хэппи — высокий, крепкий. Его чувственность —

словно отличительный цвет или запах — явственно доходит до большинства женщин. Он, как и брат, чувствует себя потерянным, но совсем по другой причине. Он не решается взглянуть в лицо неудаче, все ему кажется зыбким и враждебным, хотя мир и представляется Хэппи куда более приемлемым, чем Бифу.

Х э п п и (*поднимаясь с постели*). Если так будет продолжаться, у него отнимут права. Знаешь, он меня очень беспокоит.

Б и ф. У него портится зрение.

Х э п п и. Нет, я с ним ездил. Видит он хорошо. У него просто рассеивается внимание. На прошлой неделе я поехал с ним в город. Он останавливался перед зеленым светом, а когда светофор загорался красным, включал газ. (*Смеется.*)

Б и ф. Может, у него дальтонизм?

Х э п п и. У папаши? Что ты, у него такой тонкий глаз на оттенки. Еще бы, при его профессии... Неужели ты не помнишь?

Б и ф (*садится на кровать*). Я, пожалуй, засну.

Х э п п и. Ты на него еще сердишься?

Б и ф. Нет. Чего там...

В и л л и (*снизу, из гостиной*). Да, сэр, сто тридцать тысяч километров, даже сто тридцать три!

Б и ф. Ты куришь?

Х э п п и (*протягивая ему пачку*). Бери.

В и л л и. Вот это уход за машиной!

Х э п п и (*с чувством*). Смешно ведь, а, что мы с тобой опять спим вместе? На тех же кроватях. (*Нежно похлопывает свою постель.*) Чего они только не слышали, эти кровати! О чем только не было переговорено... Вся жизнь тут прошла.

Б и ф. Угу. Все наши мечты и думы.

Х э п п и (*с утробным, чувственным смешком*). Не меньше пятисот женщин хотели бы знать, о чем говорилось в этой комнате.

Оба беззвучно смеются.

Б и ф. Помнишь ту, большую Бетси, или как там ее? Черт возьми, как же ее звали? Ту, что с Башуик-авеню?

Х э п п и (*причесываясь*). У нее была собака?

Б и ф. Та самая. Я тебя к ней привел, помнишь?

Х э п п и. Да, это, кажется, была моя первая... Ну и свинья же она была! *(Смеется, грубо.)* Ты научил меня всему, что я знаю о женщинах. Помнишь, это ты меня научил!

Б и ф. Как ты тогда стеснялся. Особенно с девушками.

Х э п п и. Да я с ними и сейчас стесняюсь.

Б и ф. Рассказывай!

Х э п п и. Я просто не показываю виду, вот и все. Но, по-моему, я теперь стесняюсь меньше, а ты больше. Почему это, Биф? Где твоя былая удаль, твоя уверенность? *(Шлепает Бифа по колену.)*

Биф встает и беспокойно шагает по комнате.

Что с тобой?

Б и ф. Почему отец надо мной издевается?

Х э п п и. Да он не издевается, он просто...

Б и ф. Что бы я ни сказал, у него на лице издевка. Между нами стена.

Х э п п и. Ему хочется, чтобы из тебя вышел толк, вот и все. Я давно собираюсь с тобой о нем поговорить. С папашей что-то неладно... Он сам с собой разговаривает.

Б и ф. Я заметил сегодня утром. Но он всю жизнь бормотал себе под нос.

Х э п п и. Не так. Дело дошло до того, что я послал его отдохнуть во Флориду. И знаешь? Он почти всегда говорит с тобой.

Б и ф. И что он обо мне говорит?

Х э п п и. Не могу разобрать.

Б и ф. Я спрашиваю, что он обо мне говорит?

Х э п п и. Да про то, что ты еще не устроен, что ты вроде как висишь в воздухе...

Б и ф. Его гложет не только это.

Х э п п и. А что?

Б и ф. Ничего. Только не вали все на меня.

Х э п п и. Уверен, как только ты встанешь на ноги... Послушай, там у тебя есть на что рассчитывать?

Б и ф. А почем я знаю, Хэп, на что человек должен рассчитывать? Почем я знаю, чего мне, собственно говоря, добиваться?

Х э п п и. То есть как это так?

Б и ф. Да очень просто. После школы я шесть или семь лет пытался выбиться в люди... Транспортный агент, коммивояжер, приказчик... Собачья жизнь. Лезешь душным утром в подземку... Тратишь лучшие годы на то, чтобы с товаром все было в порядке, висишь на телефоне, продаешь, покупаешь... Мучаешься пятьдесят недель в году, чтобы получить несчастные две недели отпуска. А что тебе нужно? Скинуть с себя все и выйти на вольный воздух. Но ты постоянно ловчишь, как бы обойти, обскакать другого... Для чего? Чего ты добьешься?

Х э п п и. Значит, тебе и в самом деле хорошо на ферме? Ты доволен?

Б и ф (*с возрастающим жаром*). Послушай, с тех пор как я ушел из дому, я переменил двадцать или тридцать мест, и всюду было одно и то же. Я понял это совсем недавно. В Небраске, где я пас скот, в Дакоте, в Аризоне, а теперь и в Техасе... Потому я и приехал домой, что понял это. Ферма, где я работаю... там сейчас весна, понимаешь? И целый табун молоденьких жеребят. До чего же хорошо смотреть на кобылиц с их детенышами, разве есть на свете что-нибудь красивее! Там сейчас прохладно, понимаешь? В Техасе сейчас очень прохладно, весна. А когда туда, где я живу, приходит весна, меня вдруг начинает мучить, что я еще ничего не достиг! Какого дьявола я валяю дурака возле лошадей за двадцать восемь долларов в неделю? Мне уже тридцать четыре года, пора подумать о будущем. И вот я мчусь домой, а приехав, не знаю, что с собой делать. (*Помолчав.*) Всю жизнь я хотел одного: не жить зря. А вернувшись сюда, понимаю, что жизнь моя прошла мимо, попусту.

Х э п п и. Да ты вроде как поэт, Биф! Настоящий идеалист...

Б и ф. Куда там, в голове у меня туман, каша. Может, мне надо жениться. Может, мне надо прибиться к какому-нибудь берегу, за что-нибудь уцепиться.. Не знаю. В том-то и беда. Я все еще как мальчишка. Не женат. Не привязан ни к какому делу, живу себе да живу... Совсем как мальчишка. А ты доволен своей судьбой, Хэп? Ты ведь счастливчик, правда? Ты-то хотя бы доволен?

Х э п п и. Черта с два!

Б и ф. Почему? Ты ведь хорошо зарабатываешь?

Х э п п и (*энергично расхаживая по комнате и жестикулируя*). Мне осталось только ждать его смерти. Начальника торгового отдела. Ну, предположим, меня поставят на его место. А что с того? Он мой приятель, только что отгрохал себе шикарную виллу на Лонг-Айленде. Пожил два месяца, продал, сейчас строит другую. Стоит ему что-нибудь сделать, довести до конца, оно ему перестает доставлять удовольствие. И со мной, знаю, будет то же самое. Убей меня Бог, если я понимаю, для чего я работаю. Иногда вот сидишь у себя дома, один, и думаешь: сколько же денег швыряешь ты на квартиру! С ума сойти можно! Но ведь я всю жизнь этого и добивался: собственной квартиры, машины и женщины, вдоволь женщин. Да пропади они пропадом: все равно одинок, как пес!

Б и ф (*горячо*). Послушай, почему бы тебе не поехать со мной на Запад?

Х э п п и. Мне? С тобой?

Б и ф. Ну да, купим ранчо. Будем разводить скот, работать своими руками. Таким богатырям, как мы, нужно работать на вольном воздухе.

Х э п п и (*с увлечением*). Братья Ломен, а?

Б и ф (*с большой нежностью*). Конечно! А *какая* о нас пойдет слава!..

Х э п п и (*с увлечением*). Вот об этом-то я всегда и мечтаю! Мне иногда становится прямо невмоготу. Так бы и содрал с себя костюм тут же, посреди магазина, и стукнул этого проклятого заведующего торговым отделом! Пойми, ведь я могу побить любого из них и в боксе, и в беге, и в борьбе, а мне приходится быть у них на побегушках, у этих хамов, у этих хлипких сукиных детей. Тошно!

Б и ф. Ей-богу, малыш, вот было бы здорово, если бы ты поехал со мной!

Х э п п и (*восторженно*). Понимаешь, Биф, все тут такие двуличные, что уже ни во что не веришь...

Б и ф. Детка, вдвоем нам никто не страшен, разве мы не постоим друг за друга?

Х э п п и. Если бы я был с тобой...

Б и ф. Беда в том, что нас не приучали хапать деньги. Я этого делать не умею.

Х э п п и. Да и я тоже.

Б и ф. Так давай поедем?

Х э п п и. Важно знать одно: сколько там можно заработать?

Б и ф. Вспомни о своем приятеле. Выстроил себе виллу, а покоя в душе не было и нету.

Х э п п и. Но когда он входит в магазин, все перед ним расступаются — вошли пятьдесят две тысячи долларов в год! А ведь у меня в мизинце больше ума...

Б и ф. Да, но ты сам говоришь...

Х э п п и. Я хочу доказать этим чванным, надутым жабам, что Хэп Ломен ничуть не хуже их. Я хочу войти в магазин так, как входит он. Вот тогда я поеду с тобой, Биф. Клянусь, мы еще будем вместе. Послушай, а эти сегодняшние девочки... шикарные, правда?

Б и ф. Самые шикарные, какие были у меня за много лет.

Х э п п и. У меня их сколько душе угодно. Когда становится уж очень тошно жить... Жаль только, что эта возня так похожа на игру в кегли. Сбиваешь одну за другой, а на душе пусто. У тебя их по-прежнему много?

Б и ф. Нет. Мне хотелось бы встретить девушку, постоянную, настоящую, чтобы у нее было хоть что-нибудь тут, внутри...

Х э п п и. А я, думаешь, об этом не мечтаю?..

Б и ф. Рассказывай! Тебя все равно никто не привяжет к дому.

Х э п п и. Ничего подобного! Если бы мне попалась девушка с характером, с выдержкой, ну хотя бы такая, как мама... Я ведь подлец, если говорить начистоту. Та девчонка, с которой я был вечером, она скоро выходит замуж. Через месяц. *(Примеряет новую шляпу.)*

Б и ф. Ты шутишь!

Х э п п и. Ей-богу. Ее парня должны назначить заместителем директора нашего магазина. Не знаю, какая муха меня укусила: может, просто из спортивного интереса... Я испортил девчонку, а теперь не могу от нее отвязаться. Понимаешь, какой у меня характер? И в конце концов мне еще приходится ходить на их свадьбы! *(С негодованием, но все же не сдерживая смеха.)* Получается как со взятками. Брать их не положено, а фабрикант сунет тебе стодолларовую бумажку, чтобы ему подкинули заказ... Знаешь, я человек честный... Но вот так же, как с этой девчонкой... ненавидишь себя, а берешь.

Б и ф. Давай спать.

Х э п п и. Так мы ни до чего и не договорились?

Б и ф. Мне пришла в голову одна мысль...

Х э п п и. Какая?

Б и ф. Помнишь Билла Оливера?

Х э п п и. Конечно, помню. У Оливера теперь большое дело. Ты хочешь опять у него работать?

Б и ф. Нет, но, когда я от него уходил, он положил мне руку на плечо и сказал: «Биф, если тебе что-нибудь понадобится, обратись ко мне».

Х э п п и. Помню. Из этого может что-нибудь выйти.

Б и ф. Попробую к нему сходить. Если я достану десять тысяч долларов или хотя бы семь или восемь, я куплю хорошее ранчо.

Х э п п и. Он тебе их даст! Ручаюсь. Он так тебя ценил. Все были от тебя без ума. Ты пользуешься успехом, Биф. Ты нравишься. Вот почему я и говорю: переезжай сюда, будем жить вместе, в одной квартире. И помни, Биф, какую бы девчонку ты ни захотел...

Б и ф. Будь у меня ранчо, я мог бы делать то, что мне нравится, стать человеком! Интересно... Интересно, думает ли Оливер и сейчас, что это я украл коробку с бейсбольными мячами...

Х э п п и. Господи, да он давно об этом забыл! Ведь прошло чуть ли не десять лет. Ты слишком мнителен. Да, в сущности говоря, он тебя и не выгонял...

Б и ф. Собирался. Поэтому я от него и ушел. Я так тогда и не понял, знает он или нет. Правда, он был обо мне очень высокого мнения, даже доверял запирать свою лавочку на ночь...

В и л л и (*внизу*). Ты помоешь машину, Биф?

Х э п п и. Тсс...

> Биф смотрит на Хэппи; тот, прислушиваясь, глядит вниз.
> Вилли что-то невнятно бормочет в гостиной.

Слышишь?

> Они прислушиваются. Вилли ласково посмеивается.

Б и ф (*сердясь*). Как же он не понимает, ведь мама его слышит!..

В и л л и. Смотри, Биф, не выпачкай свитер.

> Лицо Бифа искажает болезненная гримаса.

Х э п п и. Какой ужас! Не уезжай больше, ладно? Работа найдется и здесь. Ты должен остаться. Прямо не знаю, что с ним делать. Так неловко перед людьми...

В и л л и. Вот это уход за машиной!

Б и ф. Ведь мама же слышит!

В и л л и. Без шуток, Биф. У тебя и в самом деле свидание? Чудно!

Х э п п и. Ложись спать. Но поговори с ним утром, ладно?

Б и ф *(с неохотой укладываясь в постель)*. А мама тут же, рядом. Что же это делается, братишка?

Х э п п и *(ложась в постель)*. Я хочу, чтобы ты с ним серьезно поговорил!

Свет у них в комнате начинает меркнуть.

Б и ф *(самому себе, в полусне)*. Эгоист.. глупый эгоист...

Х э п п и. Тише... Спи.

Свет у них в комнате совсем гаснет. Еще до того, как они перестают разговаривать, внизу, в темной кухне, становится видна фигура В и л л и. Он открывает холодильник, шарит в нем, вынимает бутылку молока. Силуэты домов тают, и теперь все вокруг домика Вилли закрыто густой листвой. Музыка звучит явственнее.

В и л л и. Будь осторожней с девчонками, Биф. В этом вся соль. Ничего им не обещай. Никаких обязательств, слышишь? Они всегда верят всему, что им говорят, а ты слишком молод, чтобы разговаривать с ними всерьез. Понял?

В кухне зажигается свет.

(Захлопывает холодильник и подходит к кухонному столу; наливает молоко в стакан. Он целиком погружен в свои мысли и чуть-чуть улыбается.) Уж больно ты молод, Биф. Тебе сперва нужно кончить учение. А когда ты встанешь на ноги, для такого парня всегда найдется сколько угодно девушек. Только выбирай. *(Широко улыбается кухонному столу.)* Ведь так? Девчонки за тебя платят, а? *(Смеется.)* Вот это успех, мальчик! *(Переключает все внимание на что-то за сценой и говорит через стену кухни. Голос его постепенно усиливается.)* Я вот

все думаю, для чего это ты так надраиваешь машину? Ха! Не забудьте протереть головки втулок, ребята. Почистите их замшей, слышите? А ты, Хэппи, протри газеткой стекла. Покажи ему, Биф, как это делается. Видишь, Хэппи? Скомкай газету, сожми ее в комок. Так-так, правильно! Вот и действуй. *(Замолкает. Несколько секунд одобрительно кивает, потом смотрит наверх.)* Послушай, Биф, первое, что надо сделать, — это подрезать вон ту большую ветку над домом. Не то она отломится во время бури и попортит нам крышу. Знаешь что? Возьмем веревку и оттянем ветку в сторону, а потом взберемся наверх и спилим ее совсем. Кончайте, ребята, с машиной, а потом идите ко мне. У меня для вас большущий сюрприз!

Б и ф *(за сценой)*. Скажи что, па! Скажи!

В и л л и. Сперва сделай свое дело. Помни: никогда не бросай ни одного дела, пока ты его не кончил. *(Смотрит на большие деревья.)* Знаешь, Биф, там, в Олбани, я видел чудный гамак. В следующую поездку я его куплю, и мы повесим его тут, между двумя вязами. Разве плохо, а? Покачаться среди ветвей... Парень, вот будет...

Подростки Б и ф и Х э п п и появляются оттуда, куда смотрел Вилли. Хэппи несет тряпки и ведро с водой. На Бифе свитер с буквой «С», в руке — футбольный мяч.

Б и ф *(показывая на машину за сценой)*. Ну как, па? Принимаешь работу? Не хуже ведь, чем в гараже?

В и л л и. Блеск. Блестящая работа, мальчики. Молодец, Биф!

Х э п п и. А где же твой сюрприз?

В и л л и. Под задним сиденьем.

Х э п п и. Ура! *(Убегает.)*

Б и ф. Что там, папа? Скажи, что ты купил?

В и л л и *(шутливо его шлепает)*. Потерпи.

Б и ф *(бежит вдогонку за Хэппи)*. Что там такое, Хэп?

Х э п п и *(за сценой)*. Боксерская груша!

Б и ф. Папа!

В и л л и. На ней автограф Джини Танни!

Х э п п и выбегает на сцену с боксерской грушей.

Б и ф. Откуда ты знал, что мы мечтаем об этой штуке?

В и л л и. А что может быть лучше для тренировки?

Х э п п и (*ложится на спину и делает вид, что крутит ногами педали*). Я худею, ты заметил, папа?

В и л л и. Очень полезно прыгать через веревочку.

Б и ф. Ты видел мой новый футбольный мяч?

В и л л и (*разглядывая мяч*). Откуда у тебя этот мяч?

Б и ф. Тренер велел мне упражняться в пасовке.

В и л л и. Да ну? И дал тебе мяч?

Б и ф. Нет... Я его просто позаимствовал в клубной кладовой. (*Весело смеется.*)

В и л л и (*дружелюбно посмеиваясь вместе с ним*). Ах ты, плут! Положи его на место.

Х э п п и. Я тебе говорил, что отец рассердится.

Б и ф (*со злостью*). Ну и что? Я отнесу его обратно.

В и л л и (*желая прекратить вздорный спор, к Хэппи*). Ему ведь нужно было потренироваться с настоящим мячом! (*Бифу.*) Тренер тебя только похвалит за самостоятельность.

Б и ф. Он меня всегда за это хвалит.

В и л л и. Он тебя любит. Сколько было бы крику, если бы мяч взял кто-нибудь другой! Ну а что слышно вообще, мальчики?

Б и ф. Где ты был, папа? Мы по тебе здорово соскучились.

В и л л и (*очень счастливый, обнимает мальчиков за плечи и выходит с ними на просцениум*). Правда скучали?

Б и ф. Ей-богу!

В и л л и. Неужели? Скажу вам, мальчики, по секрету... Только, чур, никому ни слова, ладно? Скоро у меня будет собственное дело и мне никогда не придется уезжать из дому.

Х э п п и. Как у дяди Чарли?

В и л л и. Куда там вашему дяде Чарли! У Чарли нет обаяния. Он, конечно, нравится людям, но не так...

Б и ф. Куда ты на этот раз ездил, папа?

В и л л и. На Север, в Провиденс. Виделся там с мэром.

Б и ф. С мэром города?

В и л л и. Он сидел в холле гостиницы.

Б и ф. А что он сказал?

В и л л и. Он сказал: «Доброе утро». А я сказал: «Славный у вас городок». Потом мы пили кофе. Оттуда я поехал в Уотербери. Это тоже красивый город. Он славится своими часами. Знаменитые часы из Уотербери. Продал приличную партию товара. А потом махнул в Бостон. Бостон — это колыбель нашей революции. Прекрасный город. Заглянул еще в парочку городов штата Массачусетс, заехал в Портленд, Бангор, а оттуда прямым ходом вернулся домой!

Б и ф. Ей-богу, хотел бы я хоть разок с тобой прокатиться!

В и л л и. Погоди, вот летом...

Х э п п и. Ты нас возьмешь?

В и л л и. Мы поедем втроем — я, ты и Хэппи, и я покажу вам столько интересного! В Америке уйма красивых городов, где живут хорошие, достойные люди. И меня там знают, мальчики, меня все знают в Новой Англии — от мала до велика. Самые лучшие люди. Когда мы приедем туда, ребята, для нас будут открыты все двери, потому что у меня там повсюду друзья. Я могу оставить машину на любом перекрестке, и полицейские будут охранять ее, как свою собственную. Так летом катнем, а?

Б и ф и Х э п п и (*вместе*). Непременно!

В и л л и. Возьмем с собой купальные костюмы.

Х э п п и. Мы будем носить твои чемоданы.

В и л л и. Вот здорово! Вхожу в магазин, где-нибудь в Бостоне, а двое парней несут мои образцы. Ну и картина!

Биф прыгает вокруг отца, упражняясь в пасовке.

Ты волнуешься перед матчем?

Б и ф. Нет, если ты рядом...

В и л л и. Что говорят о тебе в школе теперь, когда ты стал капитаном футбольной команды?

Х э п п и. На каждой переменке за ним бегает целая орава девчонок.

Б и ф (*берет Вилли за руку*). В эту субботу, папка, в эту субботу только для тебя я вобью гол в их ворота.

Х э п п и. Это не твое дело. Твое дело пасовать.

Б и ф. Я буду играть для тебя, папа. Следи за мной, и когда я сниму шлем, это будет знаком, что я вырываюсь вперед. Тогда ты увидишь, как я прорву их защиту.

В и л л и (*целует Бифа*). Ну и будет же мне что рассказать в Бостоне.

Входит Б е р н а р д, в коротких штанах. Он младше Бифа. Это серьезный, преданный своим друзьям мальчик; он встревожен.

Б е р н а р д. Биф, где же ты? Ты ведь сегодня должен был со мной заниматься.

В и л л и. Эй, Бернард, почему у тебя такой малокровный вид?

Б е р н а р д. Ему надо заниматься, дядя Вилли! У нас на той неделе попечительский совет.

Х э п п и (*дразнит Бернарда, вертит его во все стороны*). А ну, давай поборемся!

Б е р н а р д (*отбивается*). Биф! Послушай, Биф, мистер Бирнбом сказал, что, если ты не будешь заниматься по математике, он тебя провалит и ты не получишь аттестата. Я сам слышал, как он говорил.

В и л л и. Иди позанимайся с ним, Биф! Ступай.

Б е р н а р д. Я сам слышал!

Б и ф. Папа, а ты видел мои новые бутсы? (*Поднимает ногу.*)

В и л л и. Здорово разукрашены!

Б е р н а р д (*протирая очки*). За красивые бутсы аттестата не дадут.

В и л л и (*сердито*). Что ты болтаешь! Кто посмеет его провалить? Ему предлагают стипендию три университета.

Б е р н а р д. Но я сам слышал, как мистер Бирнбом сказал...

В и л л и. Ну что ты пристал, как пиявка! *(Сыновьям.)* Вот малокровный!

Б е р н а р д. Ладно. Я жду тебя дома, Биф. *(Уходит.)*

Ломены смеются.

В и л л и. Бернарда не слишком-то у вас любят, а?

Б и ф. Любят, но не очень...

Х э п п и. Нет, не очень.

В и л л и. В том-то и дело. Бернард в школе может получать самые лучшие отметки, а вот в деловом мире вы будете на пять голов впереди. Понимаете? Я не зря благодарю Бога, что он создал вас стройными, как Адонис. В деловом мире главное — внешность, личное обаяние, в этом залог успеха. Если у вас есть обаяние, вы ни в чем не будете нуждаться. Возьмите хотя бы меня. Мне никогда не приходится ждать покупателя. «Вилли Ломен приехал!» И я иду напролом.

Б и ф. Ты опять положил всех на обе лопатки, папа?

В и л л и. Да, в Провиденсе я уложил всех на обе лопатки, а в Бостоне сделал нокаут.

Х э п п и *(снова ложится на спину и вертит ногами)*. Ты замечаешь, папа, как я теряю в весе?

Входит Л и н д а, какой она была в те годы, с волосами, перетянутыми лентой. Она несет корзину с выстиранным бельем.

Л и н д а *(с молодым жаром)*. Здравствуй, родной.

В и л л и. Голубка моя!

Л и н д а. Как себя вел наш «шевви»?

В и л л и. «Шевроле» — лучшая машина на всем белом свете! *(Мальчикам.)* С каких это пор мама должна носить наверх белье?

Б и ф. Хватай, братишка!

Х э п п и. Куда нести, мама?

Л и н д а. Развесьте на веревке. А ты бы лучше спустился к своим приятелям, Биф. Погреб полон твоих мальчишек — не знают, чем бы им заняться.

Б и ф. Ну, когда папка приезжает домой, мальчишки могут и подождать!

В и л л и (*с довольным смешком*). Ты бы придумал для них какое-нибудь дело.

Б и ф. Скажу им, чтобы подмели котельную.

В и л л и. Молодчина!

Б и ф (*проходит через кухню к задней двери и кричит*). Ребята! А ну-ка, подметите котельную. Мигом! Я сейчас к вам спущусь.

Г о л о с а. Хорошо! Ладно, Биф!

Б и ф. Джордж, Сэм и Фрэнк, идите сюда! Мы будем вешать белье. А ну-ка, Хэп, бегом марш!

Б и ф с Х э п п и уносят корзину.

Л и н д а. Ты подумай, как они его слушаются!

В и л л и. Это все футбол, все футбол! Я и сам стремглав летел домой, хотя торговля шла у меня на диво!

Л и н д а. Весь квартал побежит смотреть, как он играет. Ты много продал?

В и л л и. Пятьсот гроссов в Провиденсе и семьсот в Бостоне.

Л и н д а. Не может быть! Погоди. У меня здесь карандаш. (*Из кармана передника вынимает бумагу и карандаш.*) Значит, твои комиссионные будут... двести долларов! Господи! Двести двенадцать долларов!

В и л л и. Ну, я еще точно не подсчитывал, но...

Л и н д а. Вилли, сколько ты продал?

В и л л и. Видишь ли, я... что-то около ста восьмидесяти гроссов в Провиденсе. Или нет... Словом, вышло почти двести гроссов за всю поездку...

Л и н д а (*спокойно*). Двести гроссов. Это будет... (*Высчитывает.*)

В и л л и. Беда в том, что три магазина в Бостоне были закрыты на учет. Не то я побил бы все рекорды.

Л и н д а. Ну что же, и так получается семьдесят долларов и несколько центов. Совсем неплохо.

В и л л и. Сколько мы должны?

Л и н д а. Первого надо внести шестнадцать долларов за холодильник...

В и л л и. Почему шестнадцать?

Л и н д а. Потому что порвался ремень вентилятора, а это стоило еще доллар восемьдесят.

В и л л и. Но ведь он совсем новый!

Л и н д а. Монтер говорит, что это обычное дело. Так всегда бывает вначале, потом наладится.

Они проходят в кухню.

В и л л и. Надеюсь, нас не надули с этим холодильником.

Л и н д а. Его так рекламируют...

В и л л и. Ну да, это очень хороший аппарат. Что еще?

Л и н д а. Девяносто шесть центов за стиральную машину. А пятнадцатого надо внести три пятьдесят за пылесос. Потом за крышу... Осталось заплатить еще двадцать один доллар.

В и л л и. Она теперь не течет?

Л и н д а. Ну нет! Они починили ее на славу... Ты должен Фрэнку за карбюратор.

В и л л и. И не подумаю платить! Проклятый «шевроле», когда им наконец запретят выпускать эту машину?

Л и н д а. Ты должен ему три пятьдесят. Со всякими мелочами к пятнадцатому числу нам надо внести сто двадцать долларов.

В и л л и. Сто двадцать долларов! Бог ты мой! Если дела не поправятся, прямо не знаю, что делать!

Л и н д а. На той неделе ты заработаешь больше.

В и л л и. Конечно! На той неделе я из них выпотрошу душу. Поеду в Хартфорд. Меня очень любят в Хартфорде... Знаешь, Линда, беда в том, что я не сразу прихожусь по душе.

Они выходят на просцениум.

Л и н д а. Какие глупости!

В и л л и. Я это чувствую... Надо мной даже смеются.

Л и н д а. Почему? С чего бы это им над тобой смеяться? Не говори таких вещей, Вилли.

Вилли подходит к краю сцены. Линда идет на кухню и принимается штопать чулки.

В и л л и. Не знаю почему, но иногда на меня просто не обращают внимания. Я какой-то незаметный.

Л и н д а. Но ведь у тебя все идет так хорошо, дружок. Ты зарабатываешь от семидесяти до ста долларов в неделю.

В и л л и. Но я бьюсь для этого по десять — двенадцать часов в день! Другие... не знаю как... но другим эти деньги достаются легче. Не понимаю почему... Наверно, потому, что я слишком много разговариваю. Не могу удержаться. В моем деле лучше помалкивать. Надо отдать справедливость Чарли. Он человек молчаливый. И его уважают.

Л и н д а. Ты совсем не болтун. Ты просто очень живой.

В и л л и (улыбаясь). Да, в общем, ерунда, ну их всех к черту! Жизнь так коротка, едва успеешь отпустить пару шуток, и крышка! (Про себя.) Я слишком много шучу. (Улыбка сходит с его лица.)

Л и н д а. Да почему?.. Ты...

В и л л и. Я толстый. Понимаешь, у меня смешной вид. Я тебе никогда не рассказывал, но на Рождество захожу я к своему покупателю, Стюартсу, а там сидит один знакомый парень, тоже коммивояжер. Не знаю, что он обо мне говорил, я только услышал одно слово — «морж». Я взял да и стукнул его по физиономии... Я не позволю себя оскорблять. Не позволю! Но они надо мной смеются.

Л и н д а. Дружочек...

В и л л и. Я должен их от этого отучить. Я знаю, мне надо это преодолеть. Может, я недостаточно хорошо одет?

Л и н д а. Вилли, ты самый красивый на свете...

В и л л и. Что ты...

Л и н д а. Для меня ты самый красивый. *(Маленькая пауза.)* Самый что ни на есть.

Из темноты слышен женский смех, он сопровождает слова Линды. Вилли не смотрит в ту сторону, откуда доносится смех.

И для мальчиков тоже. Ты когда-нибудь видел отца, которого бы так обожали дети?

Слева от дома, за сценой, слышна музыка. Виден неясный силуэт Женщины. Она одевается.

В и л л и *(с большим чувством).* А ты лучше всех на свете. Линда, ты настоящий друг, понимаешь? В дороге... в вечных разъездах мне часто хочется схватить тебя и зацеловать до смерти...

Женский смех звучит громче, и Вилли проходит на освещенную теперь часть сцены слева, где стоит Ж е н щ и н а, вышедшая из-за кулис, и, глядя в зеркало, надевает шляпу.

В и л л и. Мне бывает так тоскливо... особенно когда дела идут плохо и не с кем поговорить. Кажется, что больше никогда ничего не продашь, не сможешь заработать на жизнь, сколотить денег на собственное дело, обеспечить мальчиков...

Слова его постепенно заглушает смех Женщины. Она прихорашивается перед зеркалом.

Мне так хочется добиться успеха.

Ж е н щ и н а. У меня? Вы меня и не думали добиваться. Я сама вас выбрала.

В и л л и *(польщен).* Вы меня выбрали?

Ж е н щ и н а *(выглядит очень прилично, ей столько же лет, сколько Вилли).* Ну да. Я сижу у своей конторки и изо дня в день наблюдаю вашего брата коммивояжеров. Вы ведь ездите тут и днем и ночью. Но у вас, Вилли, столько юмора, нам с вами весело... Правда?

В и л л и. Да-да, конечно. *(Обнимает ее.)* Неужели вам пора уходить?

Ж е н щ и н а. Уже два часа ночи...

В и л л и. Пойдем! *(Тащит ее за собой.)*

Ж е н щ и н а. ...мои сестры будут в ужасе. Когда вы приедете снова?

В и л л и. Недельки через две. А вы ко мне подниметесь?

Ж е н щ и н а. Непременно. С вами так весело. Мне полезно посмеяться. *(Обнимает и целует его.)* Вы удивительный человек!

В и л л и. Так, значит, это вы меня выбрали, а?

Ж е н щ и н а. Конечно. Вы такой милый. Шутник!

В и л л и. Ну что ж, в следующий приезд увидимся опять.

Ж е н щ и н а. Я направлю к вам всех покупателей.

В и л л и. Отлично! Не вешать носа!

Ж е н щ и н а *(смеясь, легонько шлепает его в ответ)*. Помереть от вас можно, Вилли!

Он внезапно хватает ее и грубо целует.

Помереть, да и только! Спасибо за чулки. Обожаю, когда у меня много чулок. Ну, спокойной ночи.

В и л л и. Спокойной ночи. Дышите глубже!

Ж е н щ и н а. Ах, Вилли!..

Женщина разражается смехом, и с ним сливается смех Линды. Женщина исчезает в темноте. Освещается та часть сцены, где стоит кухонный стол. Л и н д а сидит на прежнем месте у стола и чинит шелковые чулки.

Л и н д а. Ты самый красивый на свете. С чего ты взял...

В и л л и *(возвращаясь оттуда, где только что была Женщина, подходя к Линде)*. Я все искуплю, Линда! Я отплачу...

Л и н д а. Тебе нечего искупать, дружок. У тебя и так все идет хорошо. Лучше, чем у других...

В и л л и *(заметив, что она штопает)*. Что это?

Л и н д а. Штопаю чулки. Они такие дорогие...

В и л л и (*сердито отнимает у нее чулки*). Я не позволю тебе штопать чулки! Выбрось их сейчас же!

Линда прячет чулки в карман. В кухню вбегает Б е р н а р д.

Б е р н а р д. Где он? Если он не будет заниматься...

В и л л и (*выходит на авансцену, с раздражением*). Ты подскажешь ему ответ!

Б е р н а р д. Я всегда ему подсказываю, но не перед попечителями. Ведь это выпускной экзамен. Меня могут посадить в тюрьму.

В и л л и. Где он? Я его высеку!

Л и н д а. И пусть он вернет этот мяч, Вилли. Нехорошо.

В и л л и. Биф! Где он? Вечно он хватает чужое!

Л и н д а. Он слишком груб с девочками. Все матери говорят о нем с ужасом...

В и л л и. Я его высеку!

Б е р н а р д. Он ездит на машине, не имея прав.

Слышен смех Женщины.

В и л л и. Заткнись!

Л и н д а. Все матери...

В и л л и. Заткнись!

Б е р н а р д (*с опаской отходит*). Мистер Бирнбом говорит, что он совсем зазнался...

В и л л и. Убирайся отсюда!

Б е р н а р д. Если Биф не нагонит, он провалится по математике. (*Уходит.*)

Л и н д а. Бернард прав. Вилли, ты должен...

В и л л и (*взрываясь*). Что вы к нему пристали? Ты хочешь, чтобы он был такой же глистой, как Бернард? У мальчика темперамент, он не похож на других...

Л и н д а, едва сдерживая слезы, уходит в гостиную. Вилли остается один в кухне. Он сгорбился и пристально смотрит в темноту. Листва вокруг дома исчезла. Снова ночь, и со всех сторон на него надвигаются громады жилых домов.

Замучили! Совсем замучили. Разве он крадет? Ведь он же отдает обратно. Почему он крадет? Что я ему говорил? Всю жизнь я учил его только хорошему.

Х э п п и, в пижаме, спускается вниз по лестнице. Вилли видит его.

Х э п п и. Хватит тебе здесь сидеть одному. Пойдем.

В и л л и (*присаживаясь к столу*). Господи! Зачем она натирает полы? Каждый раз, когда она натирает полы, она прямо валится с ног. И ведь знает, что ей нельзя!

Х э п п и. Тсс! Спокойно. Почему ты вернулся?

В и л л и. Перепугался. В Йонкерсе чуть не переехал ребенка. Боже мой! Почему я тогда не поехал с братом Беном на Аляску? Бен! Вот это был гений, сама удача! Какую я сделал ошибку! Ведь он меня так звал.

Х э п п и. Ну, теперь бесполезно...

В и л л и. А вы чего стоите? Вот человек, который начал с пустыми руками, а кончил алмазными приисками!

Х э п п и. Хотел бы я знать, как у него это получилось.

В и л л и. Подумаешь, какая загадка. Человек знал, чего хочет, и добился своего. В двадцать один год Бен отправился в джунгли, а когда он оттуда вышел, парень уже был богачом. Жизнь — твердый орешек, его не раскусишь, лежа на перине.

Х э п п и. Папа, я хочу, чтобы ты бросил работу!

В и л л и. А кто меня будет кормить? Ты? На свои семьдесят долларов в неделю? А твои бабы, твоя машина, твоя квартира? Все на те же семьдесят долларов? Господи Иисусе, я не мог сегодня доехать до Йонкерса! Где вы, мальчики, где вы? На помощь! Я больше не могу управлять машиной!

В дверях появляется Ч а р л и. Это грузный человек, с медленной речью, упорный, немногословный. Во всем, что он говорит Вилли, чувствуется глубокая жалость, а теперь и душевное волнение. Поверх пижамы на нем надет халат, на ногах домашние туфли.

Ч а р л и (*входя*). У вас все в порядке?

Х э п п и. Да, Чарли, как будто в порядке.

В и л л и. А в чем дело?

Ч а р л и. Мне послышался шум. Я думал, у вас что-то случилось. Проклятые стены! Неужели с ними ничего нельзя сделать? Стоит вам здесь чихнуть, как у меня в доме с головы слетает шляпа.

Х э п п и. Пойдем, отец, спать.

Чарли делает Хэппи знак, чтобы тот ушел.

В и л л и. Ступай. Я не устал.

Х э п п и (*к Вилли*). Не расстраивайся, ладно? (*Уходит.*)

В и л л и. Ты почему не спишь?

Ч а р л и (*усаживаясь у стола, напротив Вилли*). Не могу заснуть. Изжога.

В и л л и. Ешь что попало...

Ч а р л и. Ем что дают.

В и л л и. Темный ты человек! Небось понятия не имеешь про витамины и всякое такое...

Ч а р л и. Давай сыграем. Может, нагоним сон.

В и л л и (*нерешительно*). Пожалуй... У тебя есть карты?

Ч а р л и (*вытаскивает из кармана колоду*). А как же. Всегда при мне. А что там слышно про эти самые витамины?

В и л л и (*сдавая*). Они укрепляют кости. Химия!

Ч а р л и. При чем тут кости, у меня же изжога.

В и л л и. Ни черта ты не смыслишь!

Ч а р л и. Не лезь в бутылку.

В и л л и. А ты не болтай о том, чего не понимаешь.

Играют. Пауза.

Ч а р л и. Почему ты дома?

В и л л и. Маленькая неполадка с машиной.

Ч а р л и. А-а... (*Пауза.*) Хотелось бы мне съездить в Калифорнию.

В и л л и. С чего это вдруг?

Ч а р л и. Хочешь, я дам тебе работу?

В и л л и. У меня есть работа, я тебе сто раз говорил. (*Маленькая пауза.*) Какого черта ты мне суешь свою работу?

Ч а р л и. Не лезь в бутылку.

В и л л и. А ты меня не зли.

Ч а р л и. Не понимаю, зачем ты за нее держишься. Не понимаю, зачем тебе так мучиться.

В и л л и. У меня хорошая работа. *(Маленькая пауза.)* И чего только тебя сюда носит?

Ч а р л и. Хочешь, чтобы я ушел?

В и л л и *(помолчав, уныло)*. Зачем ему ехать обратно в Техас? Почему? Какого дьявола...

Ч а р л и. Пусть едет.

В и л л и. Мне нечего дать ему, Чарли. Я гол как сокол.

Ч а р л и. Ничего, не помрет. Никто у нас с голоду пока не умирает. Забудь о нем.

В и л л и. Тогда о чем же мне помнить?

Ч а р л и. Ты слишком близко принимаешь это к сердцу. К чертовой матери! Если бутылка с трещиной, залог за нее все равно не вернут.

В и л л и. Легко тебе рассуждать.

Ч а р л и. Нет, не легко.

В и л л и. Видел, какой потолок я сделал в гостиной?

Ч а р л и. Да, это работа! У меня бы наверняка ничего не вышло. Расскажи, как тебе это удалось?

В и л л и. А тебе-то что?

Ч а р л и. Да просто так, интересно.

В и л л и. Ты что, тоже собираешься делать новый потолок?

Ч а р л и. Да разве я сумею?

В и л л и. Тогда какого черта ты ко мне пристаешь?

Ч а р л и. Вот ты опять лезешь в бутылку.

В и л л и. Человек, который не может управиться с чепуховым инструментом, — не человек. Даже противно!

Ч а р л и. С чего это я стал тебе противен?

Из-за правого угла дома на авансцену выходит Б е н с зонтиком и чемоданом. Это положительный и властный мужчина лет за шестьдесят. Он твердо уверен в своем предназначении; на нем лежит отпечаток дальних странствий.

В и л л и. Я так невыносимо устал, Бен.

Слышна музыка Бена. Бен оглядывается кругом.

Ч а р л и. Ладно, играй, лучше спать будешь. Почему ты назвал меня Беном?

Бен смотрит на часы.

В и л л и. Смешно. Ты вдруг напомнил мне брата, Бена.

Б е н. В моем распоряжении всего несколько минут. (*Прохаживается, разглядывая все вокруг.*)

Вилли и Чарли продолжают играть.

Ч а р л и. Ты больше ничего о нем не слышал? С тех самых пор?

В и л л и. Разве Линда тебе не говорила? Несколько недель назад мы получили письмо от его жены. Из Африки. Он умер.

Ч а р л и. Вот как?

Б е н (*хихикая*). Так вот он какой, ваш Бруклин, а?

Ч а р л и. Может, вам от него перепадет немножко деньжат?

В и л л и. Держи карман шире! У него самого было семеро сыновей. С этим человеком я упустил только одну возможность...

Б е н. Я спешу на поезд, Вильям. Мне надо посмотреть кое-какую недвижимость на Аляске.

В и л л и. Да-да... Если бы я тогда поехал с ним на Аляску, все было бы совсем по-другому.

Ч а р л и. Не морочь голову, ты бы там превратился в сосульку.

В и л л и. Глупости!

Б е н. На Аляске невиданные возможности разбогатеть, Вильям. Поражаюсь, что ты еще не там.

В и л л и. Невиданные возможности...

Ч а р л и. Что?

В и л л и. Это был единственный человек, который знал секрет успеха.

Ч а р л и. Кто?

Б е н. Как вы тут поживаете?

В и л л и (*забирая деньги из банка и улыбаясь*). Хорошо, очень хорошо.

Ч а р л и. Больно ты сегодня хитер.

Б е н. А мать живет с тобой?

В и л л и. Нет, она давно умерла.

Ч а р л и. Кто?

Б е н. Очень жаль. Достойная женщина была наша мать.

В и л л и (*к Чарли*). Что?

Б е н. А я-то надеялся повидать старушку.

Ч а р л и. Кто умер?

Б е н. От отца были какие-нибудь вести?

В и л л и (*растерянно*). То есть как это — кто умер?

Ч а р л и (*забирая выигрыш*). О чем ты говоришь?

Б е н (*глядя на часы*). Вильям, уже половина девятого!

В и л л и (*словно для того чтобы справиться со своей расте-рянностью, сердито хватает Чарли за руку*). Это моя взятка!

Ч а р л и. Я положил туза...

В и л л и. Если ты не умеешь играть, я не намерен швы-рять деньги!

Ч а р л и (*поднимаясь*). Но Господи Боже, туз ведь был мой!

В и л л и. Не буду с тобой больше играть. Ни за что!

Б е н. Когда умерла мама?

В и л л и. Давно... Ты никогда не умел играть в карты.

Ч а р л и (*собирает карты, и направляется к двери*). Ладно. В следующий раз я принесу колоду с пятью тузами.

В и л л и. Разве это я жульничаю?

Ч а р л и (*оборачиваясь к нему*). Тебе должно быть стыдно!

В и л л и. Да ну?

Ч а р л и. Вот тебе и «да ну»! (*Уходит.*)

В и л л и (*захлопывая за ним дверь*). Что с тебя спраши-вать — темнота!

Б е н (*к Вилли, который подходит к нему сквозь угол кухни*). Так это ты, Вильям?

В и л л и (*пожимая ему руку*). Бен! Я давно тебя ждал. В чем секрет? Как ты добился успеха?

Б е н. Это длинная история...

Молодая **Л и н д а** выходит на авансцену, неся корзину с бельем.

Л и н д а. Вы Бен?

Б е н (*галантно*). Как поживаете, милая?

Л и н д а. Где вы столько лет пропадали? Вилли всегда удивлялся, почему вы...

В и л л и (*нетерпеливо отводя Бена от Линды в сторону*). Где отец? Разве ты не поехал за ним? С чего ты начал?

Б е н. Не знаю, все ли ты помнишь...

В и л л и. Конечно, я был ребенком, мне тогда было три года...

Б е н. Три года одиннадцать месяцев.

В и л л и. Ну и память же у тебя, Бен!

Б е н. У меня много разных предприятий, а я не веду бухгалтерских книг.

В и л л и. Я сидел под фургоном... Где это было, в Небраске?

Б е н. В Южной Дакоте. Я принес тебе букетик полевых цветов.

В и л л и. Помню, как ты шел по безлюдной дороге...

Б е н (*смеясь*). Я отправился на Аляску искать отца.

В и л л и. Где он теперь?

Б е н. В те годы у меня были смутные представления о географии. Через несколько дней я понял, что иду не на север, а на юг, и вместо Аляски попал в Африку.

Л и н д а. В Африку!

В и л л и. На Золотой Берег?

Б е н. На алмазные прииски.

Л и н д а. Алмазные прииски?!

Б е н. Да, милая. Но в моем распоряжении всего несколько минут...

В и л л и. Нет! Нет! Мальчики!.. Мальчики!

Появляются Б и ф и Х э п п и — подростки.

В и л л и. Вы только послушайте! Это наш дядя Бен! Он необыкновенный человек! Расскажи моим мальчикам, Бен!

Б е н. Ну что же, послушайте. Когда мне было семнадцать лет, я пошел в джунгли, а когда мне стукнуло двадцать один, я оттуда вышел... *(Смеется.)* И, видит Бог, я уже был богачом!

В и л л и *(мальчикам).* Понимаете теперь, что я вам все время твердил? Человеку может выпасть на долю самая невероятная удача!

Б е н *(взглянув на часы).* У меня в четверг деловое свидание в Кетчикане.

В и л л и. Погоди, Бен! Расскажи об отце. Я хочу, чтобы мальчики знали, что у них за предки. Помню только, это был человек с большой бородой. А я сижу, бывало, у мамы на коленях возле костра и слушаю какую-то неясную музыку...

Б е н. Флейта. Он играл на флейте.

В и л л и. Конечно, флейта. Помню!

Теперь и в самом деле слышна музыка — высокие ноты задорной мелодии.

Б е н. Отец был большим человеком с неукротимой душой. Запряжет, бывало, фургон в Бостоне, посадит в него семью и гонит упряжку через всю страну — по Огайо, Индиане, по Мичигану, Иллинойсу и по всем западным штатам... Останавливаемся в городах и продаем флейты, которые он сделал в дороге. Великий выдумщик был отец. На одном маленьком изобретении он зарабатывал в неделю больше, чем ты за всю свою жизнь.

В и л л и. Вот в этом духе я и воспитываю своих мальчиков, Бен. Крепкими, обаятельными, мастерами на все руки...

Б е н. Да? *(Бифу.)* А ну-ка, ударь, парень. Бей как можно сильнее! *(Показывает на свой живот.)*

Б и ф. Что вы, сэр!

Б е н *(становясь в позу боксера)*. А ну-ка, давай! *(Смеется.)*

В и л л и. Ступай, Биф! Покажи ему!

Б и ф. Ладно! *(Сжимает кулаки и наступает.)*

Л и н д а *(к Вилли)*. Зачем ему драться, дружок?

Б е н *(парируя удары)*. Молодец! Ай да молодец!

В и л л и. Ну-ка, Бен, как?

Х э п п и. Дай ему левой, Биф!

Л и н д а. Почему вы деретесь?

Б е н. Молодчага! *(Внезапно делает выпад и подножку.)*

Биф падает. Бен стоит над ним, направив острие зонтика на его глаз.

Л и н д а. Берегись, Биф!

Б и ф. Ай!

Б е н *(похлопывая Бифа по колену)*. Никогда не дерись честно с незнакомым противником, мальчик. Не то ты не выберешься из джунглей. *(Берет руку Линды, кланяется.)* Я был искренне рад с вами познакомиться. Большая честь.

Л и н д а *(отнимая руку, холодно)*. Счастливого пути.

Б е н *(к Вилли)*. Желаю тебе успеха... Кстати, чем ты занимаешься?

В и л л и. Я коммивояжер.

Б е н. Вот как! Что ж... *(Делает прощальный жест рукой.)*

В и л л и. Бен, я не хочу, чтобы ты думал... *(Тянет его за руку.)* Погляди, тут у нас всего-навсего Бруклин, но и мы ходим на охоту!

Б е н. Позволь...

В и л л и. Да-да, тут у нас и змеи, и зайцы... вот почему я сюда переехал. А Биф, стоит ему захотеть, и он может срубить любое из этих деревьев. Мальчики! А ну-ка, ступайте туда, где строят большой дом, и принесите песку. Мы сейчас переделаем всю нашу веранду. Ты только погляди, Бен!

Б и ф. Слушаю, сэр! А ну-ка, Хэп, бегом!

Х э п п и (*убегая вместе с Бифом*). Я теряю в весе, папа, правда?

Входит Ч а р л и, в коротких брюках.

Ч а р л и (*к Вилли*). Не позволяй Бифу...

Бен трясется от смеха.

В и л л и. Видел бы ты лес, который они притащили на прошлой неделе. Чуть не дюжину бревен. За них пришлось бы заплатить кучу денег!

Ч а р л и. Но если сторож...

В и л л и. Я им задал, конечно, трепку. Но понимаешь, что это за бесстрашные ребята?

Ч а р л и. Такими бесстрашными ребятами полны тюрьмы.

Б е н (*хлопнув Вилли по спине, посмеивается над Чарли*). Но и биржа тоже!

В и л л и (*вторит смеху Бена*). Кто это тебе так обкорнал штаны, Чарли?

Ч а р л и. Жена купила мне такие короткие.

В и л л и. Тогда бери клюшку для гольфа и ступай спать. (*Бену.*) У него золотые руки: ни он, ни его сынок гвоздя вбить не умеют.

Вбегает Б е р н а р д.

Б е р н а р д. За Бифом гонится сторож.

В и л л и (*сердито*). Молчи! Он ничего не украл!

Л и н д а (*в тревоге бежит налево*). Где он? Биф, мальчик!

В и л л и (*отходит налево, подальше от Бена*). Ничего страшного.

Б е н. Горячий парень. Нервная натура, это хорошо.

В и л л и (*смеется*). У моего Бифа стальные нервы.

Ч а р л и. Прямо не пойму, что же это получается?.. Мой человек вернулся из Новой Англии, словно побитая собака. Они его там совсем доконали.

В и л л и. Все дело в личных отношениях, Чарли! У меня, например, повсюду связи.

Ч а р л и (*язвительно*). Рад за тебя. Приходи попозже, сыграем в карты. Я отниму у тебя часть твоего заработка. (*Смеется, уходит.*)

В и л л и (*оборачиваясь к Бену*). Дела идут из рук вон плохо. Конечно, не у меня...

Б е н. Я заеду к тебе на обратном пути.

В и л л и (*с тоской*). А ты не можешь остаться хоть на несколько дней? Ты мне так нужен, Бен... Положение у меня, правда, хорошее, но отец уехал, когда я был еще совсем ребенком, и я не мог ни разу с ним поговорить. А я все еще чувствую себя в жизни... как бы это выразиться... вроде временного постояльца...

Б е н. Я опоздаю на поезд.

Они стоят в противоположных концах сцены.

В и л л и. Бен, мои мальчики... Неужели ты не можешь остаться? Правда, они для меня готовы в огонь и в воду, но я, видишь ли...

Б е н. Вильям, ты отлично воспитываешь своих мальчиков. Это незаурядные парни, настоящие мужчины.

В и л л и (*с жадностью глотая его слова*). Ах, Бен, как я рад, что ты так думаешь! Ведь иногда меня просто ужас берет, что я учу их не тому, чему надо... Бен, чему мне их учить?

Б е н (*многозначительно подчеркивая каждое слово, с какой-то злой удалью*). Вильям, когда я вошел в джунгли, мне было всего семнадцать лет. А когда я оттуда вышел, мне едва исполнилось двадцать один. Но, видит Бог, я уже был богат! (*Скрывается за темным углом дома.*)

В и л л и. Богат!.. Вот что я хочу им внушить: не бойтесь войти в джунгли! Я был прав! Я был прав! Я был прав!

Бена уже нет, но Вилли все еще с ним разговаривает. В кухню входит Л и н д а, в ночной рубашке и халате, ищет Вилли, потом подходит к двери, выглядывает во двор.

Л и н д а (*увидев его*). Вилли, родной! Вилли!

В и л л и. Я был прав!

Л и н д а. Ты поел сыру?

Он не в силах ответить.

Уже очень поздно. Пойдем спать, дружок, а?

В и л л и (*закинув голову и глядя на небо*). Шею себе свихнешь, прежде чем увидишь хоть одну звезду над этим двором.

Л и н д а. Ты идешь домой?

В и л л и. Куда делась та алмазная цепочка для часов? Помнишь, ее привез Бен, когда приехал из Африки. Разве он тогда не подарил мне цепочку для часов с алмазом?

Л и н д а. Ты заложил ее, дружок. Двенадцать или тринадцать лет назад. Нужно было внести плату за заочные радиокурсы для Бифа.

В и л л и. Боже мой, какая это была красивая вещь! Пойду прогуляюсь.

Л и н д а. Но ты в домашних туфлях!

В и л л и (*обходя дом слева*). Я был прав! Прав! (*Не то Линде, не то себе, качая головой.*) Что за человек! Вот с кем стоило поговорить. Я был прав!

Л и н д а (*кричит ему вслед*). Ты же в домашних туфлях, Вилли...

В и л л и уже почти скрылся. По лестнице спускается Б и ф, он в пижаме.

Б и ф (*входя в кухню*). Что он там делает?

Л и н д а. Тсс!

Б и ф. Господи Боже мой, мама, давно это с ним?

Л и н д а. Тише, он услышит.

Б и ф. Что с ним творится? Это же черт знает что!

Л и н д а. К утру все пройдет.

Б и ф. Неужели ничего нельзя сделать?

Л и н д а. Ах, дорогой мой, тебе столько нужно было сделать, а теперь уж ничего не поделаешь. Поэтому иди-ка ты лучше спать.

Сверху спускается Х э п п и и садится на ступеньку.

Х э п п и. Мама, я еще ни разу не слышал, чтобы он так громко разговаривал.

Л и н д а. Что ж, приходи почаще — услышишь. *(Садится к столу и принимается чинить подкладку на пиджаке Вилли.)*

Б и ф. Почему ты мне об этом не писала?

Л и н д а. Как я могла тебе писать? У тебя больше трех месяцев не было адреса.

Б и ф. Да, я переезжал с места на место... Но, знаешь, я все время думал о тебе. Ты мне веришь, дружочек?

Л и н д а. Верю, милый, верю. А он так любит получать письма. Тогда и он верит, что всем нам будет лучше...

Б и ф. Но он не все время такой, а, мама?

Л и н д а. Когда ты приезжаешь домой, он всегда становится хуже.

Б и ф. Когда я приезжаю домой?

Л и н д а. Когда ты пишешь, что скоро приедешь, он весь расцветает от счастья и все время говорит о будущем... тогда он просто замечательный! Но чем ближе твой приезд, тем больше он нервничает, а когда ты здесь, он все время сам с собой спорит и на тебя сердится. Наверно, потому, что он не может заставить себя открыть тебе душу. Почему вы так нетерпимы друг к другу? Ну почему?

Б и ф *(уклончиво)*. Разве я нетерпим?

Л и н д а. Стоит тебе войти в дом — и вы начинаете грызться!

Б и ф. Не знаю, как это получается. Я ведь хочу стать другим, я так стараюсь, мама, понимаешь?

Л и н д а. Ты вернулся домой совсем?

Б и ф. Не знаю. Вот осмотрюсь, погляжу...

Л и н д а. Биф, нельзя же осматриваться весь век!

Б и ф. Я не могу ни за что зацепиться, мама. Я не могу найти свою дорогу.

Л и н д а. Но человек не птица. Он не может улетать и прилетать вместе с весной!

Б и ф. Твои волосы... *(Притрагивается к ее волосам.)* Волосы у тебя стали совсем седые...

Л и н д а. Господи, они стали седеть, когда ты еще был в школе! Я просто перестала их красить, вот и все.

Б и ф. Покрась их опять, ладно? Я не хочу, чтобы мой дружочек старел. *(Улыбается.)*

Л и н д а. Ты еще совсем ребенок! Тебе кажется, что ты можешь уехать на целые годы и за это время ничего не случится... Имей в виду, однажды ты постучишь в эту дверь, и тебе откроют чужие люди...

Б и ф. Не надо так говорить! Тебе ведь нет еще и шестидесяти, мама.

Л и н д а. А отцу?

Б и ф *(неловко)*. Ну да, я говорю и о нем тоже.

Х э п п и. Он обожает отца.

Л и н д а. Биф, дорогой, если ты не любишь его, значит, ты не любишь и меня.

Б и ф. Я очень люблю тебя, мама.

Л и н д а. Нет. Ты не можешь приезжать только ко мне. Потому что я люблю его. *(С оттенком, только с оттенком слез в голосе.)* Он мне дороже всех на свете, и я не позволю, чтобы он чувствовал себя нежеланным, униженным, несчастным. Лучше решай сразу, как тебе быть. У тебя больше нет лазеек. Либо он тебе отец и ты его уважаешь, либо уходи и больше не возвращайся! Я знаю, с ним нелегко... Кто же это знает лучше меня? Но...

В и л л и *(слева, со смехом)*. Эй, Биффо!

Б и ф *(поднимаясь, чтобы пойти к нему)*. Что с ним творится?

Хэппи его задерживает.

Л и н д а. Не смей! Не смей к нему подходить!

Б и ф. А ты его не оберегай! Он всегда тобой помыкал. Не уважал тебя ни на грош!

Х э п п и. Он всегда ее уважал...

Б и ф. Что ты в этом понимаешь?

Х э п п и (*сварливо*). Только не вздумай называть его сумасшедшим!

Б и ф. У него нет воли... Чарли никогда бы себе этого не позволил. В своем собственном доме... Выплевывать всю эту блевотину из души!

Х э п п и. Чарли никогда не приходилось терпеть столько, сколько ему.

Б и ф. Многим людям бывало куда хуже, чем Вилли Ломену. Уж ты мне поверь, я их видел.

Л и н д а. А ты возьми Чарли себе в отцы. Что, не меняешь? Я не говорю, что твой отец такой уж необыкновенный человек. Вилли Ломен не нажил больших денег. О нем никогда не писали в газетах. У него не самый легкий на свете характер... Но он человек, и сейчас с ним творится что-то ужасное. К нему надо быть очень чутким. Нельзя, чтобы он так ушел в могилу... Словно старый, никому не нужный пес... Чуткости заслуживает этот человек, понимаешь? Ты назвал его сумасшедшим...

Б и ф. Да я и не думал...

Л и н д а. Нет, многие думают, что он потерял... рассудок. Не надо большого ума, чтобы понять, в чем тут дело. Он просто выбился из сил.

Х э п п и. Верно!

Л и н д а. Маленький человек может выбиться из сил так же, как и большой. В марте будет тридцать шесть лет, как он работает для своей фирмы. Он открыл для их товаров совсем новые рынки, а когда он постарел, они отняли у него жалованье.

Х э п п и (*с негодованием*). Как? Я этого не знал.

Л и н д а. Ты ведь не спрашивал, милый. Ты теперь получаешь карманные деньги не от отца — чего же тебе о нем беспокоиться?

Х э п п и. Но я дал вам денег...

Л и н д а. На Рождество? Да, пятьдесят долларов. А провести горячую воду стоило девяносто семь пятьдесят. Вот уже пять недель, как он работает на одних комиссионных, словно начинающий, прямо с улицы!

Б и ф. Ах неблагодарные! Мерзавцы!

Л и н д а. А чем они хуже его собственных детей? Когда он был молод, когда он приносил хозяину доходы, хозяин его ценил. А теперь прежние друзья, старые покупатели, — они так любили его и всегда старались сунуть ему заказ в трудную минуту, — все они умерли или ушли на покой. Прежде он легко мог обойти за день в Бостоне шесть-семь фирм. А теперь стоит ему вытащить чемоданы из машины и втащить их обратно, как он уже измучен. Вместо того чтобы ходить, он теперь разговаривает. Проехав тысячу километров, он вдруг видит, что никто его больше не знает, он ни от кого не слышит приветливого слова. А чего только не передумает человек, когда едет тысячу километров домой, не заработав ни цента! Поневоле начнешь разговаривать с самим собой! Ведь ему приходится каждую неделю ходить к Чарли, брать у него в долг пятьдесят долларов и уверять меня, будто он их заработал. Долго так может продолжаться? Видите, почему я сижу и его дожидаюсь? И ты мне говоришь, что у этого человека нет воли? У него, кто ради вас проработал всю жизнь? Когда ему дадут за это медаль? И в чем его награда теперь, когда ему стукнуло шестьдесят три года? Он видит, что его сыновья, которых он любил больше жизни... Один из них просто потаскун...

Х э п п и. Мама!

Л и н д а. Вот и все, что из тебя вышло, детка! *(Бифу.)* А ты? Куда девалась твоя любовь к нему? Вы ведь были такими друзьями! Помнишь, как ты с ним каждый вечер разговаривал по телефону? Как он скучал без тебя!

Б и ф. Ладно, мама. Я буду жить тут с вами, я найду работу. Постараюсь с ним не связываться, вот и все.

Л и н д а. Нет, Биф. Ты не можешь здесь жить и без конца с ним ссориться.

Б и ф. Это он выгнал меня из дому, не забывай.

Л и н д а. За что? Я ведь так до сих пор и не знаю.

Б и ф. Зато я знаю, какой он обманщик, а он не любит, когда это знают.

Л и н д а. Обманщик? В каком смысле? Что ты хочешь сказать?

Б и ф. Не вини меня одного. Вот все, что я тебе скажу. Я буду давать свою долю. Половину того, что заработаю. Чего ему тогда расстраиваться? Все будет в порядке. А теперь пойду-ка я спать. *(Идет к лестнице.)*

Л и н д а. Ничего не будет в порядке.

Б и ф *(поворачиваясь на ступеньке, в ярости)*. Я ненавижу этот город, но я останусь. Чего ты хочешь еще?

Л и н д а. Он погибает, Биф.

Хэппи смотрит на нее с испугом.

Б и ф *(помолчав)*. Погибает? Отчего?

Л и н д а. Он хочет себя убить.

Б и ф *(с непередаваемым ужасом)*. Как?!

Л и н д а. Знаешь, как я теперь живу: день прошел — и слава Богу!

Б и ф. Что ты говоришь?

Л и н д а. Помнишь, я писала тебе, что он снова разбил машину? В феврале?

Б и ф. Ну?

Л и н д а. Пришел страховой инспектор. Он сказал, что у них есть свидетели. Все несчастные случаи в прошлом году... не были несчастными случаями.

Х э п п и. Откуда они могут это знать? Ложь!

Л и н д а. Дело в том, что одна женщина... *(У нее сжимается горло.)*

Б и ф *(резко, но сдержанно ее прерывает).* Какая женщина?

Л и н д а *(одновременно с ним)... эта* женщина... Что ты сказал?

Б и ф. Ничего. Говори.

Л и н д а. Что ты сказал?

Б и ф. Ничего. Я просто спросил: какая женщина?

Х э п п и. Ну и что же эта женщина?

Л и н д а. Говорит, что она шла по дороге и видела его машину. Говорит, что он ехал совсем не быстро и что машину и не думало заносить. Он подъехал к мостику, а потом нарочно врезался в перила... Его спасло то, что речка обмелела.

Б и ф. Да он, наверно, опять заснул.

Л и н д а. Я не верю, что он заснул.

Б и ф. Почему?

Л и н д а. В прошлом месяце... *(С большим напряжением.)* Ох, мальчики, как тяжко говорить такие вещи! Ведь для вас он просто старый, глупый человек... А я повторяю вам: он куда лучше многих других... *(Глотает слезы, вытирает глаза.)* Как-то перегорела пробка. Свет погас, и я спустилась в погреб. За предохранительной коробкой... он оттуда просто выпал... был спрятан кусок резиновой трубки...

Х э п п и. Ты шутишь!

Л и н д а. Я сразу все поняла. И действительно, к трубке газовой горелки под котлом был приделан новый маленький ниппель.

Х э п п и *(зло).* Какое свинство!

Б и ф. Ты заставила его это убрать?

Л и н д а. Мне... стыдно. Как я могу ему сказать? Каждый день я спускаюсь вниз и уношу эту трубку. Но когда он приходит домой, я снова кладу ее на место. Разве я могу его обидеть? Не знаю прямо, что и делать. Не знаю, как дожить до утра. Ах, мальчики, если бы вы понимали... Ведь я знаю все, что он думает. Каждую его мысль. Может, то, что я говорю, глупо, старомодно, но, ей-богу, он отдал вам всю свою жизнь, а вы от него отвернулись. *(Уронила голову на колени и плачет, закрыв лицо руками.)* Биф, клянусь тебе Богом, слышишь, Биф? Его жизнь в твоих руках.

Х э п п и *(Бифу)*. Как тебе нравится этот старый дурак?

Б и ф *(целуя мать)*. Ладно, дружочек, ладно. Решено и подписано. Я знаю, мама. Я был не прав. Но теперь я останусь и, клянусь тебе, примусь за дело всерьез. *(Становится перед ней на колени, в лихорадочном самобичевании.)* Дело в том... Понимаешь, мамочка, я не очень-то приспособлен к торговому делу. Но не думай, что я не буду стараться. Я буду стараться, я своего добьюсь!

Х э п п и. Конечно, добьешься. У тебя ничего не выходило с коммерцией, потому что ты не очень старался нравиться людям.

Б и ф. Я знаю, я...

Х э п п и. Помнишь, например, когда ты работал у Харрисона? Боб Харрисон сначала говорил, что ты высший сорт! И надо же было тебе делать такие несусветные глупости! Насвистывать в лифте, как клоуну!

Б и ф *(с раздражением)*. Ну и что? Я люблю свистеть.

Х э п п и. Никто не поручит ответственного поста человеку, который свистит в лифте!

Л и н д а. Стоит ли спорить об этом сейчас?

Х э п п и. А разве ты не бросал работу посреди дня и не уходил ни с того ни с сего плавать?

Б и ф *(с возрастающим возмущением)*. А ты разве то и дело не убегаешь с работы? Ты ведь тоже устраиваешь себе отдых? В погожий летний денек?

Х э п п и. Да, но меня на этом не поймаешь!

Л и н д а. Мальчики!

Х э п п и. Если уж я решил смыться, хозяин может позвонить в любое из мест, где мне полагалось быть, и всюду ему поклянутся, что я был и только что вышел. Мне очень неприятно тебе это говорить, Биф, но в коммерческом мире думают, что ты ненормальный.

Б и ф (*рассердившись*). Да ну ее к черту, твою коммерцию!

Х э п п и. Правильно. Только надо уметь прятать концы в воду.

Л и н д а. Хэп! Хэп!

Б и ф. Плевать мне на то, что они обо мне думают. Они вечно смеялись и над отцом, а знаешь почему? Потому что мы чужие в этом бедламе! Нам бы класть цемент где-нибудь на воле или... или плотничать. Плотник имеет право свистеть!

Слева у входа в дом появляется В и л л и.

В и л л и. Даже твой дед и тот не был плотником. *(Пауза.)*

Все за ним наблюдают.

Ты так и не стал взрослым. Поверь мне, Бернарду и в голову не придет свистеть в лифте.

Б и ф (*хочет развеселить Вилли и обратить все в шутку*). Да, но ты-то свистишь, папа!

В и л л и. Никогда в жизни я не свистел в лифте! И кто это в коммерческом мире думает, что я ненормальный?

Б и ф. Да я совсем не то хотел сказать. Давай не будем делать из мухи слона, ладно?

В и л л и. Езжай обратно к себе на Запад. Работай плотником, ковбоем, на здоровье!

Л и н д а. Вилли, он как раз говорил...

В и л л и. Я слышал, что он говорил.

Х э п п и (*стараясь утихомирить Вилли*). Послушай, папа, брось...

В и л л и (*перебивая Хэппи*). Они смеются надо мной, а? А ну-ка, зайди в Бостоне к Файлину, к Хэбу, к Слаттери... Назови имя Вилли Ломена, посмотри, что будет!.. Вилли Ломен — известная личность!

Б и ф. Ладно, папа.

В и л л и. Известная, слышишь?

Б и ф. Ладно.

В и л л и. Почему ты меня всегда оскорбляешь?

Б и ф. Да я не сказал ни одного обидного слова. *(Линде.)* Разве я что-нибудь говорил?

Л и н д а. Он не сказал ничего плохого, Вилли.

В и л л и *(подходя к двери в гостиную)*. Ну ладно, спокойной ночи. Спокойной ночи.

Л и н д а. Вилли, родной, он как раз решил...

В и л л и *(Бифу)*. Если тебе завтра надоест ничего не делать, покрась потолок в гостиной.

Б и ф. Я уйду рано утром.

Х э п п и. Он хочет повидаться с Биллом Оливером, папа.

В и л л и *(с интересом)*. С Оливером? Для чего?

Б и ф *(сделав над собой усилие, старается изо всех сил сдержаться)*. Он говорил, что меня поддержит. Я хочу начать какое-нибудь дело, может, он примет во мне участие...

Л и н д а. Разве это не замечательно?

В и л л и. Не прерывай. Что тут замечательного? В Нью-Йорке найдется человек пятьдесят, которые с радостью дадут ему капитал. *(Бифу.)* Спортивные товары?

Б и ф. Думаю, что да. Я кое-что в этом смыслю, а...

В и л л и. Он кое-что смыслит! Господи Иисусе, да ты знаешь спортивные товары лучше, чем сам Спеллинг! Сколько он тебе дает?

Б и ф. Не знаю. Я его еще не видел, но...

В и л л и. Так о чем же ты говоришь?

Б и ф *(начиная сердиться)*. А что я сказал? Я сказал, что хочу его повидать, вот и все!

В и л л и *(отворачиваясь)*. Опять делишь шкуру неубитого медведя!

Б и ф *(направляясь к лестнице)*. А, черт! Я пошел спать.

В и л л и *(ему вдогонку)*. Не смей ругаться!

Б и ф *(поворачиваясь к нему)*. С каких это пор ты стал таким праведником?

Х э п п и *(пытаясь их успокоить)*. Погодите...

В и л л и. Не смей так со мной разговаривать! Не позволю!

Х э п п и (*хватая Бифа за руку, кричит*). Погодите минутку! У меня идея! Первоклассная идея! Поди сюда, Биф, поговорим, давай поговорим разумно. Когда я прошлый раз был во Флориде, мне пришла в голову мысль, как продавать спортивные товары. Сейчас ты мне напомнил... Я и ты, Биф, — у нас будет своя специальность. Мы будем торговать по-своему... Фирма Ломен. Потренируемся несколько недель, устроим парочку состязаний. Понятно?

В и л л и. Вот это идея!

Х э п п и. Погоди. Организуем две баскетбольные команды, понимаешь? Потом две команды водного поло. Играем друг против друга. Представляешь, какая реклама? Брат против брата, понимаешь? Братья Ломен. Витрина в «Королевских пальмах», во всех лучших отелях... И транспаранты над стадионом: «Братья Ломен». Детки, вот это будет торговля спортивными товарами!

В и л л и. За такую идею можно дать миллион!

Л и н д а. Блестяще!

Б и ф. Мне она тоже по душе, если за этим стало дело.

Х э п п и. И вся прелесть в том, Биф, что это совсем не похоже на обыкновенную торговлю. Словно мы снова ребята, играем в футбол...

Б и ф (*загоревшись*). Вот это да!..

В и л л и. Золотая мысль!

Х э п п и. И тебе не надоест, Биф, и семья снова будет как семья. Близость, взаимная поддержка — все как когда-то. А если тебе и захочется удрать, чтобы поплавать, — пожалуйста, это твое право! И никто тебе на хвост не наступит!

В и л л и. Ох и заткнете же вы всех за пояс! Вы, мальчики, вдвоем можете хоть кого заткнуть за пояс!

Б и ф. Завтра повидаюсь с Оливером. Эх, если бы у нас, Хэп, это вышло...

Л и н д а. Может, даст Бог, все образуется...

В и л л и (*в бешеном возбуждении, Линде*). Не прерывай! (*Бифу.*) Но когда пойдешь к Оливеру, не вздумай надеть спортивный костюм!

Б и ф. Нет, я...

В и л л и. Строгий деловой костюм, разговаривай как можно меньше и не смей отпускать свои шуточки.

Б и ф. Он меня любил. Он меня очень любил.

Л и н д а. Он тебя обожал!

В и л л и (*Линде*). Ты замолчишь? (*Бифу.*) Войди сдержанно. Солидно. Ты ведь не работу пришел просить. Речь идет о больших деньгах. Держись с достоинством. Будь немногословен. Людям нравятся остряки, но никто не дает им в кредит.

Х э п п и. Я тоже постараюсь достать денег, Биф. И, наверно, смогу.

В и л л и. Мальчики, вас ждет блестящее будущее! Все наши горести теперь позади. Но помните: большому кораблю большое плавание. Проси пятнадцать. Сколько ты думаешь попросить?

Б и ф. Ей-богу, не знаю...

В и л л и. И не божись! Это несолидно. Человек, который просит пятнадцать тысяч долларов, не божится!

Б и ф. Десять, по-моему, никак не больше...

В и л л и. Не скромничай. Ты всегда слишком мало запрашивал. Входи веселей. Не показывай, что волнуешься. Расскажи ему для начала парочку анекдотов, чтобы дело пошло как по маслу. Не важно, что ты говоришь — важно, как ты это говоришь. Личные качества, личное обаяние — вот что всегда побеждает!

Л и н д а. Оливер был о нем самого высокого мнения.

В и л л и. Дашь ты мне вставить хоть слово?

Б и ф. А ты на нее не кричи, слышишь?

В и л л и (*сердито*). Я ведь разговаривал, правда?

Б и ф. А мне не нравится, что ты на нее все время кричишь.

В и л л и. Ты здесь хозяин, что ли?

Л и н д а. Вилли...

В и л л и (*накидываясь на нее*). Что ты ему все время поддакиваешь, черт бы тебя побрал!

Б и ф (*в ярости*). Перестань на нее орать!

В и л л и (*внезапно обмякнув, словно побитый, мучаясь угрызениями совести*). Передай привет Биллу Оливеру; может, он меня помнит. (*Уходит в гостиную.*)

Л и н д а (*понизив голос*). Зачем ты все это снова затеял?

Биф отворачивается.

Разве ты не видел, какой он был хороший, когда ты дал ему хоть капельку надежды? (*Подходит к Бифу.*) Пойдем наверх, пожелай ему спокойной ночи. Нельзя, чтобы он лег спать в таком состоянии.

Х э п п и. Пойдем, Биф, приободрим старика.

Л и н д а. Ну, пожалуйста, милый, скажи ему «спокойной ночи». Ему так мало нужно. Пойдем. (*Идет в гостиную и кричит оттуда наверх.*) Твоя пижама в ванной, Вилли!

Х э п п и (*глядя ей вслед*). Вот это женщина! Таких больше не делают. Правда, Биф?

Б и ф. Его сняли с жалованья. Работать на одних комиссионных!

Х э п п и. Давай смотреть на вещи трезво: как коммивояжер он уже вышел в тираж. Правда, надо признаться, он еще умеет быть обаятельным.

Б и ф (*решаясь*). Дай мне в долг долларов десять, можешь? Я хочу купить парочку новых галстуков.

Х э п п и. Я сведу тебя в одно местечко. Прекрасные товары. Надень завтра одну из моих рубах в полоску.

Б и ф. Мама так поседела. Она стала ужасно старенькая. Господи Иисусе, мне и вправду нужно пойти завтра к Оливеру и выбить из него эти...

Х э п п и. Пойдем наверх. Скажи об этом отцу. У него станет легче на душе. Идем.

Б и ф (*распаляясь*). Представляешь, малыш, если мы получим эти десять тысяч долларов!

Х э п п и и Б и ф идут в гостиную.

Х э п п и. Вот это разговор. Наконец-то я вижу прежнюю удаль! (*Из гостиной, по мере того как он удаляется.*) Нам с тобой, братишка, надо жить вместе. Какую девочку ты бы ни захотел, скажи только слово... (*Теперь его едва слышно.*)

Л и н д а входит в спальню.

Л и н д а (*к Вилли, находящемуся в ванной, перестилая его постель*). Можешь ты что-нибудь сделать с душем? Он опять протекает.

Г о л о с В и л л и (*из ванной*). В один прекрасный день все вдруг портится сразу. Проклятые водопроводчики, на них надо подать в суд! Не успеешь привести в порядок одно, как ломается что-то другое... (*Продолжает невнятно бормотать.*)

Л и н д а. Интересно, узнает ли его Оливер. Как ты думаешь, он его помнит?

В и л л и выходит из ванной, он в пижаме.

В и л л и. Его? Да ты что, совсем спятила? Если бы он не ушел от Оливера, он был бы его правой рукой. Пусть только Оливер на него взглянет. Ты совсем потеряла всякое соображение. Знаешь, какие теперь пошли молодые люди?.. (*Укладывается в постель.*) Ни черта не стоят! Только и могут, что шалопайничать.

Б и ф и Х э п п и входят в спальню. Маленькая пауза.

В и л л и (*прерывая себя на полуслове, глядит на Бифа*). Я очень рад за тебя, мальчик.

Х э п п и. Он хотел пожелать тебе спокойной ночи.

В и л л и (*Бифу*). Хорошо! Положи его на обе лопатки, мальчик. Что ты хотел мне сказать?

Б и ф. Не расстраивайся, отец. Спокойной ночи. *(Хочет уйти.)*

В и л л и *(не в силах удержаться)*. И если, когда ты будешь там, что-нибудь ненароком свалится со стола — пакет или какая-нибудь другая вещь, — не вздумай ее поднимать. Для этого у них есть рассыльные.

Л и н д а. Я приготовлю завтрак поплотнее...

В и л л и. Дашь ты мне говорить? *(Бифу.)* Скажи ему, что на Западе ты работал не на ферме, а по торговой части.

Б и ф. Ладно, папа.

Л и н д а. Надеюсь, все теперь...

В и л л и *(словно ее не слышит)*. И смотри не продешеви себя. Проси не меньше пятнадцати тысяч.

Б и ф *(не в силах все это вынести)*. Хорошо. Спокойной ночи, мама. *(Идет к двери.)*

В и л л и. Помни, в тебе есть масштаб, Биф, ты можешь выйти в люди. В тебе есть дар божий... *(Откидывается в изнеможении на подушку.)*

Б и ф выходит из комнаты.

Л и н д а *(ему вслед)*. Спи спокойно, мой дорогой.

Х э п п и. Я решил жениться, мама. Имей это в виду.

Л и н д а. Ступай спать, милый.

Х э п п и *(уходя)*. Я просто хотел, чтобы ты имела в виду.

В и л л и. Действуй.

Х э п п и уходит.

Господи... Помнишь матч на стадионе «Эббетс»? Городской чемпионат?

Л и н д а. Отдохни. Хочешь, я тебе спою?

В и л л и. Ага. Спой мне.

Линда тихо напевает колыбельную.

Когда их команда вышла на поле... он был самый высокий, помнишь?

Л и н д а. Да. И весь золотой...

Б и ф входит в темную кухню, вынимает сигарету и, переступив порог дома, появляется в золотом пятне света. Он курит, глядя в ночную мглу.

В и л л и. Как молодой бог. Геркулес или кто-нибудь в этом роде. И вокруг него сияло солнце, весь он был им озарен. Помнишь, как он помахал мне рукой? Прямо оттуда, с поля, где стояли представители трех университетов. Тут же были мои покупатели, я их пригласил... Как ему кричали, когда он вышел: «Ломен! Ломен! Ломен!» Господи, он еще будет большим человеком. Такая яркая звезда, разве она может погаснуть бесследно?

Свет в спальне Вилли меркнет. В кухонной стене, возле лестницы, ярко загорается газовая горелка. Из раскаленных докрасна трубок поднимаются синие языки пламени.

Л и н д а (*робко*). Вилли, дружок, а что он имеет против тебя?

В и л л и. Я так устал. Помолчи.

Биф медленно возвращается на кухню. Останавливается, пристально смотрит на горелку.

Л и н д а. Ты попросишь Говарда, чтобы тебе дали работу в Нью-Йорке?

В и л л и. Первым делом, с утра. Все будет хорошо.

Биф протягивает руку к горелке и достает из-за нее кусок резиновой трубки. Он с ужасом смотрит в сторону все еще тускло освещенной спальни, откуда доносится монотонное, грустное пение Линды.

(*Пристально глядя в окно на лунный свет.*) Боже ты мой, погляди, как гуляет луна между теми домами.

Биф обертывает вокруг руки резиновую трубку и торопливо поднимается по лестнице.

Занавес.

ДЕЙСТВИЕ ВТОРОЕ

Слышна веселая, бодрая музыка. Когда музыка стихает, занавес под-нимается. В и л л и, без пиджака, сидит у кухонного стола, прихле-бывая кофе. На коленях у него лежит шляпа. Л и н д а, когда ей это удается, подливает ему кофе.

В и л л и. Замечательный кофе. Очень питательная еда!

Л и н д а. Сделать тебе яичницу?

В и л л и. Нет. Посиди.

Л и н д а. У тебя такой отдохнувший вид.

В и л л и. Спал как убитый. Первый раз за несколько ме-сяцев. Ты только подумай: проспать до десяти во вторник! Мальчики рано ушли, а?

Л и н д а. В восемь часов их уже и след простыл.

В и л л и. Молодцы!

Л и н д а. Так приятно было видеть их вместе! У меня даже защемило сердце. И весь дом пропах кремом для бритья!

В и л л и (улыбаясь). М-м-м...

Л и н д а. Биф сегодня утром был совсем другой! У него и в голосе и в глазах было столько надежды. Ему просто не терпелось поскорее попасть в город и повидать Оливера.

В и л л и. Теперь у него все переменится. Есть люди, ко-торые поздно... остепеняются. Вот и все. Что он надел?

Л и н д а. Синий костюм. Он в нем такой красивый. В этом костюме он просто необыкновенный!

Вилли встает из-за стола. Линда подает ему пиджак.

В и л л и. Да-да, вот именно. Именно... По дороге домой надо купить семян.

Л и н д а (*смеясь*). Вот будет славно! Но теперь к нам так редко заглядывает солнце. Боюсь, что здесь ничего не будет расти.

В и л л и. Потерпи, детка, мы еще купим себе клочок земли в деревне, я буду сажать овощи, разводить цыплят...

Л и н д а. Конечно, будешь, дружок.

Вилли вытаскивает руки из рукавов пиджака и отходит. Линда идет
за ним следом.

В и л л и. Они женятся и будут приезжать к нам с субботы на воскресенье. Я построю маленький флигелек для гостей. У меня ведь столько прекрасных инструментов. Все, что мне надо, — это немножко досок и душевный покой.

Л и н д а (*весело*). Я подшила тебе подкладку...

В и л л и. Можно построить даже два флигеля, чтобы они приезжали оба. Он решил наконец, сколько попросить у Оливера?

Л и н д а (*натягивая на него пиджак*). Он мне ничего не сказал, но, наверно, десять или пятнадцать тысяч. А ты сегодня поговоришь с Говардом?

В и л л и. Да. Я поставлю вопрос ребром. Ему придется перевести меня с разъездной работы.

Л и н д а. Вилли, не забудь попросить немножко денег вперед... Нам надо заплатить по страховому полису. Льготный период кончается.

В и л л и. Это сто...

Л и н д а. Сто восемь долларов шестьдесят восемь центов. Мы ведь опять чуточку в долгу.

В и л л и. Почему?

Л и н д а. Ты отдавал машину в ремонт...

В и л л и. Ох уж этот проклятый «студебеккер»!

Л и н д а. И остался последний взнос за холодильник...

В и л л и. Но он ведь снова сломался!

Л и н д а. Что поделаешь, родной, он уже старенький.

В и л л и. Говорил я тебе, что надо покупать известную марку. Чарли купил «Дженерал электрик» — ему уже лет двадцать, а он, сукин сын, все еще работает!

Л и н д а. Да, но...

В и л л и. Разве кто-нибудь знает холодильники Хэстингса? Раз в жизни хотел бы я получить в собственность вещь, прежде чем она сломается! Вечно я состязаюсь с мусорной свалкой: только успеешь выплатить за машину, а она уже при последнем издыхании. Холодильник пожирает запасные части как бешеный. Они нарочно так делают свои товары: когда вы за вещь наконец выплатили, она уже никуда не годится.

Л и н д а (*застегивая его пиджак, который он сейчас же расстегивает*). В общем, мы выйдем из положения, если у нас будет хотя бы двести долларов. Но сюда уже входит и последний взнос по закладной. После этого дом будет наш.

В и л л и. Не прошло и двадцати пяти лет!

Л и н д а. Да, Бифу было девять, когда мы его купили.

В и л л и. Ну что ж, это большое дело. Двадцать пять лет выплачивать по закладной...

Л и н д а. Большое достижение.

В и л л и. А сколько цемента, леса и труда я вложил в этот дом. В нем теперь нет ни единой трещинки.

Л и н д а. Да, он сослужил нам службу.

В и л л и. Сослужил... Скоро въедет в него чужой человек — и все. Вот если бы Биф взял этот дом и народил в нем детей... (*Собирается уходить.*) Прощай, я опаздываю.

Л и н д а (*внезапно вспомнив*). Совсем забыла! Тебе надо встретиться с ними, они хотят с тобой пообедать!

В и л л и. Со мной?

Л и н д а. В ресторане Фрэнка на Сорок восьмой улице, возле Шестого авеню.

В и л л и. Да ну? А ты?

Л и н д а. Нет, только вы втроем. Они решили поставить тебе хорошее угощение!

В и л л и. Скажи, пожалуйста! Кто это придумал?

Л и н д а. Утром пришел ко мне Биф и говорит: «Скажи папе, что мы хотим поставить ему хорошее угощение». Ты должен быть там ровно в шесть. Пообедаешь со своими мальчиками.

В и л л и. Красота! Вот это здорово! Уж теперь-то я насяду на Говарда! Вырву у него аванс и добьюсь работы в Нью-Йорке. Теперь-то я уже этого добьюсь, черт бы его побрал!

Л и н д а. Правильно, Вилли, так и надо!

В и л л и. Никогда в жизни больше не сяду за руль!

Л и н д а. Времена меняются, Вилли. Я чувствую, что они меняются!

В и л л и. Безусловно! Прощай, я опаздываю. *(Снова направляется к выходу.)*

Л и н д а *(окликает его, подбегает к кухонному столу, берет носовой платок).* Очки не забыл?

В и л л и *(щупает карман, потом возвращается).* Нет, не забыл.

Л и н д а *(дает ему носовой платок).* Возьми платок.

В и л л и. Ага, платок.

Л и н д а. А твой сахарин?

В и л л и. Ага, сахарин...

Л и н д а. Осторожнее спускайся в подземку. *(Целует его.)*

В и л л и *(замечает, что на руке у нее висит шелковый чулок).* Ты перестанешь наконец штопать чулки? По крайней мере когда я дома. Мне это действует на нервы! Прошу тебя.

Л и н д а *(сует чулок в карман и идет за Вилли).* Не забудь: ресторан Фрэнка.

В и л л и *(проходя по просцениуму).* Может, здесь будет расти свекла?

Л и н д а *(смеясь).* Ты ведь пробовал уже столько раз!

В и л л и. Верно. Смотри не возись сегодня слишком много. *(Исчезает за правым углом дома.)*

Л и н д а. Будь осторожнее! *(Машет ему вслед.)*

Звонит телефон.

(Бежит через сцену в кухню и поднимает трубку.) Алло! Это ты, Биф? Я так рада, что ты позвонил, я как раз... Да, конеч-

но, только что сказала... Да, он будет ровно в шесть... Нет, как я могла забыть! Послушай, я умираю от желания тебе рассказать... Помнишь, я говорила тебе про резиновую трубку? Трубку к газовой горелке? Сегодня утром я наконец решила ее выбросить. Но не нашла! Понимаешь? Он ее взял, трубки больше нет! *(Слушает.)* Ах, это ты взял? Нет, ничего... Я надеялась, что взял он сам... Нет, я теперь не беспокоюсь, дорогой. Сегодня он ушел в таком хорошем настроении, совсем как в прежние дни. Я больше не боюсь. Тебя принял мистер Оливер?.. Ничего, подожди еще. И постарайся произвести на него хорошее впечатление. Пожалуйста, не волнуйся. И желаю вам с отцом повеселиться. У него ведь тоже могут быть сегодня хорошие новости!.. Вот именно, работа в Нью-Йорке. И прошу тебя, родной, будь сегодня с ним поласковее. Покажи, что ты его любишь. Ведь он маленький кораблик, который ищет тихой пристани... *(К радости ее примешивается печаль. Голос ее дрожит.)* Ах, как это замечательно, Биф! Ты спасешь ему жизнь. Спасибо тебе, родной. Обними его, когда он войдет в ресторан. Улыбнись ему. Вот и все, что от тебя требуется. Так, мой мальчик... До свидания, дорогой мой... Ты не забыл свою расческу?.. Хорошо. До свидания, Биф.

Во время ее разговора по телефону входит Г о в а р д В а г н е р, человек лет тридцати шести, вкатывает на колесиках столик для пишущей машинки, на котором стоит звукозаписывающий аппарат, и включает его. Это происходит слева, на авансцене. Свет, освещающий Линду, медленно меркнет и переносится на Говарда. Говард очень озабоченно налаживает магнитофон и при появлении В и л л и лишь искоса взглядывает на него через плечо.

В и л л и. Можно?

Г о в а р д. Здравствуйте, Вилли, входите.

В и л л и. Мне хотелось бы сказать вам пару слов.

Г о в а р д. Простите, что заставил вас ждать. Одну минуточку.

В и л л и. Что это такое?

Г о в а р д. Неужели вы никогда не видели? Магнитофон!

В и л л и. Ага... Можно с вами поговорить?

Г о в а р д. Он записывает все, что хотите. Мне привезли его только вчера. Я долго по нему сходил с ума, ведь это самое дьявольское изобретение, какое я видел. Из-за него я не спал всю ночь.

В и л л и. А для чего эта штука?

Г о в а р д. Я купил его, чтобы диктовать письма, но он годится для чего угодно. Послушайте! Я брал его на ночь домой. Послушайте, что мне удалось записать. Сперва моя дочь. Вот. *(Поворачивает рычаг, и становится слышно, как кто-то насвистывает «Катили в лодку бочки».)* Здорово свистит девчушка, а?

В и л л и. Совсем как в жизни.

Г о в а р д. Ей только семь лет. Вы слышите, какой тон?

В и л л и. Ай-ай-ай! Хотел попросить вас о маленьком одолжении...

Свист прерывается, и слышен голос дочери Говарда.

Г о л о с д о ч е р и Г о в а р д а. Теперь ты, папочка.

Г о в а р д. Она меня просто обожает!

Снова слышится, как насвистывают ту же самую песню.

Это я! Ха-ха-ха! *(Подмигивает.)*

В и л л и. Здорово!

Свист снова прерывается. Минуту аппарат работает беззвучно.

Г о в а р д. Тсс! Слушайте внимательно, это мой сын!

Г о л о с с ы н а Г о в а р д а. Столица Алабамы — Монтгомери, столица Аризоны — Финикс, столица Арканзаса — Литл-Рок, столица Калифорнии — Сакраменто... *(Продолжает перечислять столицы штатов.)*

Г о в а р д *(показывая растопыренную ладонь)*. А ему всего-навсего пять лет, Вилли!

В и л л и. Он будет диктором, как пить дать!

Голос сына Говарда *(продолжает)*. Столица Огайо...
Говард. Заметили? В алфавитном порядке!

Аппарат внезапно перестает работать.

Обождите минутку. Горничная нечаянно вытащила штепсельную вилку.

Вилли. Вот это действительно...

Говард. Тише, Христа ради!

Голос сына Говарда. Сейчас ровно девять по моим карманным часам. Поэтому мне надо идти спать.

Вилли. Это на самом деле...

Говард. Обождите минутку. Сейчас вы услышите мою жену.

Они ждут.

Голос Говарда. Ну чего же ты? Скажи что-нибудь! *(Пауза.)* Ты будешь говорить или нет?

Голос жены Говарда. Я ничего не могу придумать.

Голос Говарда. Ну говори же, лента крутится зря.

Голос жены Говарда *(робко, униженно)*. Алло! *(Пауза.)* Ох, Говард, не могу я разговаривать в эту самую штуку...

Говард *(резко выключая магнитофон)*. Это была моя жена.

Вилли. Поразительная машина! Можно мне...

Говард. Клянусь, Вилли, теперь я выброшу все мои игрушки! И фотоаппарат, и ленточную пилу, и все остальное. Это самое увлекательное развлечение, какое можно придумать!

Вилли. Надо бы купить такую штуку и мне.

Говард. Конечно, он стоит всего полтораста долларов. Без него не обойтись. Например, вам захотелось послушать Джека Бенни. Но, когда его передают, вас нет дома. Тогда вы просите горничную включить радио, и когда Джек Бенни выступает, магнитофон автоматически его записывает...

Вилли. ...а когда вы приходите домой...

Г о в а р д. Вы можете прийти домой в двенадцать, в час, когда угодно... Берете бутылку кока-колы, садитесь, поворачиваете рычаг и слушаете среди ночи всю программу Джека Бенни!

В и л л и. Непременно заведу себе такую штуку. Уйму времени проводишь в разъездах и горюешь, сколько интересного ты пропустил по радио!

Г о в а р д. Неужели у вас в машине нет радио?

В и л л и. Есть, но кому придет в голову его включать?

Г о в а р д. Послушайте, вы ведь, кажется, сегодня должны были быть в Бостоне?

В и л л и. Об этом-то я и хотел с вами поговорить, Говард. У вас найдется свободная минутка? *(Приносит из-за кулис стул.)*

Г о в а р д. Что случилось? Почему вы здесь?

В и л л и. Видите ли...

Г о в а р д. Надеюсь, вы не разбились опять, а?

В и л л и. Нет... но...

Г о в а р д. Господи, а я уж испугался. Так что же случилось?

В и л л и. Я вам скажу правду, Говард. Я думаю, что мне больше не следует разъезжать.

Г о в а р д. Не следует разъезжать? А что же вы будете делать?

В и л л и. Помните, на Рождество, когда мы все здесь собрались... вы обещали, что постараетесь подыскать мне какую-нибудь работенку в городе.

Г о в а р д. У нас?

В и л л и. Ну конечно.

Г о в а р д. А-а... Припоминаю. Да, но я так и не смог ничего для вас придумать, Вилли.

В и л л и. Послушайте, Говард. Ребята мои подросли. Мне самому много не надо. Если я смогу принести домой... ну хотя бы шестьдесят пять долларов в неделю, я сведу концы с концами.

Г о в а р д. Да, но, видите ли...

В и л л и. Поймите меня, Говард. Говоря честно и строго между нами, я немножко устал.

Г о в а р д. Я понимаю, Вилли. Но вы разъездной работник, а наша фирма торгует с провинцией. У нас тут всего полдюжины служащих.

В и л л и. Видит Бог, Говард, я никогда ни у кого не просил одолжений. Но я работал в вашей фирме еще в ту пору, когда ваш отец вас носил на руках.

Г о в а р д. Знаю, Вилли...

В и л л и. Ваш отец — упокой, Господи, его душу! — подошел ко мне в тот день, когда вы родились, и спросил меня, нравится ли мне имя Говард.

Г о в а р д. Я это очень ценю, Вилли, но у меня просто нет ни одного свободного места. Если бы оно у меня было, я бы вас сразу же назначил, но, ей-богу, у меня здесь нет ни единого местечка. *(Ищет зажигалку.)*

Вилли подает ее. Пауза.

В и л л и *(с нарастающим гневом).* Говард, все, что мне нужно, чтобы прокормиться, — это пятьдесят долларов в неделю.

Г о в а р д. Но куда же я вас дену, миленький?

В и л л и. Послушайте, ведь вы не сомневаетесь в том, что я умею продавать товар?

Г о в а р д. Да, мой милый, но дело есть дело, и человек должен себя оправдывать.

В и л л и *(в отчаянии).* Дайте-ка я вам что-то расскажу, Говард.

Г о в а р д. Вы ведь не можете отрицать, что дело есть дело?

В и л л и *(со злостью).* Дело, конечно, есть дело, но вы послушайте, что я вам скажу. Вы, наверно, кое-чего не понимаете. Когда я был еще мальчишкой — мне было восемнадцать или девятнадцать лет, — я уже работал коммивояжером. И уже тогда меня мучил вопрос, тут ли мое будущее. Мне так хотелось уехать на Аляску. В один только месяц там в трех местах открыли золото, и я мечтал туда уехать. Хотя бы поглядеть своими глазами...

Г о в а р д (*без всякого интереса*). Подумать только!

В и л л и. Ведь отец мой прожил много лет на Аляске. Он был человек рисковый. Наверно, и мы с братом пошли в него — непоседливые, неугомонные. Вечно гонялись за удачей. Я собирался поехать туда со своим старшим братом, разыскать отца, а может, и поселиться на Севере вместе со стариком. И я чуть было не уехал, если бы не встретил одного коммивояжера. Звали его Дэви Синглмен. Было ему восемьдесят четыре года, и он торговал разными товарами в тридцати одном штате. Старый Дэви поднимется, бывало, к себе в комнату, сунет ноги в зеленые бархатные шлепанцы — никогда их не забуду, — возьмет трубку, созвонится со своими покупателями и, не выходя из комнаты, заработает себе на жизнь. В восемьдесят четыре года... Когда я это увидел, я понял, что торговое дело — самая лучшая для человека профессия. Что может быть приятнее, когда тебе восемьдесят четыре года, чем возможность заехать в двадцать или тридцать разных городов, поднять телефонную трубку и знать, что тебя помнят, любят, что тебе поможет множество людей? Разве не так? А когда он умер — а умер он, между прочим, смертью настоящего коммивояжера: в зеленых бархатных шлепанцах, сидя в вагоне для курящих на линии Нью-Йорк — Нью-Хейвен — Хартфорд, по пути в Бостон, — когда он умер, на его похороны съехались сотни коммивояжеров и покупателей. Во многих поездах в тот день можно было видеть опечаленные лица. (*Встает.*)

Говард на него не смотрит.

В то время в нашем деле важна была личность, Говард. В нашем деле было уважение друг к другу, товарищество, признательность. А теперь все построено на голом расчете, дружбы больше нет, и личность не играет никакой роли. Понимаете, что я хочу сказать? Меня теперь больше не знают.

Г о в а р д *(отходя от него).* Вот то-то и оно, Вилли.

В и л л и. Если бы у меня было сорок долларов в неделю, больше мне не надо... Всего сорок долларов, Говард.

Г о в а р д. Миленький, не могу же я выжать сок из камня...

В и л л и *(его уже охватило отчаяние).* Говард, в тот год, когда губернатором выбрали Эла Смита, твой отец пришел ко мне и...

Г о в а р д *(собираясь уйти).* Мне нужно кое-кого повидать, милый. Меня ждут.

В и л л и *(удерживая его).* Но я ведь говорю о твоем отце! За этим самым письменным столом мне сулили золотые горы. Зачем вы мне говорите, что вас кто-то ждет? Я вложил в эту фирму тридцать четыре года жизни, а теперь мне нечем заплатить за страховку! Вы меня выжали, как лимон, и хотите выбросить кожуру на помойку? Но человек не лимон! *(Помолчав.)* Слушайте внимательно! Ваш отец... Двадцать восьмой год был для меня хорошим годом — я имел одних комиссионных до ста семидесяти долларов в неделю...

Г о в а р д *(нетерпеливо).* Бросьте, Вилли, вы никогда столько не вырабатывали...

В и л л и *(стукнув кулаком по столу).* В двадцать восьмом году я вырабатывал до ста семидесяти долларов в неделю. И ваш отец пришел ко мне... вернее, я был как раз тогда в конторе... разговор был здесь, у этого стола. Он положил мне руку на плечо...

Г о в а р д *(поднимаясь с места).* Вам придется извинить меня, Вилли, но мне надо кое-кого повидать. Возьмите себя в руки. *(Выходя из комнаты.)* Я скоро вернусь.

После ухода Говарда свет над его стулом становится неестественно ярким.

В и л л и. «Возьмите себя в руки»!.. А что я ему сказал? Господи, по-видимому, я на него накричал! Как я мог до этого дойти? *(Пристально вглядывается в свет, горящий над стулом, который от этого кажется словно одушевленным.*

Подходит к нему поближе и останавливается.) Фрэнк, Фрэнк, разве вы не помните, что вы тогда сказали? Как вы положили мне руку на плечо? Фрэнк... *(Облокачивается на столик и в тот миг, когда он произносит имя покойного, нечаянно включает магнитофон.)*

Г о л о с с ы н а Г о в а р д а *(из магнитофона).* ...штата Нью-Йорк — Олбани, столица Огайо — Цинциннати, столица Род-Айленда... *(Декламация продолжается.)*

В и л л и *(в ужасе отскакивая в сторону, кричит).* Ай! Говард! Говард! Говард!

Вбегает Г о в а р д.

Г о в а р д. Что случилось?

В и л л и *(показывая на магнитофон, продолжающий гнусаво, по-детски перечислять столицы штатов).* Выключите! Выключите!

Г о в а р д *(вытаскивая вилку из розетки).* Побойтесь Бога, Вилли...

В и л л и *(зажав глаза руками).* Я должен выпить чашку кофе... Мне надо выпить немножко кофе... *(Идет к выходу.)*

Г о в а р д *(останавливает его, свертывая в моток провод).* Вилли, послушайте...

В и л л и. Я поеду в Бостон.

Г о в а р д. Вилли, вы не поедете в Бостон.

В и л л и. Почему?

Г о в а р д. Я не хочу, чтобы вы там нас представляли. Я давно собирался вам это сказать.

В и л л и. Говард, вы меня выгоняете?

Г о в а р д. Я считаю, что вам нужно основательно отдохнуть.

В и л л и. Говард...

Г о в а р д. А когда вы почувствуете себя лучше, приходите, и я подумаю, что можно сделать.

В и л л и. Но я должен зарабатывать деньги. У меня нет средств...

Г о в а р д. А где ваши сыновья? Почему ваши сыновья вам не помогут?

В и л л и. Они затеяли большое дело.

Г о в а р д. Сейчас не время для ложного самолюбия, Вилли. Пойдите к вашим сыновьям и скажите им, что вы устали и не можете работать. У вас ведь двое взрослых сыновей, не так ли?

В и л л и. Так-так, но пока что...

Г о в а р д. Значит, договорились?

В и л л и. Ладно, завтра я поеду в Бостон.

Г о в а р д. Нет!

В и л л и. Я не могу сесть на шею моим сыновьям. Я не калека!

Г о в а р д. Послушайте, милый, я ведь сказал вам, что я сегодня занят...

В и л л и (*хватая Говарда за руку*). Говард, вы должны позволить мне поехать в Бостон!

Г о в а р д (*жестко, стараясь сдерживаться*). Мне сегодня утром надо повидать множество людей. Садитесь, даю вам пять минут, чтобы вы взяли себя в руки и пошли домой. Понятно? Мне нужен мой кабинет, Вилли. (*Собирается выйти, оборачивается, вспомнив про магнитофон, отодвигает столик, на котором он стоит.*) Да, кстати, зайдите на этой неделе и занесите образцы. Когда сможете... Вы поправитесь, Вилли, не сомневаюсь. Тогда и поговорим. Возьмите себя в руки, милый, тут рядом люди. (*Идет налево, толкая перед собой столик.*)

Вилли бессмысленно смотрит в пространство, он совершенно обессилен. Слышится музыка — музыка Бена, — сначала издалека, потом все ближе и ближе. Когда Вилли начинает говорить, справа входит Б е н. В руках у него чемодан и зонтик.

В и л л и. Ах, Бен, как же ты этого добился? Открой мне секрет. Ты уже уладил свои дела на Аляске?

Б е н. Много ли для этого нужно, если знаешь, чего добиваешься? Небольшая деловая поездка. Через час я отплываю. Зашел попрощаться.

В и л л и. Бен, я должен с тобой поговорить.

Б е н (*взглянув на часы*). У меня нет времени, Вильям.

В и л л и (*пересекая просцениум*). Бен, у меня ничего не выходит. Я не знаю, что делать.

Б е н. Послушай: я купил лесной участок на Аляске, и мне нужен человек, который мог бы за ним присмотреть.

В и л л и. Господи Боже мой, настоящий лес! Мы с мальчиками сможем жить на таком приволье!

Б е н. За твоим порогом лежат новые земли, Вильям. Брось свои города — здесь одна болтовня, платежи в рассрочку, судебные тяжбы... Сожми кулаки, и там, вдалеке, ты добьешься богатства.

В и л л и. Да! Да! Линда! Линда!

Входит молодая Л и н д а с корзиной выстиранного белья.

Л и н д а. Как, ты уже вернулся?

Б е н. У меня очень мало времени.

В и л л и. Подожди, подожди! Линда, он мне предлагает поехать на Аляску.

Л и н д а. Но у тебя... (*Бену.*) У него здесь такая прекрасная служба.

В и л л и. Детка, на Аляске я смогу...

Л и н д а. Тебе хорошо и здесь, Вилли!

Б е н (*Линде*). Так ли уж хорошо, дорогая?

Л и н д а (*боясь Бена и сердясь на него*). Не говорите ему таких вещей! Разве ему мало того, что он счастлив теперь здесь? (*К Вилли, стараясь заглушить смех Бена.*) Неужели все обязаны покорять мир? К тебе хорошо относятся, мальчики тебя любят, и в один прекрасный день... (*Бену.*) Старик Вагнер недавно обещал ему, что, если он будет так работать, его сделают компаньоном фирмы. Ведь он тебе обещал, правда, Вилли?

В и л л и. Конечно, конечно. Я уже заложил фундамент своего будущего в этой фирме, Бен, а если человек что-нибудь строит, он ведь на верном пути?

Б е н. Что ты построил? Ну-ка, потрогай рукой.

В и л л и (*нерешительно*). А ведь правда, Линда, под рукой ничего нет.

Л и н д а. Почему? (*Бену.*) Например, человеку восемьдесят четыре года...

В и л л и. Верно, вот это верно! Когда я смотрю на этого человека, я всегда думаю, что мне нечего бояться!

Б е н. Ха!

В и л л и. Святая правда, Бен. Все, что ему требуется, — это заехать в любой город, поднять телефонную трубку, и вот он уже заработал себе на жизнь. А знаешь почему?

Б е н (*поднимает чемодан*). Мне надо идти.

В и л л и (*удерживая его*). Посмотри на этого мальчишку!

Б и ф, в свитере, вносит чемодан. Х э п п и несет наплечники Бифа,
его золотой шлем и футбольные трусы.

Ни гроша за душой, а за него дерутся три знаменитых университета! Разве такого парня что-нибудь остановит? А почему? Потому что дело не в том, что ты есть, дело в твоей улыбке, в обаянии, в личных связях. Все богатства Аляски переходят из рук в руки за обеденным столом в отеле «Коммодор». В этом удивительная особенность нашей страны, ее чудо. Человек у нас может заработать алмазные россыпи, если у него есть обаяние! (*Поворачивается к Бифу.*) Вот почему так важно, что ты сегодня выйдешь на поле! Тысячи людей будут тебя приветствовать, они будут тобой восхищаться! (*Бену, который снова направляется к выходу.*) И слышишь, Бен? Когда он войдет в торговую контору, его встретят колокольным звоном, перед ним раскроются все двери! Так будет, Бен, я это видел тысячу раз! Ты не можешь это пощупать, как дерево в лесу, но это так, это существует!

Б е н. Прощай, Вильям.

В и л л и. Скажи мне: я прав? Ты думаешь, я прав? Я так ценю твое мнение.

Б е н. За твоим порогом лежат новые земли, Вильям. Ты можешь унести оттуда богатство! Богатство! (*Уходит.*)

В и л л и. Мы добьемся его здесь, Бен! Слышишь? Мы добьемся его здесь.

Вбегает Б е р н а р д. Слышна веселая музыка мальчиков.

Б е р н а р д. Господи Иисусе, я так боялся, что вы ушли!

В и л л и. Почему? Который час?

Б е р н а р д. Половина второго.

В и л л и. Ну что ж, пойдемте! Следующая остановка — стадион «Эббетс»! Где флажки? *(Пробегает через стену кухни в гостиную.)*

Л и н д а *(Бифу)*. Ты взял чистое белье?

Б и ф *(разминаясь)*. Давай пойдем!

Б е р н а р д. Биф, я понесу твой шлем, ладно?

Х э п п и. Нет, шлем понесу я.

Б е р н а р д. Биф, ведь ты мне обещал!

Х э п п и. Я понесу шлем.

Б е р н а р д. Как же я тогда попаду в раздевалку?

Л и н д а. Пусть он несет твои наплечники. *(Надевает пальто и шляпу.)*

Б е р н а р д. Можно, Биф? А то я уже всем сказал, что буду в раздевалке!

Х э п п и. Биф!

Б и ф *(помолчав немного, великодушно)*. Пусть несет наплечники.

Х э п п и *(передавая Бернарду наплечники)*. Теперь смотри держись поближе.

Вбегает В и л л и с флажками.

В и л л и *(раздавая всем флажки)*. Машите как следует, когда Биф выйдет на поле!

Х э п п и и Б е р н а р д убегают.

Готовы, мальчики?

Музыка замирает.

Б и ф. Готовы, папка. Каждый мускул готов.

В и л л и (*у края просцениума*). Ты понимаешь, что это для тебя значит?

Б и ф. Конечно, папа!

В и л л и (*щупая его мускулы*). Сегодня к вечеру ты вернешься домой капитаном сборной команды школ города Нью-Йорка.

Б и ф. Непременно. И помни, папа, когда я сниму шлем, я буду приветствовать тебя одного!

В и л л и. Пойдем. (*Направляется к двери, обняв Бифа за плечи.*)

Входит Ч а р л и, в коротких брюках.

У меня нет для тебя места, Чарли.

Ч а р л и. Места? Какого места?

В и л л и. В машине.

Ч а р л и. Вы едете кататься? Я думал, не сыграть ли нам в карты.

В и л л и (*в ярости*). В карты? (*Не веря своим ушам.*) Ты разве не знаешь, какой сегодня день?

Л и н д а. Конечно, знает. Он тебя дразнит.

В и л л и. Нечего ему меня дразнить!

Ч а р л и. Ей-богу, не знаю, Линда. А что случилось?

Л и н д а. Сегодня он играет на стадионе «Эббетс».

Ч а р л и. В такую погоду играть в бейсбол?

В и л л и. Нечего с ним разговаривать. Пойдемте же, пойдем! (*Подталкивает всех к двери.*)

Ч а р л и. Погодите минутку, разве вы ничего не слышали?

В и л л и. О чем?

Ч а р л и. Вы разве не слушаете радио? Стадион «Эббетс» только что взлетел на воздух.

В и л л и. Иди ты к черту!

Чарли смеется.

Пойдем, пойдем! Мы опаздываем.

Ч а р л и (*им вдогонку*). Забей хоть один гол в свои ворота, Биф, забей его в свои ворота!

В и л л и (*замыкая шествие, поворачивается к Чарли*). И совсем не смешно. Это решающий день его жизни.

Ч а р л и. Когда ты наконец повзрослеешь, Вилли?

В и л л и. Как? Что? После этого матча ты больше не будешь смеяться. Мальчик будет второй Ред Грейндж. Двадцать пять тысяч в год!

Ч а р л и (*насмешливо*). Да ну?

В и л л и. Вот тебе и ну.

Ч а р л и. Что ж, тогда прости меня, Вилли. Но ты мне вот что скажи...

В и л л и. Что?

Ч а р л и. Кто такой этот Ред Грейндж?

В и л л и. Утрись, слышишь? Молчи, будь ты проклят!

Чарли, хихикая, качает головой и уходит в левый угол сцены. Вилли идет за ним. Музыка звучит громко, в ней слышится жестокая издевка.

Ты кто такой, скажи, пожалуйста? Думаешь, ты лучше всех? Ничего ты не знаешь, безграмотный, безмозглый болван... Заткнись, слышишь!

В правом углу авансцены зажигается свет, освещая столик в приемной у Чарли. Слышен уличный шум. Теперь уже взрослый, Б е р н а р д сидит за столиком, посвистывая. Рядом с ним на полу пара теннисных ракеток и несессер.

Г о л о с В и л л и (*за сценой*). Куда же ты от меня уходишь? Не смей от меня уходить! Если ты хочешь что-нибудь сказать, говори прямо! Я знаю, за спиной ты надо мной смеешься. После этого матча ты будешь плакать кровавыми слезами, гадкая ты рожа. Удар! Удар! Восемьдесят тысяч народу! Гол, в самый центр!

Бернард — тихий, серьезный, но вполне уверенный в себе молодой человек. Голос Вилли доносится уже из правого угла сцены. Бернард спускает со столика ноги и прислушивается.

Входит секретарь его отца, Д ж е н н и.

Д ж е н н и (*взволнованно*). Бернард, пожалуйста, выйдите на минутку в холл!

Б е р н а р д. Что там за шум? Кто это?

Д ж е н н и. Мистер Ломен. Он только что вышел из лифта.

Б е р н а р д (*вставая*). С кем он ссорится?

Д ж е н н и. Там никого нет. Он один. Я не могу с ним сладить, а ваш папа расстраивается, когда он приходит. У меня еще столько работы на машинке, а ваш папа дожидается почты, чтобы ее подписать. Пожалуйста, поговорите с ним сами.

Входит В и л л и.

В и л л и. Штрафной! Штраф... (*Видит Дженни.*) Дженни, Дженни, рад вас видеть! Как вы тут? Все еще здесь работаете или уже ведете честную жизнь?

Д ж е н н и. Работаю. А как вы себя чувствуете?

В и л л и. Не слишком ладно, Дженни, далеко не блестяще! Ха-ха! (*С удивлением смотрит на ракетки.*)

Б е р н а р д. Здравствуйте, дядя Вилли.

В и л л и (*с изумлением*). Бернард! Подумать только, кого я вижу! (*Поспешно, виновато подходит к Бернарду и горячо трясет его руку.*)

Б е р н а р д. Как вы поживаете? Рад вас видеть.

В и л л и. Что ты здесь делаешь?

Б е р н а р д. Да вот зашел повидать отца. Перевести дух до отхода поезда. Я еду в Вашингтон.

В и л л и. А его нет?

Б е р н а р д. Он у себя в кабинете, разговаривает с бухгалтером. Садитесь.

В и л л и (*усаживаясь*). Что ты будешь делать в Вашингтоне?

Б е р н а р д. У меня там слушается дело.

В и л л и. Вот как? (*Показывая на ракетку.*) Собираешься там играть?

Б е р н а р д. Я заеду к приятелю, у него свой корт.

В и л л и. Не может быть! Свой теннисный корт? Это, наверно, очень хорошая семья.

Б е р н а р д. Да, милейшие люди. Папа сказал, что приехал Биф.

В и л л и (*широко расплывшись в улыбке*). Да, Биф приехал. Он затеял большое дело, Бернард.

Б е р н а р д. А чем теперь Биф занимается?

В и л л и. Он на Западе был большим человеком. А теперь решил обосноваться здесь. На широкую ногу. Мы сегодня с ним обедаем. У твоей жены действительно родился мальчик?

Б е р н а р д. Да. Это у нас уже второй.

В и л л и. Два сына! Кто бы мог подумать!

Б е р н а р д. Какое же дело затеял Биф?

В и л л и. Видишь ли, Билл Оливер — у него крупная фирма спортивных товаров — очень хочет, чтобы Биф с ним работал. Вызвал его с Запада. Карт-бланш. Междугородные заказы по телефону. Специальные поставки... У твоих друзей свой собственный теннисный корт?

Б е р н а р д. А вы работаете все в той же фирме, Вилли?

В и л л и (*помолчав*). Я... Я от души рад твоим успехам, Бернард, от души рад. Так приятно видеть, когда молодой человек в самом деле... в самом деле... У Бифа как будто теперь тоже все налаживается... все как будто... (*Пауза.*) Бернард... (*Его так переполняют чувства, что он замолкает снова.*)

Б е р н а р д. В чем дело, Вилли?

В и л л и (*очень маленький и очень одинокий*). В чем... в чем секрет?

Б е р н а р д. Какой секрет?

В и л л и. Как... как ты этого достиг? Почему он не мог этого добиться?

Б е р н а р д. Не знаю, Вилли.

В и л л и (*доверительно, с отчаянием*). Ты ведь был его другом, другом детства. Я вот чего-то не понимаю. Вся его жизнь после того матча на стадионе «Эббетс» пошла насмарку. С семнадцати лет в его жизни больше не было ничего хорошего.

Б е р н а р д. Он никогда не готовил себя всерьез для чего бы то ни было.

В и л л и. Неправда, готовил! После средней школы он учился на самых разных заочных курсах — радиотехники, телевидения... Один Бог знает, чему только он не учился. Но так ничего и не достиг.

Б е р н а р д (*снимая очки*). Вилли, хотите, чтобы я вам сказал откровенно?

В и л л и (*вставая и глядя ему прямо в лицо*). Бернард, знаешь, я считаю тебя выдающимся человеком. И очень ценю твои советы.

Б е р н а р д. Какие там, к дьяволу, советы! Не могу я вам ничего советовать. Я давно хотел узнать у вас только одно. Когда Биф сдавал выпускные экзамены и его срезал учитель математики...

В и л л и. А-а, этот сукин сын! Он загубил его жизнь.

Б е р н а р д. Да, но вспомните, Вилли, все, что ему тогда нужно было сделать, — это подготовиться летом и пересдать математику!

В и л л и. Верно, верно.

Б е р н а р д. Это вы не позволили ему заниматься летом?

В и л л и. Я? Я умолял его заниматься. Я приказывал ему заниматься.

Б е р н а р д. Так почему же он этого не сделал?

В и л л и. Почему? Почему?.. Этот вопрос точит меня, как червь, уже пятнадцать лет. Он провалился на экзамене, бросил учиться, и все у него пошло прахом.

Б е р н а р д. Только не волнуйтесь, пожалуйста!

В и л л и. Дайте мне с вами поговорить. Ведь мне же не с кем разговаривать. Бернард, Бернард, это, наверно, моя вина. Понимаете? Я все думаю, думаю... Может, я в чем-нибудь виноват? Может, это я причинил ему зло? И мне нечем его искупить.

Б е р н а р д. Не расстраивайтесь.

В и л л и. Почему он сдался? Что произошло? Ты ведь был его другом.

Б е р н а р д. Помню, это было в июне, мы должны были получить аттестат. И он провалился по математике.

В и л л и. Сукин сын учитель!

Б е р н а р д. Нет, дело совсем не в нем. Помню, Биф очень разозлился и решил заниматься летом, чтобы держать переэкзаменовку.

В и л л и. Он решил заниматься?

Б е р н а р д. Он совсем не был убит. Но потом Биф пропал из дому почти на целый месяц. Мне тогда казалось, что он поехал к вам в Новую Англию. Он вас там нашел, он с вами разговаривал?

> Вилли молчит, не сводя с него глаз.

Ну, Вилли?

В и л л и (*с явным недоброжелательством*). Да, он приехал в Бостон. Ну и что из этого?

Б е р н а р д. Да просто, когда он вернулся... Я никогда этого не забуду, так я был ошарашен. Ведь я хорошо относился к Бифу, хоть он всегда мной и помыкал. Знаете, Вилли, я его любил. Он приехал тогда через месяц, взял свои бутсы — помните, на них была надпись «Виргинский университет»? Он так ими гордился, не хотел снимать с ног... Он отнес их вниз, в котельную, и сжег. Мы с ним подрались там, в погребе. Дрались долго, чуть не полчаса. Никого не было, только мы двое... Мы колотили друг друга кулаками и плакали. Я часто потом удивлялся, как я сразу понял, что ему больше не хочется жить. Что произошло тогда у вас в Бостоне, Вилли?

> Вилли смотрит на него зло и отчужденно.

Я об этом заговорил только потому, что вы меня спросили.

В и л л и (*сердито*). Что там могло случиться? И какое это имеет отношение к делу?

Б е р н а р д. Ладно, не сердитесь.

В и л л и. Ты хочешь свалить вину на меня. Если мальчик сдался, разве это моя вина?

Б е р н а р д. Послушайте, Вилли, не надо...

В и л л и. А ты не смей... не смей так со мной разговаривать! Что ты хотел сказать? На что ты намекаешь? «Что произошло...».

Входит Ч а р л и. Он в жилете, без пиджака, и несет бутылку виски.

Ч а р л и. Послушай, ты опоздаешь на поезд! *(Размахивает бутылкой.)*

Б е р н а р д. Иду. *(Берет бутылку.)* Спасибо, папа. *(Поднимает несессер и ракетки.)* До свидания, Вилли. Бросьте ломать себе голову. Знаете как говорится: «Если сперва ты и понес поражение...»

В и л л и. Вот в это я верю.

Б е р н а р д. Но бывает и так, Вилли, что человеку лучше уйти.

В и л л и. Уйти?

Б е р н а р д. Вот именно, уйти.

В и л л и. А если человек не может уйти?

Б е р н а р д *(секунду помолчав)*. Вот тогда по-настоящему плохо. *(Протягивая руку.)* Прощайте, Вилли!

В и л л и *(пожимая ему руку)*. Прощай, мальчик.

Ч а р л и *(положив руку Бернарду на плечо)*. Как тебе нравится этот парень? Едет защищать дело в Верховном суде!

Б е р н а р д *(недовольно)*. Отец!

В и л л и *(искренне потрясенный, огорченный и счастливый)*. Да ну! В Верховном суде?

Б е р н а р д. Я должен бежать. Пока, папа!

Ч а р л и. Покажи им, на что ты способен, сынок. *(Вынимает бумажник.)*

Б е р н а р д уходит.

В и л л и. В Верховном суде! И он не сказал об этом ни слова!

Ч а р л и (*отсчитывая на столе деньги*). А зачем говорить? Надо делать дело.

В и л л и. И ты ведь никогда его ничему не учил. Ты им совсем не интересовался.

Ч а р л и. Счастье мое в том, что я никогда ничем не интересовался. Вот немножко денег... пятьдесят долларов. У меня там сидит бухгалтер.

В и л л и. Чарли, вот какое дело... (*С трудом.*) Мне нужно платить страховку. Если ты можешь... Мне надо сто десять долларов.

Чарли молча слушает, он словно замер.

Я бы вынул деньги из банка, но Линда узнает, а я...

Ч а р л и (*помолчав*). А ну-ка, Вилли, сядь.

В и л л и (*подходит к стулу*). Имей в виду, я все записываю. Тебе будет возвращено все, до последнего цента. (*Садится.*)

Ч а р л и. Послушай...

В и л л и. Имей в виду, я очень тебе признателен...

Ч а р л и (*присаживаясь на стол*). Вилли, скажи, что с тобой? Что за чертовщина у тебя на уме?

В и л л и. Ты о чем? Я просто...

Ч а р л и. Я предложил тебе работу. Ты можешь зарабатывать пятьдесят долларов в неделю. И я не заставлю тебя мотаться по дорогам.

В и л л и. У меня есть работа.

Ч а р л и. Бесплатная? Какая же это работа, если ты ее делаешь даром? (*Встает.*) Знаешь, приятель, с меня хватит. Я хоть и не гений, но и я понимаю, когда меня оскорбляют.

В и л л и. Оскорбляют?

Ч а р л и. Почему ты не хочешь у меня работать?

В и л л и. Я тебя не понимаю. У меня же есть работа.

Ч а р л и. Тогда зачем ты сюда ходишь каждую неделю?

В и л л и (*вставая*). Если ты не хочешь, чтобы я сюда ходил...

Ч а р л и. Я предлагаю тебе работу.

В и л л и. Не надо мне твоей работы!

Ч а р л и. Когда, черт возьми, ты повзрослеешь?

В и л л и (*в ярости*). Ты, дубина, балбес проклятый, посмей мне еще раз это сказать, я тебе так съезжу... Плевать мне на то, что ты такой слонище! (*Готов вступить с ним в драку.*)

Пауза.

Ч а р л и (*подходит к нему, ласково*). Сколько тебе надо?

В и л л и. Чарли, меня доконали. Меня доконали! Не знаю, что делать... Я уволен.

Ч а р л и. Говард тебя уволил?!

В и л л и. Да, этот сопляк. Можешь себе представить. Ведь я вроде как его крестный. Ведь это я дал ему имя Говард.

Ч а р л и. Господи, когда ты наконец поймешь, что такая ерунда ничего не значит? Ну хорошо, ты крестил его, но разве ты это можешь продать? Единственное, что ценится в нашем мире, — это то, что можно продать. Смешно, ты всю жизнь торгуешь, а этого еще не понял.

В и л л и. Я всегда старался думать, что у нас дело обстоит иначе. Мне казалось, что если человек производит хорошее впечатление, если он нравится людям, тогда ему нечего бояться...

Ч а р л и. А к чему это — нравиться людям! Разве Джон Пирпонт Морган кому-нибудь нравится? Разве он производит приятное впечатление? В бане ты, наверно, принял бы его за мясника. Однако, когда при нем его карманы, он всем кажется таким симпатичным! Послушай, Вилли, ты меня не любишь, да и я не могу сказать, что я от тебя без ума, но я дам тебе работу... дам ее потому... черт меня знает почему. Что ты на это скажешь?

В и л л и. Не могу... не могу я у тебя работать, Чарли.

Ч а р л и. Ты мне завидуешь, что ли?

В и л л и. Не могу я у тебя работать, вот и все. Не спрашивай меня почему.

Ч а р л и (*сердито вынимает еще несколько бумажек*). Ты мне завидовал всю жизнь, несчастный ты дурень! На, плати свою страховку. (*Сует деньги Вилли в руку.*)

В и л л и. У меня все записано точно, до последнего гроша.

Ч а р л и. Я сейчас очень занят. Смотри, будь осторожен. И заплати страховку.

В и л л и (*отходя от него*). Смешно, не правда ли? Ездишь всю жизнь, ездишь, столько исколесишь дорог, столько обобьешь порогов, а в конце концов мертвый ты стоишь больше, чем живой.

Ч а р л и. Вилли, мертвый не стоит ровно ничего. (*Помолчав мгновение.*) Слышишь, что я говорю?

Вилли стоит неподвижно, погруженный в свои мысли.

Вилли!

В и л л и. Извинись за меня перед Бернардом, когда его увидишь. Я не хотел с ним ссориться. Он хороший мальчик. Все они хорошие мальчики и выйдут в люди... Все трое. Когда-нибудь они еще будут вместе играть в теннис. Пожелай мне счастья, Чарли. Он ведь сегодня был у Оливера.

Ч а р л и. Желаю тебе счастья.

В и л л и (*сдерживая слезы*). Чарли, ты мой единственный друг. Разве это не смешно? (*Уходит.*)

Ч а р л и. Господи! (*Смотрит вслед Вилли, идет за ним.*)

На сцене становится совершенно темно. Внезапно слышится бурная музыка и экран справа загорается красным светом. Появляется молодой официант С т э н л и; он несет столик, за ним идет Х э п п и, в руках у него два стула.

Х э п п и (*озираясь*). Тут гораздо лучше.

С т э н л и. Конечно, в переднем зале такой шум! Когда вы кого-нибудь приглашаете, мистер Ломен, предупредите меня, и я всегда вас устрою тут, в уголке. Многие наши клиенты не любят, когда крутом пусто; раз уж они вышли на люди, надо, чтобы вокруг все кружилось, им ведь до смерти надоело сидеть в своей берлоге. Но вы не такой, я знаю. Понятно, что я хочу сказать?

Х э п п и (*усаживаясь за столик*). Ну, как жизнь, Стэнли?

С т э н л и. Собачья жизнь, мистер Ломен. Жаль, что во время войны меня не взяли в армию. Был бы я по крайней мере покойником.

Х э п п и. Мой брат вернулся.

С т э н л и. Ей-богу? С Дальнего Запада?

Х э п п и. Ну да, мой брат, он крупный скотопромышленник, так что смотри обходись с ним как следует. И отец мой тоже придет.

С т э н л и. И отец тоже?

Х э п п и. Есть у вас хорошие омары?

С т э н л и. Высший сорт. Крупные.

Х э п п и. Только подай их с клешнями.

С т э н л и. Не беспокойтесь, мышей я вам не подсуну.

Хэппи смеется.

А как насчет вина? Совсем другой вкус у пищи.

Х э п п и. Не надо. Помнишь рецепт коктейля, который я привез из-за границы? С шампанским?

С т э н л и. Еще бы, конечно! Он до сих пор у меня приколот к стенке в кухне. Но этот напиток обойдется по доллару на брата.

Х э п п и. Не имеет значения.

С т э н л и. Вы что, выиграли в лотерею?

Х э п п и. Нет, просто у нас маленькое семейное торжество. Мой брат... он сегодня провел большое дело. Мы с ним, кажется, затеем одно предприятие.

С т э н л и. Здорово! И главное, все в своей семье — понятно, что я говорю? — так всегда лучше.

Х э п п и. И я так думаю.

С т э н л и. Бо-ольшущая разница! К примеру, если кто-нибудь ворует... Все остается в семье. Понятно, что я говорю? *(Понизив голос.)* Совсем как у нашего бармена. Хозяин просто с ума сходит — вечно нехватка в кассе! Туда кладешь, а оттуда взять нечего.

Х э п п и *(поднимая голову)*. Тсс!..

С т э н л и. Что такое?

Х э п п и. Ты замечаешь, что я не смотрю ни направо, ни налево? Замечаешь?

С т э н л и. Да.

Х э п п и. И глаза у меня закрыты?

С т э н л и. Что вы говорите?..

Х э п п и. Лакомый кусочек!

С т э н л и *(поняв его с полуслова, оглядывается)*. Где? Не вижу... *(Смолкает, заметив, что в зал входит роскошно одетая, закутанная в меха девушка и садится за соседний столик.)*

Хэппи и Стэнли провожают ее взглядом.

Господи, как вы ее углядели?

Х э п п и. На них у меня свой радар. *(В упор рассматривает ее профиль.)* У-у-у-у! Стэнли...

С т э н л и. Кажется, она в вашем вкусе, мистер Ломен.

Х э п п и. Погляди на этот рот. О Господи! А окуляры?

С т э н л и. Черт, вот у вас жизнь, мистер Ломен!

Х э п п и. Подойди к ней.

С т э н л и *(подходя к ее столику)*. Подать вам карточку, мадам?

Д е в у ш к а. Я подожду, но пока что...

Х э п п и. Почему бы вам не подать ей... Простите меня, мисс! Я продаю шампанское, и мне хотелось бы, чтобы вы попробовали нашу марку. Принеси шампанского, Стэнли.

С т э н л и уходит.

Д е в у ш к а. Это очень мило с вашей стороны.

Х э п п и. Нисколько. За счет фирмы. *(Смеется.)*

Д е в у ш к а. Вы торгуете прелестным товаром.

Х э п п и. Приедается, как и все на свете. Товар как товар, поверьте.

Д е в у ш к а. Наверно, вы правы.

Х э п п и. А вы, случайно, ничего не продаете?

Д е в у ш к а. Нет, не продаю.

Х э п п и. Простите незнакомого человека за комплимент. Ваше лицо так и просится на обложку журнала.

Д е в у ш к а (*глядя на него не без кокетства*). Оно уже там было.

Входит С т э н л и с бокалом шампанского.

Х э п п и. Что я тебе говорил, Стэнли? Вот видишь: девушка позирует для иллюстрированного журнала.

С т э н л и. Да, это видно. Сразу видно.

Х э п п и. Для какого именно?

Д е в у ш к а. О, для самых разных. (*Берет бокал.*) Спасибо.

Х э п п и. Знаете, как говорят во Франции? Шампанское — лучшие румяна для лица.

Входит Б и ф.

Сюда, Биф!

Б и ф (*подсаживается к Хэппи*). Здравствуй, малыш. Прости, что опоздал.

Х э п п и. Я сам только что пришел. Гм... мисс?..

Д е в у ш к а. Форсайт.

Х э п п и. Мисс Форсайт, это мой брат.

Б и ф. А папы еще нет?

Х э п п и. Его зовут Биф. Может, вы о нем слышали? Знаменитый футболист.

М и с с Ф о р с а й т. Да ну? Из какой команды?

Х э п п и. Вы знаток футбола?

М и с с Ф о р с а й т. Нет, увы! Я в нем мало понимаю.

Х э п п и. Биф в полузащите «Нью-Йоркских великанов».

М и с с Ф о р с а й т. Ах, как мило! *(Пьет.)*

Х э п п и. Ваше здоровье!

М и с с Ф о р с а й т. Рада с вами познакомиться.

Х э п п и. Меня зовут Хэп. На самом деле я Гарольд, но в Военной академии меня прозвали Хэппи Счастливчик.

М и с с Ф о р с а й т *(уже почтительно)*. Ах вот как! Очень приятно. *(Поворачивается к нему профилем.)*

Б и ф. А что, папа не придет?

Х э п п и. Если она тебе нравится, бери.

Б и ф. Ну, такая не по мне.

Х э п п и. В прежние времена ты бы не испугался. Где твоя былая удаль, Биф?

Б и ф. Я только что видел Оливера...

Х э п п и. Погоди. Я тебя спрашиваю, где твоя былая удаль? Тебе она нравится? Ее ведь стоит только поманить...

Б и ф. Нет. *(Поворачивается, чтобы посмотреть на девушку.)*

Х э п п и. Ты уж мне поверь. Гляди. Детка! Ты занята?

М и с с Ф о р с а й т *(поворачивается к нему)*. В сущности говоря, да... Но я могу позвонить по телефону.

Х э п п и. Вот и позвони, ладно, детка? И приведи какую-нибудь подружку. Мы здесь побудем. Биф — один из самых знаменитых наших футболистов.

М и с с Ф о р с а й т *(вставая)*. Я и в самом деле рада с вами познакомиться.

Х э п п и. Поскорей возвращайся.

М и с с Ф о р с а й т. Постараюсь.

Х э п п и. Постарайся, детка. Иногда стоит постараться...

М и с с Ф о р с а й т уходит. Пораженный С т э н л и идет за ней, покачивая от восторга головой.

Х э п п и. Ну разве не стыд? Такая красотка! Вот почему я никак не могу жениться. Из тысячи не выберешь и одной порядочной женщины. В Нью-Йорке такими хоть пруд пруди!

Б и ф. Послушай, Хэп...

Х э п п и. Говорил тебе, что ее стоит только поманить!

Б и ф (*с непривычной резкостью*). Помолчи ты, слышишь? Я хочу тебе рассказать...

Х э п п и. Ты видел Оливера?

Б и ф. Видел. Погоди! Я хочу кое-что объяснить отцу, и ты должен мне помочь...

Х э п п и. Что? Он даст тебе денег?

Б и ф. Ты, видно, спятил! Ты, верно, совсем сошел с ума!

Х э п п и. Почему? Что случилось?

Б и ф (*задыхаясь*). Я сделал ужасную вещь. Сегодня был самый странный день в моей жизни. Клянусь, у меня все болит. Меня словно побили.

Х э п п и. Он не захотел тебя принять?

Б и ф. Я ждал его шесть часов, понимаешь? Целый день. Без конца передавал свое имя через секретаршу. Пытался назначить ей свидание, чтобы она меня к нему пропустила, но не клюнуло...

Х э п п и. У тебя пропала вера в себя, Биф. Но он тебя помнил, не может быть, чтобы он тебя не помнил!..

Б и ф (*прерывая Хэппи движением руки*). Наконец около пяти часов он вышел. Не помнил ни кто я, ни что я. Я почувствовал себя таким идиотом!

Х э п п и. Ты рассказал ему о моей затее насчет Флориды?

Б и ф. Он прошел мимо. Я видел его ровно одну минуту. Меня охватила такая ярость, что я, кажется, мог переломать там всю мебель! С чего это я, дурак, взял, что могу торговать? Поверил, что снова смогу работать у этого типа! Стоило мне взглянуть на него — и я понял, какой нелепой ложью была вся моя жизнь. Мы тешили себя ложью пятнадцать лет...

Х э п п и. Что ты сделал?

Б и ф (*с огромным внутренним напряжением, стараясь разобраться в том, что произошло*). Видишь ли, он ушел... И секретарша, она вышла тоже. Я остался один в приемной. Не знаю, что на меня нашло. Я опомнился у него в кабинете —

знаешь, такой роскошный кабинет с дубовыми панелями...
Не могу объяснить... Я... взял его вечное перо.

Х э п п и. Господи, и он тебя поймал?

Б и ф. Я убежал. Я бежал вниз одиннадцать этажей. Бежал, бежал, бежал...

Х э п п и. Какая глупость! Что это тебя дернуло?

Б и ф (*с мучительным недоумением*). Не знаю, мне просто... захотелось что-нибудь взять. Не понимаю. Помоги мне, Хэп, я должен рассказать это отцу.

Х э п п и. Ты сошел с ума! Зачем?

Б и ф. Хэп, он должен понять, что я не тот человек, кому дают взаймы большие деньги. Он думает, что все эти годы я просто делал ему назло, и это отравляет ему жизнь.

Х э п п и. Верно! Расскажи ему что-нибудь приятное.

Б и ф. Не могу.

Х э п п и. Скажи, что Оливер пригласил тебя завтра обедать.

Б и ф. А что я скажу ему завтра?

Х э п п и. Уйдешь из дому и вернешься поздно. Скажешь, что Оливер хочет подумать. Он будет думать неделю, другую, и постепенно все забудется...

Б и ф. Но ведь всему этому не будет конца!

Х э п п и. Он лишь тогда бывает счастлив, когда на что-то надеется.

Входит В и л л и.

Здорово, папаша!

В и л л и. Господи, сколько лет я здесь не был!

Стэнли подводит Вилли к столику, ставит ему стул и хочет уйти.

Х э п п и. Стэнли!

Стэнли останавливается, ожидая заказа.

Б и ф (*виновато подходит к Вилли, как к больному*). Садись, папа. Хочешь выпить?

В и л л и. Не возражаю.

Б и ф. Давай подзаправимся.

В и л л и. Ты чем-то расстроен?

Б и ф. Не-ет... *(К Стэнли.)* Виски всем. Двойную порцию.

С т э н л и. Слушаюсь, двойную. *(Уходит.)*

В и л л и. Ты уже выпил?

Б и ф. Да, немного выпил.

В и л л и. Ну, мальчик, расскажи мне, как это было. *(Кивая головой, с улыбкой.)* Все, конечно, в порядке?

Б и ф *(набирает дыхание, а потом хватает Вилли за руку).* Дружок... *(Храбро улыбается, и Вилли улыбается ему в ответ.)* Ну и досталось мне сегодня!..

Х э п п и. Прямо ужас, папа!

В и л л и. Да ну? Как это было?

Б и ф *(возбужденно, чуточку пьяный, витая в облаках).* Сейчас расскажу тебе с самого начала. Чудной сегодня был денек... *(Молчание. Обводит их обоих взглядом, берет себя в руки, но дыхание все же нарушает ритм его речи.)* Мне пришлось довольно долго его прождать и...

В и л л и. Оливера?

Б и ф. Ну да, Оливера. Если говорить начистоту, я ждал его целый день. И за это время передо мной прошли, отец, всякие... события моей жизни. Кто сказал, что я когда-то служил у Оливера приказчиком?

В и л л и. Ты сам это говорил.

Б и ф. Да нет же, я был у него транспортным агентом.

В и л л и. Но фактически ты был...

Б и ф *(решительно).* Папа, я не знаю, кто это выдумал первый, но я никогда не был доверенным лицом у Оливера.

В и л л и. К чему ты все это говоришь?

Б и ф. Давай сегодня придерживаться фактов. Мы ничего не добьемся, если будем тыкаться наугад... Я был у него транспортным агентом, вот и все.

В и л л и *(со злостью).* Хорошо, а теперь послушай меня...

Б и ф. Почему ты не даешь мне договорить?

В и л л и. Потому что меня совершенно не интересует история и прочая чушь... Мальчики, поймите, у нас земля горит под ногами. Пылает большой пожар. Меня сегодня выгнали на улицу.

Б и ф (*потрясен*). Не может быть!

В и л л и. Меня выгнали, и я должен сказать вашей матери хоть что-нибудь в утешение. Разве эта женщина мало страдала и мало ждала? А у меня в голове пусто, Биф. Я больше ничего не могу придумать. Так что, пожалуйста, не читай мне нотаций по поводу фантазии и реальности. Меня это не интересует. Ну, что ты мне скажешь теперь?

С т э н л и приносит три коктейля. Они ждут, когда он уйдет.

В и л л и. Ты видел Оливера?

Б и ф. Господи Иисусе!

В и л л и. Значит, ты к нему не ходил?

Х э п п и. Конечно, он к нему ходил.

Б и ф. Я у него был. Я его видел... Как они могли тебя уволить?

В и л л и (*сползая на краешек стула от нетерпения*). Ну, и как он тебя принял?

Б и ф. Он не хочет, чтобы ты у него работал даже на комиссионных?

В и л л и. Я без работы, понятно? (*Упорно.*) Ну скажи же, скажи, он тебя тепло принял?

Х э п п и. Еще бы, папа, конечно!

Б и ф (*загнанный в угол*). Как сказать, вроде того...

В и л л и. А я беспокоился, что он тебя не узнает! (*К Хэппи.*) Ты только подумай: человек не видел его десять — двенадцать лет и так ему рад!

Х э п п и. Совершенно верно!

Б и ф (*пытаясь снова перейти в наступление*). Послушай, папа...

В и л л и. А ты знаешь, почему он тебя не забыл? Потому что ты сразу произвел на него впечатление.

Б и ф. Давай спокойнее и поближе к фактам...

В и л л и (*так, словно Биф все время его прерывает*). Так говори же, как это было? Отличная новость, Биф! Просто отличная! Он позвал тебя в кабинет или вы разговаривали в приемной?

Б и ф. Да он вышел, понимаешь, и...

В и л л и (*широко улыбаясь*). Что он сказал? Держу пари, он тебя обнял!

Б и ф. Он скорее...

В и л л и. Прекрасный человек! *(К Хэппи.)* К нему очень нелегко попасть, ты знаешь?

Х э п п и. Конечно, знаю.

В и л л и (*Бифу*). Это там ты и выпил?

Б и ф. Да, он предложил мне... Нет-нет!

Х э п п и (*вступаясь*). Биф рассказал ему о моей идее насчет Флориды.

В и л л и. Не прерывай. *(Бифу.)* Как он отнесся к вашей затее?

Б и ф. Папа, дай я тебе объясню.

В и л л и. Да я только об этом и прошу с тех пор, как пришел! Как это было? Ну, он позвал тебя в кабинет, а потом?

Б и ф. Потом... я разговаривал. А он... он слушал, понимаешь...

В и л л и. Он славится своим умением слушать. Ну а потом? Что он ответил?

Б и ф. Он ответил... *(Замолкает, вдруг очень рассердившись.)* Отец, ты не даешь мне сказать то, что я хочу!

В и л л и (*рассерженный, обличая*). Ты его не видел!

Б и ф. Нет, я его видел!

В и л л и. Ты его оскорбил? Ты его оскорбил, скажи?

Б и ф. Послушай, оставь меня в покое. Оставь меня, Бога ради, в покое!

Х э п п и. Что за черт!...

В и л л и. Говори, что случилось.

Б и ф (*к Хэппи*). Я не могу с ним разговаривать!

В их разговор вторгается резкий, раздражающий звук трубы. Зеленая листва снова одевает дом, покрытый сном и сумраком. Входит подросток Б е р н а р д и стучит в дверь.

Б е р н а р д (*отчаянно*). Миссис Ломен! Миссис Ломен!

Х э п п и. Расскажи ему, что произошло!

Б и ф (*к Хэппи*). Замолчи, оставь меня в покое!

В и л л и. Нет! Тебе надо было провалиться по математике!

Б и ф. Какая там математика? О чем ты говоришь?

Б е р н а р д. Миссис Ломен! Миссис Ломен!

Появляется молодая Л и н д а.

В и л л и (*истошно*). Математика! Математика!

Б и ф. Успокойся, папа!

Б е р н а р д. Миссис Ломен!

В и л л и (*яростно*). Если бы ты не провалился, ты давно бы вышел в люди!

Б и ф. Тогда слушай, я расскажу тебе, как было на самом деле. А ты слушай!

Б е р н а р д. Миссис Ломен!

Б и ф. Я ждал его шесть часов...

Х э п п и. Что ты плетешь?

Б и ф. Я все время передавал через секретаршу, что я его жду, но он так и не захотел меня принять. И вот наконец он... (*Продолжает, но голос его не слышен.*)

Свет в ресторане постепенно меркнет.

Б е р н а р д. Биф провалился по математике!

Л и н д а. Не может быть!

Б е р н а р д. Бирнбом его провалил! Ему не дадут аттестата!

Л и н д а. Но они не имеют права! Ему надо поступать в университет! Где он? Биф! Биф!

Б е р н а р д. Он уехал. Он пошел на Центральный вокзал.

Л и н д а. На Центральный? Значит, он поехал в Бостон.

Б е р н а р д. Разве дядя Вилли в Бостоне?

Л и н д а. Ах, может, Вилли поговорит с учителем... Бедный, бедный мальчик!

Свет в доме гаснет.

Б и ф (*за столиком, голос его теперь уже слышен; в руке у него золотое вечное перо*). ...Теперь у меня с этим Оливером все кончено, понимаешь? Ты меня слушаешь?

В и л л и (*растерянно*). Да-да, конечно... Если бы ты не провалился...

Б и ф. Где? О чем ты говоришь?

В и л л и. Не вали вину на меня! Не я провалился по математике, а ты! Какое перо?

Х э п п и. Глупости, Биф! Перо стоит не больше...

В и л л и (*впервые увидев перо*). Ты взял у Оливера перо?

Б и ф (*обессилев*). Папа, ведь я только что тебе рассказал...

В и л л и. Ты украл у Билла Оливера вечное перо?

Б и ф. Я его, в сущности говоря, не крал. Ведь я тебе это сказал!

Х э п п и. Он держал его в руках, когда вошел Оливер. Биф смутился и сунул перо в карман.

В и л л и. Господи Боже мой...

Б и ф. Я не хотел его красть, папа!

Г о л о с т е л е ф о н и с т к и. Отель «Стэндиш». Добрый вечер!

В и л л и (*кричит*). Меня нет в комнате! Меня нет!

Б и ф (*испуганно*). Папа, что с тобой?

Биф и Хэппи встают.

Г о л о с т е л е ф о н и с т к и. Вас к телефону, мистер Ломен!

В и л л и. Меня нет, не надо!

Б и ф (*в ужасе становится перед Вилли на колени*). Папа, я исправлюсь, папа, я больше не буду!..

Вилли пытается встать, но Биф его не пускает.

Погоди, успокойся...

В и л л и. Ты никчемный, ты такой никчемный...

Б и ф. Папа, я найду себе место, я найду что-нибудь, понимаешь? Только успокойся. (*Держит лицо Вилли в своих ладонях.*) Скажи мне хоть слово, папа. Ну скажи!

Г о л о с т е л е ф о н и с т к и. Номер мистера Ломена не отвечает. Послать к нему посыльного?

В и л л и (*силясь встать, чтобы броситься и заставить замолчать телефонистку*). Не надо, не надо!

Х э п п и. Ему еще повезет, папа!

В и л л и. Не надо, не надо...

Б и ф (*в отчаянии*). Папа, послушай! Послушай меня! Я хочу тебе сказать что-то очень хорошее. Оливер разговаривал о нашей затее со своим компаньоном. Ты меня слышишь? Он... он разговаривал со своим компаньоном, а потом пришел ко мне... Со мной будет все хорошо, ты слышишь? Послушай, папа, он говорит, что все дело только в деньгах.

В и л л и. Так ты... их получишь?

Х э п п и. Ого-го! Он нам еще покажет, папа!

В и л л и (*пытаясь подняться на ноги*). Значит, ты их получишь, правда? Ты их получишь! Получишь!

Б и ф (*с мучительной болью, пытаясь удержать Вилли на месте*). Нет. Нет. Послушай, папа, речь шла о том, что я должен завтра с ними обедать. Я хочу, чтобы ты это знал: я могу им понравиться... Я своего добьюсь, я еще себя покажу! Но завтра, завтра я не могу, понимаешь?

В и л л и. Не можешь? Почему? Ты просто...

Б и ф. Перо, понимаешь, папа, перо...

В и л л и. Верни его и скажи, что ты взял его по рассеянности.

Х э п п и. Конечно, ступай с ними завтра обедать!

Б и ф. Я не могу...

В и л л и. Скажи, что ты решал кроссворд и взял перо по ошибке!

Б и ф. Послушай, дружок, ведь я взял тогда его мячи... много лет назад. И ты хочешь, чтобы я пришел к нему с пером... Разве ты не понимаешь, что теперь все кончено? Я не могу к нему прийти! Попытаюсь где-нибудь в другом месте...

Г о л о с   п о с ы л ь н о г о. Мистер Ломен!

В и л л и. Неужели ты не хочешь стать человеком?

Б и ф. Папа, разве я могу туда вернуться?

В и л л и. Ты не хочешь стать человеком, вот в чем дело.

Б и ф (*теперь уже разозлившись на Вилли за то, что тот не верит в его сочувствие*). Зачем ты так говоришь? Думаешь, мне было легко войти в его контору после того, что я сделал? Нет, никакие силы не заставят меня пойти еще раз к Биллу Оливеру!

В и л л и. Зачем же ты к нему пошел?

Б и ф. Зачем? Зачем я пошел! Посмотри на себя. Погляди, что с тобой стало.

Где-то слева смеется Женщина.

В и л л и. Биф, ты пойдешь завтра на этот обед, не то...

Б и ф. Я не пойду. Меня никто не звал!

Х э п п и. Биф, ради...

В и л л и. Ты опять говоришь мне назло?

Б и ф. Не смей меня в этом обвинять! Будь ты проклят...

В и л л и (*бьет Бифа по лицу и, шатаясь, отходит от стола*). Ах ты дрянь... Ты опять говоришь мне назло?

Ж е н щ и н а. Кто-то там стоит за дверью, Вилли!

Б и ф. Ну да, я дрянь, разве ты не видишь, что я полное ничтожество?

Х э п п и (*разнимая их*). Послушайте, вы в ресторане. А ну-ка, перестаньте оба!

Входят   д е в у ш к и.

Привет, привет! Садитесь, пожалуйста.

Где-то слева смеется Женщина.

М и с с Ф о р с а й т. Мы и правда сядем. Это Летта.

Ж е н щ и н а. Вилли, ты проснешься когда-нибудь?

Б и ф (*не обращая внимания на Вилли*). Как жизнь молодая? Что вы будете пить?

Л е т т а. Мне завтра надо рано вставать: меня выбрали в присяжные. Так интересно! А вы, молодые люди, были когда-нибудь присяжными?

Б и ф. Нет, зато я не раз выслушивал их приговор!

Девушки смеются.

Знакомьтесь: мой отец.

Л е т т а. Какой милый! Посидите с нами, папаша.

Х э п п и. Посади его, Биф!

Б и ф (*подходит к Вилли*). Пойдем, старый лентяй, покажи, как надо пить! К черту все! Садись с нами, друг сердечный!

Вилли чуть было не поддается уговорам.

Ж е н щ и н а (*теперь уже очень настойчиво*). Вилли, подойди к двери, там стучат!

Вилли растерянно идет на зов Женщины.

Б и ф. Ты куда?

В и л л и. Открой дверь.

Б и ф. Какую дверь?

В и л л и. Уборной... Дверь... где же дверь?

Б и ф (*отводит Вилли влево*). Иди прямо вниз.

Вилли идет налево.

Ж е н щ и н а. Вилли, Вилли, да встанешь ли ты наконец?

В и л л и уходит.

Л е т т а. Как мило, что вы водите с собой вашего папочку.

М и с с Ф о р с а й т. Ну да, рассказывайте; он совсем не ваш отец!

Б и ф (*поворачивается к ней, с негодованием*). Мисс Форсайт, мимо вас только что прошел самый настоящий принц. Прекрасный, хоть и озабоченный принц. Принц-работяга, никем не оцененный по заслугам... Словом, наш лучший друг, понятно? Самый лучший друг и товарищ. Он жизнь отдаст за своих мальчиков, понятно?

Л е т т а. Ах, как это мило!

Х э п п и. Ну вот, девушки, что будем делать дальше? Время уходит зря. Давай, Биф, соберемся в кружок и решим, куда бы нам поехать.

Б и ф. Почему ты не сделаешь что-нибудь для него?

Х э п п и. Я?

Б и ф. Неужели тебе совсем его не жаль?

Х э п п и. Не понимаю. Что ты говоришь? Разве не я...

Б и ф. Тебе на него наплевать! (*Вынимает из кармана свернутую резиновую трубку и кладет ее на стол перед Хэппи.*) Господи, погляди, что я нашел. Как ты можешь равнодушно на это смотреть?

Х э п п и. Я? Кто все время смывается из дому, я? Кто бросает их на произвол судьбы, я?

Б и ф. Да, но для тебя он — ничто. Ты бы мог ему помочь... а я не могу! Неужели ты не понимаешь, о чем я говорю? Он ведь убьет себя, разве ты не понимаешь?

Х э п п и. Я не понимаю? Я?

Б и ф. Хэп, помоги ему! Господи... помоги ему... Помоги мне! Мне! Я не могу смотреть на его лицо. (*Чуть не плача, убегает направо.*)

Х э п п и (*бросаясь за ним вдогонку*). Куда ты?

М и с с Ф о р с а й т. На что это он так рассердился?

Х э п п и. Пойдемте, девочки, мы его сейчас нагоним.

М и с с Ф о р с а й т (*которую чуть не насильно выталкивает Хэппи*). Знаете, мне его характер что-то не нравится!

Х э п п и. Он немножко разнервничался, это сейчас пройдет.

Г о л о с В и л л и (*слева, в ответ на смех Женщины*). Молчи! Не отвечай!

Л е т т а. Разве вы не хотите сказать вашему папочке...

Х э п п и. Это совсем не мой отец. Так просто, знакомый. Пойдем догоним Бифа... Поверь, детка, мы так кутнем, что небу станет жарко... Стэнли, давай счет! Эй, Стэнли!

Уходят. Появляется С т э н л и, смотрит налево.

С т э н л и (*с негодованием окликает Хэппи*). Мистер Ломен! Мистер Ломен! (*Берет стул и бежит за ними следом.*)

Слева слышен стук. Смеясь, входит Ж е н щ и н а. За ней идет В и л л и. Она в черной комбинации; он застегивает рубашку. Откровенно чувственная музыка вторит их диалогу.

В и л л и. Перестань смеяться! Замолчи! Слышишь!

Ж е н щ и н а. Ты не откроешь дверь? Он ведь разбудит весь отель.

В и л л и. Это не к нам. Я никого не жду.

Ж е н щ и н а. Почему бы тебе, котик, не выпить еще рюмочку? Тогда, может, ты думал бы не только о себе.

В и л л и. Как мне тоскливо...

Ж е н щ и н а. Знаешь, Вилли, ты меня совсем испортил. Но теперь, когда бы ты ни приехал к нам в контору, я сразу свяжу тебя с покупателями. Больше тебе никогда не придется ждать. Ты меня совсем испортил.

В и л л и. Это очень мило с твоей стороны...

Ж е н щ и н а. Но Боже мой, какой ты эгоист! И почему ты грустный? Самый грустный и самый эгоистичный человек на свете. (*Смеется.*)

Он ее целует.

Пойдем в спальню, мой милый коробейник. Глупо одеваться посреди ночи.

Слышен стук.

Почему ты не откроешь дверь?

В и л л и. Это не к нам. Это по ошибке.

Ж е н щ и н а. Нет, стучат к нам. И слышат, как мы разговариваем. Может, в гостинице пожар?

В и л л и (*ужас его возрастает*). Это ошибка!

Ж е н щ и н а. Тогда прогони его!

В и л л и. Там никого нет.

Ж е н щ и н а. Мне это действует на нервы. За дверью кто-то стоит, и мне это действует на нервы!

В и л л и (*отталкивая ее от себя*). Ладно, спрячься в ванной и не выходи. Кажется, в Массачусетсе есть закон насчет этого самого... Лучше спрячься! Может, стучит новый портье. У него очень противное лицо. Не выходи, поняла? Тут какая-то ошибка, а не пожар.

Снова слышен стук. Вилли отходит на несколько шагов, а Женщина исчезает за кулисой. Луч света следует за ним, и теперь Вилли стоит лицом к лицу с Бифом-подростком, который держит чемодан. Биф делает шаг. Музыка смолкает.

Б и ф. Почему ты так долго не открывал?

В и л л и. Биф! Что ты делаешь в Бостоне?

Б и ф. Почему ты не открывал? Я стучал пять минут. Я звонил тебе по телефону...

В и л л и. Я только что услышал. Был в ванной, а дверь туда была закрыта. Дома что-нибудь случилось?

Б и ф. Папа... я тебя подвел.

В и л л и. В чем?

Б и ф. Папа...

В и л л и. Биффо, о чем ты, мальчик? (*Обнимает его за плечи.*) Пойдем вниз, я напою тебя имбирным пивом.

Б и ф. Папа, я провалился по математике.

В и л л и. На выпускных экзаменах?

Б и ф. Да. У меня не хватает баллов для аттестата.

В и л л и. Неужели Бернард не мог тебе подсказать?

Б и ф. Он старался, но я набрал только шестьдесят один балл.

В и л л и. И они не захотели натянуть тебе еще четыре балла?

Б и ф. Бирнбом отказался наотрез. Я его просил, папа, но он не хочет дать мне эти четыре балла. Тебе надо с ним поговорить самому до каникул. Ведь стоит ему увидеть, что ты за человек, а тебе потолковать с ним по душам, и он пойдет нам навстречу! Ты с ним поговоришь? Его уроки всегда бывали перед спортивными занятиями, и я часто их пропускал. Ты ему понравишься. Ты ведь так здорово умеешь уговаривать!

В и л л и. Все будет в порядке, мальчик. Мы сейчас же поедем домой.

Б и ф. Вот это здорово! Для тебя он сделает все!

В и л л и. Ступай вниз и скажи портье, чтобы он приготовил счет. Ступай, живо.

Б и ф. Слушаю, сэр! Знаешь, папа, отчего он меня ненавидит? Как-то раз он опоздал на урок, а я подошел к доске и начал его передразнивать. Скосил глаза и стал шепелявить...

В и л л и (*смеясь*). Да ну? Представляю себе, как ребятам понравилось!

Б и ф. Они чуть не померли со смеху!

В и л л и. Ха-ха-ха! Как ты его передразнивал?

Б и ф. Кубишеский корень из шештидешяти шешти...

Вилли от души хохочет.

(*Вторит ему.*) И надо же, чтобы в эту минуту он вошел в класс!

Вилли смеется, а с ним вместе смеется и Женщина за сценой.

В и л л и (*поспешно*). Ступай поскорее вниз.

Б и ф. У тебя кто-то есть?

В и л л и. Нет, это в соседнем номере.

За сценой звонко смеется Женщина.

Б и ф. Там в ванной кто-то есть.

В и л л и. Нет, это в соседнем номере, у них вечеринка...

Входит Ж е н щ и н а.

Ж е н щ и н а (*со смехом, сюсюкая*). Разрешите войти? Там в ванной что-то живое, оно ползает!

Вилли смотрит на Бифа, оторопело уставившегося на Женщину.

В и л л и. О-о... идите в свою комнату. Там уже, наверно, кончили ремонт. У нее красят номер, поэтому я разрешил ей принять здесь душ. Идите, идите к себе... (*Выталкивает ее.*)

Ж е н щ и н а (*сопротивляясь*). Но мне надо одеться, Вилли. Не могу же я...

В и л л и. Убирайтесь отсюда! Идите к себе... (*Внезапно делает попытку вернуться к обыденности.*) Знакомься, Биф, это наша покупательница, мисс Фрэнсис... У нее ремонтируют номер. Ступайте к себе, мисс Фрэнсис, скорее...

Ж е н щ и н а. Дай мое платье! Не могу же я выйти голая в холл!

В и л л и (*выталкивая ее из-за кулисы*). Уходите отсюда! Идите! Идите! (*Уходит за ней.*)

Биф медленно опускается на свой чемодан, прислушиваясь к спору, который доносится из-за кулис.

Ж е н щ и н а. Где мои чулки? Ты же обещал мне чулки!

В и л л и. У меня нет никаких чулок.

Ж е н щ и н а. Ты приготовил мне две коробки паутинок номер девять, я хочу их получить!

В и л л и. На, возьми, Бога ради, только убирайся!

Входит Ж е н щ и н а, в руках у нее коробка чулок. В и л л и несет ее одежду.

Ж е н щ и н а. Надеюсь, что в холле никого нет. Только на это вся моя надежда. (*Бифу.*) Вы играете в футбол или в бейсбол?

Б и ф. В футбол.

Ж е н щ и н а (*злясь от унижения*). Вот и мной тоже играют в футбол. Спокойной ночи. (*Выхватывает из рук Вилли свою одежду и уходит.*)

В и л л и (*нарушает молчание*). Надо собираться и нам. Я хочу завтра же попасть в школу, и как можно раньше. Достань из шкафа мои костюмы. Я сейчас сниму чемодан.

Биф не шевелится.

Что с тобой?

Биф продолжает сидеть неподвижно, из глаз его катятся слезы.

Это наша покупательница. Покупает для фирмы Д. Г. Симмонс. Живет на той стороне коридора, у них там ремонт. Ты, надеюсь, не подумал... (*Пауза.*) Послушай, дружок, она просто наша покупательница. Принимает товар у себя в комнате, поэтому ей приходится следить, чтобы номер был в порядке... (*Пауза. Решив овладеть положением.*) Ладно, достань из шкафа мои костюмы.

Биф не двигается.

Не смей плакать и делай, что я говорю. Я приказываю, Биф! Слышишь, я тебе приказываю. Разве так поступают, когда тебе приказывают? Как ты смеешь плакать? (*Обнимает Бифа за плечи.*) Послушай. Когда ты вырастешь, ты поймешь. Не надо.... не надо придавать таким вещам слишком большое значение. Я поговорю с Бирнбомом завтра же утром, пораньше.

Б и ф. Не надо.

В и л л и (*садясь рядом с Бифом*). Не надо?! Он даст тебе эти четыре балла. Я добьюсь.

Б и ф. Он тебя и слушать не будет.

В и л л и. Нет, будет. Тебе нужны эти баллы, чтобы попасть в Виргинский университет.

Б и ф. Я не хочу поступать в университет.

В и л л и. А? Если я не смогу уговорить его изменить отметку, ты подготовишься за лето к переэкзаменовке — у тебя впереди целое лето...

Б и ф (*разражаясь рыданиями*). Папа!

В и л л и (*становясь на колени, горестно*). Ах, мой мальчик...

Б и ф. Папа...

В и л л и. Она для меня ничто, Биф. Мне просто было так тоскливо, мне было ужасно тоскливо.

Б и ф. Ты... ты отдал ей мамины чулки! (*У него снова текут слезы. Встает, чтобы уйти.*)

В и л л и (*судорожно цепляясь за него руками*). Я приказал тебе!

Б и ф. Не трогай меня, обманщик!

В и л л и. Как ты смеешь?! Проси прощения!

Б и ф. Мошенник! Жалкий, мелкий мошенник! (*Истратив все силы, быстро отворачивается и, рыдая, уходит со своим чемоданом.*)

В и л л и (*остается посреди комнаты на коленях*). Я приказал тебе! Биф, вернись сейчас же, не то я тебя побью! Вернись! Я тебя высеку!

Быстро входит С т э н л и и останавливается около Вилли.

(*К Стэнли, громко.*) Я приказал..

С т э н л и. Давайте я поищу то, что вы обронили, мистер Ломен. (*Помогает Вилли подняться на ноги.*) Ваши мальчики ушли с этими фифками. Сказали, что увидятся с вами дома.

Входит в т о р о й о ф и ц и а н т, следит издали за ними.

В и л л и. Но ведь мы должны были вместе пообедать...

Слышна музыка — тема Вилли.

С т э н л и. Вы один управитесь?

В и л л и. Я... конечно, управлюсь. (*Внезапно обеспокоенный своим видом.*) А как у меня... все в порядке?

С т э н л и. В полном порядке. (*Стряхивает у Вилли соринку с лацкана.*)

В и л л и. Вот вам... вот вам доллар.

С т э н л и. Ваш сын мне заплатил. Все в порядке.

В и л л и *(сует ему в руку деньги)*. Возьмите. Вы славный парень.

С т э н л и. Не стоит...

В и л л и. Вот... вот вам еще. Мне они больше не нужны. *(Немножко помолчав.)* Скажите... здесь по соседству продают семена?

С т э н л и. Семена? Какие семена? Чтобы сажать в землю?

Когда Вилли отворачивается, Стэнли сует ему деньги обратно в карман пиджака.

В и л л и. Ну да... морковь... горошек...

С т э н л и. Тут на Шестой авеню есть хозяйственный магазин, но он, наверно, закрыт, сейчас уже поздно.

В и л л и *(с волнением)*. Тогда я пойду поскорее. Мне непременно нужны семена. *(Идет направо.)* Мне нужно сейчас же купить семена. Ничего еще не посажено. Земля моя совершенно бесплодна...

Свет начинает меркнуть. В и л л и уходит; Стэнли провожает его направо и смотрит ему вслед. Второй официант не сводит с Вилли глаз.

С т э н л и *(второму официанту)*. Ну, чего ты уставился?

В т о р о й о ф и ц и а н т собирает стулья и уносит их направо. С т э н л и берет стол и следует за ним. Свет в этой части сцены гаснет. Длинная пауза, которую заполняет звук флейты. Свет постепенно разгорается в кухне, где пока еще пусто. Снаружи, у двери дома, появляется Х э п п и, за ним идет Б и ф. Хэппи несет букет роз на длинных стеблях. Он входит в кухню и взглядом ищет Линду. Не видя ее, поворачивается к Бифу, который стоит тут же за дверью, и делает ему знак рукой, означающий: «Кажется, ее нет!» Заглядывает в гостиную и замирает. Там в полумраке сидит Л и н д а с пиджаком Вилли на коленях. Она бесшумно встает и грозно приближается к Хэппи, который в испуге отступает от нее в кухню.

Х э п п и. Эй, почему ты не спишь?

Линда, ничего не говоря, медленно идет ему навстречу.

Где отец?

Хэппи пятится направо, и теперь Линда видна во весь рост в дверях гостиной.

Он спит?

Л и н д а. Где вы были?

Х э п п и (*пытаясь отшутиться*). Мама, мы познакомились с двумя очаровательными девушками... Смотри, мы принесли тебе цветочков... (*Протягивает ей букет.*) Поставь их себе в комнату, мамочка...

Линда ударяет Хэппи по рукам, цветы падают к ногам Бифа. Он уже вошел в кухню и закрыл за собой дверь. Линда в упор глядит на Бифа, не произнося ни слова.

Ну скажи, зачем ты это сделала? Мамочка, я ведь хотел, чтобы у тебя были цветочки...

Л и н д а (*прерывая Хэппи, яростно, Бифу*). Тебе все равно, будет он жить или нет?

Х э п п и (*направляясь к лестнице*). Пойдем наверх, Биф.

Б и ф (*со вспышкой отвращения*). Отойди от меня! (*Линде.*) Что ты этим хочешь сказать? По-моему, дорогая, здесь еще никто не умирает!

Л и н д а. Чтобы ты больше не попадался мне на глаза! Убирайся отсюда!

Б и ф. Я хочу видеть хозяина.

Л и н д а. Ты к нему больше не подойдешь!

Б и ф. Где он? (*Входит в гостиную.*)

Л и н д а (*идет за ним, кричит ему в спину*). Пригласили обедать! Он ждал этого целый день...

Биф появляется в спальне родителей, оглядывает ее и выходит.

...а вы его бросили. Так не поступают даже с чужими!

Х э п п и. В чем дело? Ему с нами было очень весело. Послушай, в тот день, когда я...

Линда входит обратно в кухню.

...его брошу, пусть лучше меня повесят!

Л и н д а. Убирайся вон!

Х э п п и. Мама, послушай...

Л и н д а. Тебе не терпелось пойти к твоим девкам? Ах ты, вонючий потаскун!..

Биф снова входит в кухню.

Х э п п и. Мама, мы старались развеселить Бифа! *(Бифу.)* Ну и ночку ты мне выдал!

Л и н д а. Убирайтесь отсюда вы оба! И не смейте больше приходить. Я не хочу, чтобы вы его терзали. Соберите ваши вещи, ну, сейчас же! *(Бифу.)* Ты можешь переночевать у него. *(Наклоняется, чтобы поднять цветы, но ловит себя на этом движении и выпрямляется.)* Уберите этот мусор. Я вам больше не прислуга. Убери, слышишь ты, бродяга!

Хэппи в знак протеста поворачивается к ней спиной. Биф медленно подходит, опускается на колени и собирает цветы.

Скоты! Никто, ни одна живая душа не позволила бы себе такого зверства — бросить его одного в ресторане!

Б и ф *(не глядя на нее)*. Это он говорит?

Л и н д а. Ему ничего не пришлось говорить. Он был так унижен, что едва передвигал ноги.

Х э п п и. Но, мама, ему с нами было так весело...

Б и ф *(яростно его прерывая)*. Замолчи!

Не говоря больше ни слова, Х э п п и идет наверх.

Л и н д а. А ты! Ты даже не пошел за ним.

Б и ф *(все еще стоя перед ней на коленях и держа в руках цветы. С отвращением к самому себе)*. Нет. Не пошел. Не сделал ни шагу. Как тебе это нравится, а? Бросил его там, в уборной. Он бормотал всякую чушь там, в уборной...

Л и н д а. Подлец!

Б и ф. Вот ты и попала в самую точку! *(Встает, бросает цветы в мусорную корзину.)* Подонок, мразь, собственной персоной!

Л и н д а. Уходи отсюда!

Б и ф. Я должен поговорить с хозяином, мама! Где он?

Л и н д а. Ты к нему не подойдешь! Убирайся из этого дома!

Б и ф *(с решимостью)*. Ну нет. Мы сперва с ним немножко побеседуем. Мы двое, с глазу на глаз.

Л и н д а. Ты с ним не будешь разговаривать!

Позади дома, справа, слышен стук. Биф оборачивается на шум.

(Вдруг начинает его умолять.) Ну, пожалуйста, прошу тебя, оставь его в покое!

Б и ф. Что он там делает?

Л и н д а. Он сажает овощи!

Б и ф *(тихо)*. Сейчас? О Господи! *(Проходит во двор.)*

Л и н д а идет за ним следом. Свет, горевший над ними, гаснет, он загорается над серединой просцениума, куда выходит В и л л и. В руках у него фонарик, мотыга и пачка пакетиков с семенами. Он резко постукивает по рукоятке мотыги, чтобы лучше ее укрепить, затем движется налево, измеряя расстояние шагами. Освещает фонариком пакетики с семенами, читая надписи. Вокруг него ночная мгла.

В и л л и. ...Морковь... сажать одну от другой не чаще чем на расстоянии в полсантиметра. Грядки... на расстоянии в полметра. *(Отмеряет землю.)* Полметра. *(Кладет наземь пакетик и продолжает мерить дальше.)* Свекла. *(Кладет пакетик и продолжает мерить.)* Латук. *(Читает надпись, кладет пакетик на землю.)* Полметра...

Справа медленно приближается Б е н.

В и л л и *(увидев его, перестает работать)*. Вот какая загвоздка, понимаешь? Ай-ай-ай... Ужас, просто ужас. Она так настрадалась, Бен, эта женщина так настрадалась! Понимаешь? Человек не может уйти так же, как он пришел, человек должен что-то после себя оставить. Ты не можешь, не можешь...

Бен приближается к нему, словно для того чтобы его прервать.

Теперь разберись хорошенько. Только не спеши отвечать. Помни, тут верное дело. Двадцать тысяч долларов. Послушай, Бен, я хочу, чтобы ты вместе со мной рассмотрел все «за» и «против». Ведь мне не с кем поговорить, а Линда так настрадалась.

Б е н (*стоит неподвижно, раздумывая*). А что это за дело?

В и л л и. Двадцать тысяч долларов чистоганом. С гарантией, верные деньги, понимаешь?

Б е н. Смотри не сваляй дурака. Они могут не выплатить по страховому полису.

В и л л и. Не посмеют! Разве я не работал как вол, чтобы сделать в срок взносы? А теперь они не заплатят? Ерунда!

Б е н. Такие вещи принято называть трусостью, Вилли.

В и л л и. Почему? Разве нужно больше мужества, чтобы тянуть эту лямку до конца, зная, что ты все равно умрешь нулем без палочки?

Б е н (*сдаваясь*). В твоих словах, пожалуй, есть смысл, Вильям. (*Прохаживается, размышляя.*) А двадцать тысяч — это нечто осязаемое, это вещь!

В и л л и (*теперь уже уверившись, с возрастающей силой*). Ох, Бен, в том-то и прелесть! Я их вижу, они, словно алмаз, сияют передо мной в темноте, твердый, крепкий алмаз, который можно взять в руки, потрогать! Это тебе не какое-нибудь деловое свидание! Несостоявшееся свидание. Тут тебя не оставят в дураках! Двадцать тысяч — это меняет дело! Понимаешь, он думает, что я ничтожество, и поэтому топчет меня ногами. А похороны... (*Выпрямляется.*) Бен, похороны будут просто грандиозными! Съедутся отовсюду — из штата

Мэн, из Массачусетса, из Вермонта и Нью-Гэмпшира! Все ветераны с иногородними номерами на машинах... Мальчик будет просто ошарашен! Он ведь никогда не верил, что меня знают, знают повсюду. В Род-Айленде, Нью-Йорке, Нью-Джерси! Он убедится в этом собственными глазами, раз и навсегда. Увидит, кто я такой, Бен! Мой мальчик будет потрясен!

Б е н (*подходя ближе*). И назовет тебя трусом.

В и л л и (*вдруг испугавшись*). Что ты, это было бы ужасно!

Б е н. Да. И дураком.

В и л л и. Нет, нет, разве можно! Я этого не допущу! (*Он в полном отчаянии.*)

Б е н. Он тебя возненавидит, Вильям.

Слышна веселая музыка мальчиков.

В и л л и. Ах, Бен, если бы вернуться к прежним счастливым дням! Ведь было столько света, настоящей дружбы! Мы катались зимой на санках, и как пылали на морозе его щеки! Нас всегда ждали добрые вести, впереди всегда было что-то хорошее. Он никогда не позволял мне самому вносить в дом чемоданы и так обхаживал мою маленькую красную машину! Ну почему, почему я ничего не могу ему дать? Чтобы он меня не ненавидел...

Б е н. Нужно это обдумать. (*Глядя на часы.*) У меня еще есть несколько минут. Дело завидное, но ты должен быть уверен, что тебя не оставят в дураках.

Б е н медленно скрывается. Слева подходит Б и ф.

В и л л и (*почувствовав его приближение, оборачивается и смотрит на него исподлобья, потом в замешательстве начинает подбирать с земли пакетики с семенами*). Где же, черт бы их побрал, эти семена? (*С негодованием.*) Ни дьявола не видно! Замуровали весь квартал, как в склепе!

Б и ф. Людям тоже надо жить. Понимаешь?

В и л л и. Я занят. Не мешай.

Б и ф (*отнимая у Вилли мотыгу*). Я пришел проститься, папа.

Вилли молча смотрит на него, не в силах двинуться с места.

Я больше никогда не вернусь.

В и л л и. Ты не пойдешь завтра к Оливеру?!

Б и ф. Он мне не назначал свидания, отец.

В и л л и. Он тебя обнял, но не назначал свидания?

Б и ф. Папа, пойми же наконец! Всякий раз, когда я уезжал из дому, меня гнала отсюда ссора с тобой. Сегодня я кое-что понял, и мне хотелось бы тебе это объяснить, но я, наверно, недостаточно умен и не смогу тебе ничего втолковать. Какая разница, кто виноват? (*Берет Вилли за руку.*) Давай-ка все это забудем, ладно? Пойдем домой и скажем маме. (*Тихонько тянет Вилли налево.*)

В и л л и (*словно окаменев, виновато*). Нет, я не хочу ее видеть.

Б и ф. Пойдем! (*Тащит его, но Вилли вырывается.*)

В и л л и (*очень нервно*). Нет, нет, я не хочу ее видеть!

Б и ф (*пытается заглянуть ему в лицо, чтобы понять, что у него на уме*). Почему ты не хочешь ее видеть?

В и л л и (*уже жестче*). Не мешай мне, слышишь?

Б и ф. Скажи, почему ты не хочешь ее видеть? Ты не хочешь, чтобы тебя звали трусом, правда? Ты ни в чем не виноват, — моя вина, что я бродяга. Пойдем домой.

Вилли пытается от него уйти.

Ты слышишь, что я тебе говорю?

Вилли вырывается и быстро входит в дом один. Биф идет за ним.

Л и н д а (*к Вилли*). Ну, ты все посадил, дружочек?

Б и ф (*стоя у двери*). Мама, мы договорились. Я уезжаю и больше не буду писать.

Л и н д а (*подходит к Вилли*). Мне кажется, родной, что так будет лучше. Нечего дольше тянуть. Для тебя это не жизнь.

Вилли не отвечает.

Б и ф. Люди будут спрашивать, где я, что я делаю, а вы не знаете, и вам будто все равно. С глаз долой — из сердца вон... Постепенно вам станет легче. Правильно? Теперь все ясно, да?

Вилли молчит.

(*Подходит к нему.*) Ты пожелаешь мне счастья, друг? (*Протягивает ему руку.*) Ну, говори!

Л и н д а. Пожми ему руку, Вилли.

В и л л и (*поворачиваясь к ней, дрожа от обиды*). Зачем ему нужно вспоминать об этом золотом пере?..

Б и ф (*нежно*). Мне все равно никто не назначал свидания, папа.

В и л л и (*яростно взрываясь*). Он положил тебе руку...

Б и ф. Папа, неужели ты никогда не поймешь, что я такое? Зачем нам ссориться? Если я вытяну счастливый номер, я пошлю тебе денег. А пока забудь, что я существую на свете.

В и л л и (*Линде*). Назло, видишь?

Б и ф. Дай мне руку, отец.

В и л л и. Нет, руки я тебе не дам.

Б и ф. Я надеялся, что мы простимся по-хорошему.

В и л л и. Другого прощания не жди.

Биф мгновение смотрит на него, потом резко поворачивается и идет к лестнице.

Будь ты проклят на том и на этом свете, если ты уйдешь из дому!

Б и ф (*оборачиваясь*). А чего тебе, собственно, от меня надо?

В и л л и. Знай, где бы ты ни был — на море, на суше, в горах или в низине, везде, повсюду, — ты загубил свою жизнь мне назло!

Б и ф. Неправда!

В и л л и. Злоба, злоба — вот в чем твоя погибель. И когда ты опустишься на самое дно, помни, что тебя туда загнало. Когда ты будешь заживо гнить где-нибудь под забором, помни и не смей меня обвинять!

Б и ф. Я тебя ни в чем не обвиняю!

В и л л и. Я за тебя не несу ответа!

Сверху спускается Х э п п и. Он стоит на нижней ступеньке лестницы, наблюдая за ними.

Б и ф. Да я и не собираюсь тебя обвинять.

В и л л и (*опускается на стул, тоном жесточайшего обличения*). Ты хочешь вонзить мне нож в спину. Не думай, что я этого не понимаю.

Б и ф. Ах так, мошенник! Тогда давай карты на стол. (*Вытаскивает из кармана резиновую трубку и кладет ее на стол.*)

Х э п п и. Сумасшедший! Что ты делаешь?..

Л и н д а. Биф! (*Бросается, чтобы схватить трубку, но Биф придерживает ее рукой.*)

Б и ф. Оставь! Не трогай!

В и л л и (*не глядя на то, что лежит на столе*). Что там такое?

Б и ф. Сам знаешь, что это такое.

В и л л и (*загнанный в угол*). Понятия не имею, никогда в глаза не видел...

Б и ф. Видел. Может, под котел эту штуку притащили мыши? Что ты затеял? Хочешь стать героем? Хочешь, чтобы я тебя пожалел?

В и л л и. Понятия не имею...

Б и ф. Жалости к тебе не будет, слышишь? Не будет!

В и л л и (*Линде*). Видишь, сколько в нем злобы?

Б и ф. Я хочу, чтобы ты выслушал правду — правду обо мне и правду о себе!

Л и н д а. Перестань!

В и л л и. Ух, змея!

Х э п п и (*спускаясь по лестнице, подходит к Бифу*). Молчи!

Б и ф (*к Хэппи*). Человек не знает, что мы собой представляем. Пусть узнает! *(К Вилли.)* В этом доме не проходило и десяти минут, чтобы кто-нибудь из нас не солгал.

Х э п п и. Мы всегда говорили правду.

Б и ф (*накидываясь на него*). Ты, мыльный пузырь, разве ты помощник заведующего закупочным отделом? Ты один из двух помощников его помощника. Разве не так?

Х э п п и. Фактически я...

Б и ф. Фактически ты весь начинен враньем! Как и все мы! Кончено! С меня хватит! *(К Вилли.)* Теперь послушай правду обо мне.

В и л л и. О тебе-то я все знаю!

Б и ф. А знаешь, почему у меня три месяца не было адреса? Я украл костюм в Канзас-Сити и сидел в тюрьме. *(Линде, которая теперь уже рыдает.)* Не плачь. С этим тоже покончено. Навсегда!

Линда отворачивается от них, закрыв лицо руками.

В и л л и. Видно, я и в этом виноват?

Б и ф. Меня выгоняли за кражу с каждой работы!

В и л л и. Кто в этом виноват?

Б и ф. Я так и не мог ничему научиться, потому что всю жизнь ты заставлял меня пыжиться. Я пыжился, пыжился, и мне не по чину было учиться у кого бы то ни было! Кто в этом виноват?

В и л л и. Вот это новость!

Л и н д а. Не надо, Биф.

Б и ф. Тебе давно пора ее услышать. Как же! Ведь мне на роду было написано стать знаменитостью, большой персоной, сразу, с ходу, ничего не добиваясь... Ладно, теперь покончено и с этим.

В и л л и. Пусти себе пулю в лоб! Ступай и пусти себе пулю в лоб мне назло!

Б и ф. Зачем? И не подумаю. Сегодня, держа в руке это перо, я пробежал одиннадцать этажей. И вдруг остановился, слышишь? В самом сердце большого конторского здания, слышишь? Я остановился посреди этого здания и увидел... небо! Я увидел то, что люблю в этом мире. Работу, пищу, отдых, чтобы посидеть и покурить на воле. Я поглядел на перо и сказал себе: на кой черт сдалось тебе это перо, зачем ты его схватил? Зачем ты стараешься стать тем, чем не хочешь быть? Что ты делаешь в этой конторе, превращая себя в униженного и глупого просителя? Все, что тебе надо, ждет тебя там, стоит тебе лишь признаться, кто ты есть на самом деле. А почему бы нам и не признаться, Вилли? (*Хочет заставить Вилли поглядеть ему в глаза, но Вилли вырывается и идет налево.*)

В и л л и (*с угрозой, полный ненависти*). Дверь твоей жизни распахнута настежь!

Б и ф. Таких, как я, тринадцать на дюжину, да и таких, как ты, не меньше!

В и л л и (*поворачиваясь к нему, с уже не сдерживаемой яростью*). Ложь! Таких, как мы, не тринадцать на дюжину! Я — Вилли Ломен, а ты — Биф Ломен!

Биф бросается к Вилли, но ему преграждает путь Хэппи. Биф в такой ярости, что он, кажется, сейчас накинется на отца.

Б и ф. Я не лучший среди людей, Вилли, и ты тоже! Всю свою жизнь ты был всего лишь бродячим продавцом чужого добра. И тебя, как и многих других, в конце концов выкинули на помойку! Я стою ровно один доллар в час. Семь штатов я обошел, и нигде никто не давал мне больше! Один доллар в час! Ты понимаешь, что это значит? Больше я не принесу в дом никаких призов, так брось же их ждать! Их не будет!

В и л л и (*бросает ему в лицо*). Ах ты, злобный ублюдок!

Биф вырывается из рук Хэппи. Вилли в испуге бежит вверх по лестнице. Биф его хватает.

Б и ф (*уже не так яростно*). Папа, пойми, я ничтожество! Я нуль, понимаешь, папа? И нет во мне больше никакой злобы. Я просто то, что я есть, вот и все!

Ярость оставила Бифа, и он громко рыдает, уцепившись за Вилли, который перебирает руками, пытаясь нащупать его лицо.

В и л л и (*удивленно*). Что ты делаешь? Что ты делаешь? (*Линде.*) Почему он плачет?

Б и ф (*плача, с надрывом*). Дай ты мне уйти, ради всего святого! Дай мне уйти! Брось эти дурацкие мечты, пока не поздно! (*Силится взять себя в руки, отодвигается от отца и идет к лестнице.*) Утром я уеду. Положи его... положи его спать, мама. (*В полном изнеможении поднимается по лестнице.*)

В и л л и (*после долгой паузы, с изумлением и душевным подъемом*). Разве это... не замечательно? А? Биф... Биф меня любит!

Л и н д а. Он тебя так любит, Вилли!

Х э п п и (*с глубоким волнением*). Он всегда тебя любил!

В и л л и. Эх, Биф... (*Уставившись в пустоту широко открытыми глазами.*) Он плакал!.. Он плакал у меня, здесь! (*Задыхается от любви и выкрикивает свой символ веры.*) Этот мальчик... этот мальчик будет великим человеком!

В луче света позади кухни появляется Б е н.

Б е н. Да, он будет выдающимся человеком, если ему дать в руки двадцать тысяч долларов!

Л и н д а (*к Вилли, чувствуя, как несутся галопом его мысли, со страхом, осторожно*). А теперь пойдем спать, Вилли. Теперь уже все решено.

В и л л и (*с трудом удерживая себя от того, чтобы не выбежать из дома*). Да, мы будем спать. Пойдем. Иди спать, Хэп.

Б е н. Нужно быть сильным человеком, чтобы победить джунгли.

В идиллической музыке Бена появляются теперь интонации непреодолимого страха.

Х э п п и (*обняв Линду за талию*). Я женюсь, папа, ты это имей в виду. И буду жить совсем по-другому. Не пройдет и года, как я буду заведовать отделом. Увидишь, мама! *(Целует Линду.)*

Вилли поворачивается, идет, прислушиваясь к словам Бена.

Л и н д а. Будь хорошим мальчиком. Ведь на самом деле вы оба очень хорошие дети. Постарайтесь только жить по-хорошему.

Х э п п и. Спокойной ночи, папа. *(Идет наверх.)*

Л и н д а (*к Вилли*). Пойдем, родной.

Б е н (*со все большей силой*). Чтобы добыть алмазы, надо войти в джунгли!

В и л л и (*Линде, медленно проходя вдоль стены кухни к двери*). Мне хочется немножко успокоиться, Линда. Дай мне побыть одному.

Л и н д а (*чуть было не высказав свои тайные страхи*). Я хочу, чтобы ты был со мной, наверху.

В и л л и (*обнимая ее*). Я скоро приду, Линда... Мне не заснуть. Ступай, родная, у тебя такой усталый вид. *(Целует ее.)*

Б е н. Это вам не какое-нибудь деловое свидание. Алмаз — он твердый на ощупь.

В и л л и. Иди, иди. Я сейчас поднимусь.

Л и н д а. Мне кажется, что это самый лучший выход, Вилли.

В и л л и. Конечно, это самый лучший выход.

Б е н. Лучший выход!

В и л л и. Единственный выход! Все теперь будет хорошо... Ступай, детка, ложись. Ты так устала.

Л и н д а. Приходи поскорей.

В и л л и. Скоро, родная, скоро...

Линда идет в гостиную, а потом появляется в своей спальне.

(Выходит.) Он меня любит. *(С недоумением.)* И всегда меня любил... Разве это не удивительно? Бен, теперь он будет меня боготворить!

Б е н *(торжественно).* Там темно, но там горят алмазы!

В и л л и. Можешь себе представить, какое будет счастье, когда у мальчика в кармане окажется двадцать тысяч долларов!

Л и н д а *(окликает его из спальни).* Вилли! Иди сюда!

В и л л и *(кричит в кухонную дверь).* Сейчас! Сейчас! Это очень разумно, понимаешь, любимая? Даже Бен так считает. Мне надо идти, детка. Прощай! Прощай! *(Идет к Бену, чуть ли не танцуя.)* Представляешь себе? Когда он получит страховку, он опять переплюнет Бернарда!

Б е н. Великолепная сделка во всех отношениях!

В и л л и. Ты видел, как он плакал? У меня на груди. Ах, если бы я мог хоть разок поцеловать его, Бен!

Б е н. Пора, Вильям, пора!

В и л л и. Бен, я всегда знал, что так или иначе, но мы с Бифом своего добьемся!

Б е н *(глядя на часы).* Корабль нас ждет. Мы опаздываем. *(Медленно уходит в темноту.)*

В и л л и *(мечтательно, повернувшись лицом к дому).* Когда ты ударишь по мячу, мальчик, я хотел бы иметь семимильные сапоги, чтобы перенестись по полю прямо туда, куда полетит твой мяч... Бей сильно и низко, ведь это так важно, мальчик! *(Резко поворачивается кругом, лицом к зрителям.)* На трибунах сидят важные люди, не успеешь ты оглянуться...

(Внезапно поняв, что он один.) Бен! Бен, где я?.. *(Вдруг начинает что-то искать.)* Бен, как же это я?..

Л и н д а *(зовет его).* Вилли, ты идешь ко мне?

В и л л и *(задохнувшись от страха, стремительно оборачивается к дому).* Тсс! *(Снова поворачивается, словно заблудившись. На него нахлынули звуки, голоса, лица, он отталкивает их, отгораживается от них руками, крича.)* Тише! Тсс! Тише! *(Внезапно его заставляет замереть чуть слышная нежная музыка. Она становится пронзительной, перерастая в нестерпимый для слуха вопль. Он носится на цыпочках вокруг дома.)* Тсс!

Л и н д а. Вилли!

Ответа нет. Линда ждет. Биф встает с постели. Он еще не разделся. Хэппи садится. Биф стоит прислушиваясь.

(С уже нескрываемым страхом.) Вилли! Почему ты не отвечаешь? Вилли!

Слышно, как заводят машину. Машина отъезжает от дома на большой скорости.

Не надо!

Б и ф *(стремглав бросаясь вниз по лестнице).* Папа!

Машина уносится вдаль; ей вторит лихорадочная какофония звуков, которая тут же разрешается тихими вздохами виолончельной струны. Биф медленно возвращается в комнату. Он и Хэппи молча надевают пиджаки. Линда, еле ступая, выходит из своей спальни. Музыка переходит в похоронный марш. Дом одевает листва. День. Одетые в темное Ч а р л и и Б е р н а р д подходят к дому и стучат в кухонную дверь. Когда они входят, Биф и Хэппи медленно спускаются по лестнице. Все останавливаются, дожидаясь, пока Линда, в трауре, с букетиком роз в руках, не войдет в задрапированную дверь кухни. Она подходит к Чарли и берет его под руку. Все они теперь движутся на публику. На краю просцениума Линда кладет розы на землю, опускается на колени, а потом садится на корточки. Все смотрят на могилу.

РЕКВИЕМ

Ч а р л и. Линда, уже темно.

Линда не обращает внимания. Она неотрывно смотрит на могилу.

Б и ф. Как, мамочка, а? Может, отдохнешь? Скоро запрут ворота.

Линда не шевелится. Пауза.

Х э п п и (*негодующим тоном*). Зачем он это сделал? Он не имел никакого права. Кому это было нужно? Мы бы ему помогли.

Ч а р л и (*ворчливо*). М-да...

Б и ф. Пойдем, мама.

Л и н д а. Почему никто не пришел?

Ч а р л и. Были приличные похороны.

Л и н д а. Но где все те, кого он знал? Может, они его осуждают?

Ч а р л и. Да нет! Они его не осудят. Мы живем в жестоком мире, Линда.

Л и н д а. Не понимаю. Особенно теперь! Впервые за три-дцать пять лет мы почти выпутались из долгов. Все, что ему было нужно, — это маленькое жалованье. Он расплатился даже с зубным врачом.

Ч а р л и. Нет такого человека на свете, кому хватило бы маленького жалованья.

Л и н д а. Не понимаю.

Б и ф. У нас бывали такие хорошие дни, помнишь? Когда он возвращался из поездки или по воскресеньям, когда он при-лаживал навес, отделывал погреб, пристраивал новую веранду, ванную комнату или гараж... Знаете, Чарли, в этом навесе боль-ше осталось от отца, чем во всех товарах, которые он продал.

Ч а р л и. Да. Он был большой мастер, когда дело доходи-ло до гвоздей и цемента.

Л и н д а. У него были золотые руки.

Б и ф. И ложные мечты. Насквозь ложные мечты.

Х э п п и (*готовый вступить с ним врукопашную*). Не смей так говорить!

Б и ф. Он так и не понял, что он собой представляет.

Ч а р л и (*мешая Хэппи ответить Бифу*). Никто не смеет винить этого человека. Ты не понимаешь: Вилли был коммивояжером. А для таких, как он, в жизни нет основы. Он не привинчивает гаек к машине, не учит законам, не лечит болезней. Он висит между небом и землей. Его орудия — заискивающая улыбка и до блеска начищенные ботинки. А когда ему перестают улыбаться в ответ, вот тут наступает катастрофа. Потом на шляпе появляется парочка сальных пятен, и человеку приходит конец. Никто не смеет винить этого человека! Коммивояжеру нужно мечтать, мальчик. Недаром он живет между небом и землей.

Б и ф. Чарли, он не понимал, что он собой представляет.

Х э п п и (*с возмущением*). Не смей так говорить!

Б и ф. Поедем со мной, Хэппи, хочешь?

Х э п п и. Меня не так легко скинуть с катушек! Я останусь здесь, в этом городе, и я вырву у них удачу, хоть из глотки! (*Смотрит на Бифа, выпятив челюсть.*) Братья Ломен!

Б и ф. Я-то знаю себе цену, братишка.

Х э п п и. Ладно. Тогда я докажу и тебе и им всем, что Вилли Ломен умер не напрасно. У него была высокая мечта. Это единственная мечта, которую стоит иметь человеку: стать первым. Он дрался за нее всю жизнь, и я ее осуществлю вместо него.

Б и ф (*кинув на Хэппи взгляд, полный безнадежности, наклоняется к матери*). Пойдем, мама.

Л и н д а. Сейчас, еще одну минуточку. Ступай, Чарли.

Тот колеблется.

Я хочу побыть здесь еще минуточку. Мне ведь так и не пришлось с ним проститься.

Чарли отходит. За ним идет Хэппи. Биф остается неподалеку от Линды. Она сидит у могилы, словно собираясь с духом.

Где-то вблизи поет флейта, она вторит словам Линды.

Л и н д а. Прости меня, дружок. Я не могу плакать. Не знаю почему, но я не могу плакать. Не понимаю: зачем ты это сделал? Помоги же мне, Вилли, я не могу плакать. Мне все кажется, что ты уехал ненадолго и скоро вернешься. Я все жду тебя, жду, мой родной. И не могу плакать. Что ты наделал? Вот я думаю, думаю, думаю и не понимаю. Сегодня я внесла последний взнос за дом. Как раз сегодня. А в доме некому жить. *(В горле у нее рыдание.)* Мы совсем никому не должны. *(Разражаясь наконец плачем.)* Мы свободны от всяких долгов. Совсем свободны.

Биф медленно подходит к ней.

Свободны... Свободны...

Б и ф поднимает мать на ноги и почти уносит направо. Л и н д а тихо плачет. Б е р н а р д и Ч а р л и идут позади, следом за ними — Х э п п и. На почти темной сцене звучит только флейта. Ее звуки летят над домом, вокруг которого резко выступают высокие башни городских зданий.

Занавес.

Содержание

ИЗДАТЕЛЬСКАЯ ГРУППА аст

ПРИОБРЕТАЙТЕ КНИГИ ПО ИЗДАТЕЛЬСКИМ ЦЕНАМ
В СЕТИ КНИЖНЫХ МАГАЗИНОВ буква

МОСКВА:

- м. «Алексеевская», Звездный б-р, д. 21, стр.1, т. (495) 323-19-05
- м. «Алексеевская», пр-т Мира, д. 114, стр. 2 (Му-Му), т. (495) 687-57-56
- м. «Алтуфьево», ТРЦ «РИО», Дмитровское ш., вл. 163, 3 этаж,
  т. (495) 988-51-28
- м. «Бауманская», ул. Спартаковская, д. 16, стр. 1, т. (499) 267-72-15
- м. «Бибирево», ул. Пришвина, д. 22, ТЦ «Александр», 0 этаж,
  т. (499) 206-92-65
- м. «ВДНХ», ТЦ «Золотой Вавилон - Ростокино», пр-т Мира, д. 211,
  т. (495) 665-13-64
- м. «ВДНХ», г. Мытищи, ул. Коммунистическая, д. 1, ТРК «XL-2», 3 этаж,
  т. (495) 641-22-89
- м. «Домодедовская», Ореховый б-р, вл. 14, стр. 3, ТЦ «Домодедовский»,
  3 этаж, т. (495) 983-03-54
- м. «Каховская», Чонгарский б-р, д. 18а, т. (499) 619-90-89
- м. «Коломенская», ул.Судостроительная, д. 1, стр. 1, т. (499) 616-20-48
- м. «Коньково», ул. Профсоюзная, д. 109, к. 2, т. (495) 429-72-55
- м. «Крылатское», Рублевское ш., д. 62, ТРК «Евро Парк», 2 этаж,
  т. (495) 258-36-14
- м. «Марксистская/Таганская», Большой Факельный пер., д. 3, стр. 2,
  т. (495) 911-21-07
- м. «Новые Черемушки», ТЦ «Черемушки», ул. Профсоюзная, д. 56,
  4 этаж, пав. 4а-09, т. (495) 739-63-52
- м. «Парк культуры», Зубовский б-р, д. 17, т. (499) 246-99-76
- м. «Перово», ул. 2-я Владимирская, д. 52, к. 2, т. (499) 306-18-98
- м. «Петровско-Разумовская», ТРК «XL», Дмитровское ш., д. 89, 2 этаж,
  т. (495) 783-97-08
- м. «Пражская», ул. Красного Маяка, д. 2б, ТЦ «Пражский Пассаж»,
  2 этаж, т. (495) 721-82-34
- м. «Преображенская площадь», ул. Большая Черкизовская, д. 2, к. 1,
  т.(499) 161-43-11
- м. «Сокол», ТК «Метромаркет», Ленинградский пр-т, д.76, к.1, 3 этаж,
  т. (495) 781-40-76
- м. «Теплый Стан», Новоясеневский пр-т, вл.1, ТРЦ «Принц Плаза», 4
  этаж, т. (495) 987-14-73
- м. «Тимирязевская», Дмитровское ш., 15/1, т. (499) 977-74-44
- м. «Третьяковская», ул. Большая Ордынка, вл.23, пав. 17, т. (495) 959-40-00
- м. «Тульская», ул. Большая Тульская, д.13, ТЦ «Ереван Плаза», 3 этаж,
  т. (495) 542-55-38
- м. «Университет», Мичуринский пр-т, д. 8, стр. 29, т. (499) 783-40-00
- м. «Царицыно», ул. Луганская, д. 7, к.1, т. (495) 322-28-22
- м. «Шукинская», ТЦ «Щука», ул. Щукинская, вл. 42, 3 этаж, т. (495) 229-97-40
- м. «Юго-Западная», Солнцевский пр-т, д. 21, ТЦ «Столица», 3 этаж,
  т.(495) 787-04-25
- м. «Ясенево», ул. Паустовского, д.5, к.1, т.(495) 423-27-00
- М.О., г. Железнодорожный, ул. Советская, д.9, ТЦ «Эдельвейс», 1 этаж,
  т. (498) 664-46-35
- М.О., г. Зеленоград, ТЦ «Зеленоград», Крюковская пл., д. 1, стр. 1, 3 этаж,
  т. (499) 940-02-90
- М.О., г. Клин, ул. Карла Маркса, д. 4, ТЦ «Дарья», 2 этаж,
  т. (496) (24) 6-55-57
- М.О., г. Коломна, Советская пл., д. 3, ТД «Дом торговли», 1 этаж,
  т. (496) (61) 50-3-22
- М.О., г. Люберцы, Октябрьский пр-т, д. 151/9, т. (495) 554-61-10
- М.О., г. Сергиев Посад, ул. Вознесенская, д. 32а, ТРЦ «Счастливая семья»,
  2 этаж
- М.О., г. Лобня, Краснополянский пр-д, д. 2, ТРЦ «Поворот»

Регионы:

- г. Архангельск, ул. Садовая, д. 18, т. (8182) 64-00-95
- г. Астрахань, ул. Чернышевского, д. 5а, т. (8512) 44-04-08
- г. Белгород, Народный б-р, д. 82, ТЦ «Пассаж», 1 этаж, т.(4722) 32-53-26
- г. Владимир, ул. Дворянская, д. 10, т. (4922) 42-06-59
- г. Волгоград, ул. Мира, д. 11, т. (8442) 33-13-19
- г. Воронеж, пр-т Революции, д. 58, ТЦ «Утюжок», т. (4732) 51-28-94
- г. Иваново,ул. 8 Марта, д. 32, ТРЦ «Серебряный город», 3 этаж, т. (4932) 93-11-11 доб. 20-03
- г. Ижевск, ул. Автозаводская, д. 3а, ТРЦ «Столица», 2 этаж, т. (3412) 90-38-31
- г. Екатеринбург, ул. 8 Марта, д. 46, ТРЦ «ГРИНВИЧ»,3 этаж, т. (343) 253-64-10
- г. Калининград, ул. Карла Маркса, д.18, т. (4012) 66-24-64
- г. Краснодар, ул. Головатого, д. 313, ТЦ «Галерея», 2 этаж, т. (861) 278-80-62
- г. Красноярск, пр-т Мира, д. 91, ТЦ «Атлас», 1, 2 этаж, т. (391) 211-39-37
- г. Курск, ул. Ленина, д. 31, ТРЦ «Пушкинский», 4 этаж, т. (4712) 73-45-30
- г. Курск, ул. Ленина, д.11, т. (4712) 70-18-42
- г. Липецк, угол Коммунальная пл., д. 3 и ул. Первомайская, д. 57, т. (4742) 22-27-16
- г. Орел, ул. Ленина, д. 37, т. (4862) 76-47-20
- г. Оренбург, ул. Туркестанская, д. 31, т. (3532) 31-48-06
- г. Пенза, ул. Московская, д. 83, ТЦ «Пассаж», 2 этаж, т. (8412) 20-80-35
- г. Пермь, ул. Революции, д. 13, 3 этаж, ТЦ «Семья», т. (342) 238-69-72
- г. Ростов-на-Дону, г. Аксай, Новочеркасское ш., д. 33, ТЦ «Мега», 1 этаж, т. (863) 265-83-34
- г. Рязань, Первомайский пр-т, д. 70, к. 1, ТЦ «Виктория Плаза», 4 этаж, т. (4912) 95-72-11
- г. С.-Петербург, ул. 1-я Красноармейская, д. 15, ТК «Измайловский», 1 этаж, т. (812) 325-09-30
- г. Ставрополь, пр-т Карла Маркса, д. 98, т. (8652) 26-16-87
- г. Тверь, ул. Советская, д. 7, т. (4822) 34-37-48
- г. Тольятти, ул. Ленинградская, д. 55, т. (8482) 28-37-68
- г. Тула, ул. Первомайская, д. 12, т. (4872) 31-09-22
- г. Тула, пр-т Ленина, д. 18, т. (4872) 36-29-22
- г. Тюмень, ул. М. Горького, д. 44, ТРЦ «Гудвин», 2 этаж, т. (3452) 79-05-13
- г. Уфа, пр-т Октября, д. 34, ТРК «Семья», 2 этаж, т. (347) 293-62-88
- г. Чебоксары, ул. Калинина, д.105а, ТЦ «Мега Молл», 0 этаж, т. (8352) 28-12-59
- г. Челябинск, пр-т Ленина, д. 68, т. (351) 263-22-55
- г. Череповец, Советский пр-т, д. 88, т. (8202) 20-21-22
- г. Ярославль, ул. Первомайская, д. 29/18, т. (4852) 30-47-51
- г. Ярославль, ул. Свободы, д. 12, т. (4852) 72-86-61

Литературно-художественное издание

Миллер Артур
Человек, которому так везло
Все мои сыновья
Смерть коммивояжера

Пьесы

Компьютерная верстка: В.Е. Кудымов
Технический редактор Ю.И. Миронова

Общероссийский классификатор продукции
ОК-005-93, том 2; 953000 — книги, брошюры

ООО «Издательство АСТ»

141100, Россия, Московская обл., г. Щелково, ул. Заречная, д. 96
Наши электронные адреса: WWW.AST.RU E-mail: astpub@aha.ru

Широкий ассортимент электронных и аудиокниг
ИГ АСТ Вы можете найти на сайте www.elkniga.ru

ООО «Издательство «Астрель»

129085, г. Москва, пр-д Ольминского, д. 3а

Отпечатано в полном соответствии с качеством
предоставленных диапозитивов в ОАО «Издательско-
полиграфическое предприятие «Правда Севера».
163002, г. Архангельск, пр. Новгородский, 32.
Тел./факс (8182) 64-14-54, тел.: (8182) 65-37-65, 65-38-78, 20-50-52
www.ippps.ru, e-mail: zakaz@ippps.ru